KB242670

한 권의 재테크 수업

수미숨(상의민) 지음

서三삼독

많은 분들이 불안해합니다. 지금이라도 대출을 끌어모아 집을 사지 않으면 내 집 마련을 영영 못 할 것 같고, 단기 급등주나 레버리지 ETF에 투자하지 않으면 금방이라도 '벼락거지'로 전락할 것만 같은 사회 분위기에 조바심을 느낍니다. 어렸을 때 누군가 내게 '돈'에 대해 가르쳐줬더라면 지금 이렇게까지 답답하지는 않을 텐데, 하는 섭섭한 마음이 들기도 합니다.

더 늦기 전에 이제라도 돈에 대해 공부하려고 서점에 가봐도 막막하긴 마찬가집니다. 주식이나 ETF, 부동산 등 특정 주제만을 다루는 책들이 대부분이고, 유튜브나 블로그를 찾아봐도 죄다 토막 난 내용을 설명하는 콘텐츠뿐이니 어디서부터 시작할지 감이 잡히지 않습니다. 어디 이런 내게 딱 맞는 로드맵을 제시해줄 책은 없을까요? 내 집 마련부터 노후 자산 준비까지, 인생에 필요한 모든 금융자산을 차곡차곡 쌓을 방법을 알려주는 '쉽고 확실한 로드맵' 말입니다.

이 책은 바로 그런 고민을 안고 있는 독자 여러분을 위한 것입니다. 이 책은 여러분을 단기간에 큰 부자로 만들어주지 않습니다(당연히 그런 책은 이 세상에 없습니다). 하지만 1년 후, 10년 후, 여러분이 꿈꾸는 미래를 누릴 수 있도록 지금부터 계획적으로 자산을 형성하고 불릴 방법을 알려줄 것입니다. 누구나 쉽게 따라 할 수 있도록 단계별로 준비하고 실행할 사항들을 보여드리겠습니다. 이 책을 끝까지 읽고 나면 적어도 '이렇게만 준비하면 충분히 여유로운 삶을 누릴 수 있겠다'고 생각하게 될 것입니다.

수십억짜리 강남 아파트는 아니어도 오랫동안 안정적으로 실거주할 수 있는 집 한 채, 모임에서 밥값 정도는 편하게 계산할 수 있고, 나이 들어 자식들에게 손 벌리지 않고 의료비와 간병비를 스스로 해결할 수 있는 그런 노후를 준비할 수 있도록 제 모든 경험과 지식, 노하우를 낱낱이 풀겠습니다.

이 책은 모두의 강남이 아닌 '나만의 강남'을 찾는 방법, 꾸준히 사서 모을 좋은 자산을 알아보는 방법, 시간을 내 편으로 만들어 복리 활용을 극대화하고, 절세계좌를 이용해 세금을 최대한 절약하는 방법까지 '돈'에 대해 알아야 할 모든 것을 이야기합니다. 때로 익숙지 않은 단어와 어려워 보이는 내용이 나오더라도 괜찮습니다. 각 장마다 같은 내용을 다양한 관점에서, 점점 더 깊이 있게 다룰 것이기에 모든 것을 한 번에 이해하겠다는 부담을 내려놓고 가벼운 마음으로 읽어주세요. 처음에는 이해가 안 됐던 내용이 어느새 술술 읽히는 놀라운 경험을 하게 될 겁니다.

또한 이 책은 보편적인 사람들의 생애주기에 따라 부동산과 금융자산을 취득하는 방법을 종합적으로 설명하고 있습니다. 그러다 보니 내용을 설명하기 위해 설정한 생애주기와 독자 여러분의 생애주기가 딱 들어맞지 않을 수도 있습니다. 그래도 괜찮습니다. 이 책에서 설정한 생애주기를 자산 취득의 큰 흐름을 알려주는 가이드 정도로 생각해주세요. 현재 여러분의 상황을 기준으로 지난 과거에 무엇을 잘했고 무엇을 놓쳤는지, 앞으로의 미래에는 무엇을 준비하고 보완하면 좋을지를 파악하고 실행할 수 있도록 내용을 구성했습니다.

이미 어느 정도 아는 내용을 다루는 장이라면 빠르게 복습하고 넘어가도 좋습니다. 혹은 부동산이나 금융자산 등 자신이 궁금한 내용을 먼저 찾아 읽어도 무방합니다. 즉, 이 책을 반드시 순서대로 읽어야 하는 건 아닙니다. 다만 복리 효과를 극대화하고 절세계좌를 이용하기 위해, 또 부동산 취득 요건 등을 갖추기 위해서는 생애주기에 따라 우선적으로 자금을 투입해야 하는 순서가 있다는 것은 알고 있어야 합니다.

그동안 재테크나 투자, 노후 준비를 위해 이런저런 책이나 유튜브, 블로그를 살펴봤지만 여전히 확실한 방법을 찾지 못해 답답했던 분들이 많으리라 생각합니다. 일회성 자투리 콘텐츠가 아닌, 재테크의 시작부터 마무리까지를 넓은 시각에서 큰 그림으로 먼저 명쾌하게 이해하고 싶은 분도 있을 겁니다. 돈을 모으고 불리는 방법에 관한 모든 주제를 종합적으로 다루는 이 책은 바로 그런 사람들을 위해 쓰였습니다.

군더더기는 최대한 덜고 꼭 필요한 내용만 꾹꾹 눌러 담았습니다. 여러분의 막막하고 어두웠던 부富의 여정에 빛이자 안내자가 되겠습니다. 한 번 보고 책장에 꽂아두기만 하는 책이 아닌, 침대 머리맡에 놓고 두고두고 읽히는 책을 쓰고자 노력한 저의 진심이 전해지길 바라봅니다.

자, 그럼 이제부터 여러분의 경제적 자유로 가는 첫걸음을 시작하겠습니다.

1 [사회 초년]
사회생활 초기는 돈의 골든타임이다
돈과 부동산, 기초 마스터하기

2 [내 집 마련]

자산 형성의 기본은 안정된 집을 갖는 것
내 집을 마련하는 가장 완벽한 프로세스

3 [내 집 마련 후]

대출이자까지 더해진 가계부, 돈이 마를 때는 이렇게
현금흐름이 팍팍해도 추가 금융자산은 마련해야 한다

5 [노후 대비]

은퇴를 걱정하는 사람들
수익보다 중요한 절세와 현금흐름 세팅하기

[스페셜]

노후 대비의 핵심은 현금흐름
미국주식부터 절세계좌까지

1

[사회 초년]

사회생활 초기는
돈의 골든타임이다

돈과 부동산, 기초 마스터하기

기초 공사가 튼튼해야 크고 높은 건물을 안정적으로 지을 수 있듯이, 자산을 형성하는 것 또한 마찬가지입니다.

첫 번째 장에서는 사회 초년기에 알아두어야 할 돈에 관한 기본 지식을 점검하며 시작합니다. 물론 사회 초년생이 아닌 분도 이 장을 읽으며 자신이 놓친 부분은 없는지 확인하는 시간을 가져봅시다. 미처 생각지 못한 부분까지 꼼꼼하게 챙기며 기초를 튼튼히 다질수록 여러분의 자산은 견고하고 웅장한 모습으로 자라게 됩니다.

돈과 친해지는 5가지 애티튜드

저는 어려서부터 돈에 호기심이 많았습니다. 그래서 초등학생 시절 아버지에게 한 달 월급이 얼마인지 여쭤봤다가 크게 혼났던 기억이 아직도 생생합니다. 아버지가 유난히 엄격하셨던 것일까 싶기도 했지만, 성인이 되어 주변 사람과 돈에 대한 이야기를 나누어보니 다들 비슷한 경험을 갖고 있었습니다.

이렇듯 한국 사회는 어려서부터 돈에 관심을 가지는 것을 꺼리는 경향이 강합니다. 학창 시절에 경제나 금융에 대한 교육을 받은 적은 있어도, 정말 살아가는 데 있어 꼭 필요한 '돈'에 대한 공부를 해본 적은 거의 없었습니다.

그러다 보니 '돈'이란 녀석이 다소 어렵고 불편하게 느껴집니다. 내 인생을 도와주는 가장 친한 친구가 되어야 할 '돈'이, 나를 힘들게만 하는 악당처럼 보이기도 합니다. 우리는 '돈'과 어떻게 친해질 수 있을까요? 어떻게 하면 돈을 평생 내 편을 들어주는 친구로 만들 수 있을까요? 그러자면 먼저 여러분이 마음을 열어야 합니다. 먼저 손을 내밀고 한 걸음 다가가야 합니다. 그리고 '돈'에 대해 알아야 합니다. '돈'이라는 녀석이 어떤 성격을 갖고 있고, 무엇을 좋아하는지, 싫어하는 건 무엇인지 알아야 친구가 될 수 있지 않겠어요?

이제부터 '돈'과 친해지기 위해 알아야 할 내용을 소개합니다.

나만의 경제적 목표 정하기

무언가를 이루고자 할 때는 목표가 명확하고 계획이 구체적일수록 달성 가능성이 높아집니다. 20대 중반, 사회생활을 처음 시작하던 제 경제적 목표는 단순했습니다. "30세가 되기 전 순자산 1억, 40세가 되기 전 10억, 50세가 되기 전에 100억을 모으자!" 이제 막 취업한 사회 초년생 시절이라, 목표는 크고 높아야 한다는 생각에 호기롭게 정했었지요.

하지만 시간이 흘러 현실을 깨달으면서 목표는 점차 실현 가능한 방향으로 구체화되었습니다. 금액이나 숫자만으로 설정하던 목표는 조금씩 서술형으로 바뀌어갔고, 결혼하고 아이가 태어나면서 가치관이 달라짐에 따라 경제적 목표와 계획도 끊임없이 수정되었습니다. 그런 과정을 거치며 작은 목표들을 하나씩 이루어내는 성공

경험을 쌓다 보니, 다음 목표도 충분히 이룰 수 있겠다는 자신감이 생겼습니다. 그리고 여기서 중요한 사실을 깨달았습니다. 즉, 경제적 목표는 현실적이면서도 구체적으로 계획을 세우고, 충분한 시간을 부여할 수만 있다면, 누구나 반드시 달성할 수 있다는 것입니다.

여러분도 처음에는 목표와 계획을 단순하고 비현실적으로 세웠을지 모릅니다. 하지만 괜찮습니다. 목표와 계획을 생각하고 고민하는 시도 자체가 중요합니다. 남들이 정해놓은 목표를 그저 따르는 것이 아니라, 스스로 치열하게 따져보고 구상하며 결정해야 합니다. 이런 과정을 통해 점차 구체적이고 명확한 경제적 목표와 계획이 만들어집니다. 그리고 그것이 여러분을 부지런히 움직이게 하는 원동력이 될 것입니다.

통장 쪼개기는 그만, 지금은 '목적별 자금 나누기' 시대

지난 십수 년간 재테크 서적의 단골 주제 중 하나는 '통장 쪼개기'였습니다. 월급 통장으로 들어온 소득을 소비 통장, 비상금 통장, 투자 통장 등 목적별 통장으로 쪼개어 넣고, 세밀하게 관리하라는 것이 통장 쪼개기의 핵심입니다. 그런데 요즘에는 이런 통장 쪼개기가 그렇게 유효하지 않습니다. 왜일까요?

예전에는 통장을 여러 개 만드는 데 제약이 별로 없었지만, 요즘은 보이스피싱 예방 및 대포통장 근절을 위해 금융기관에서 계좌를 개설하는 일 자체가 굉장히 까다로워졌습니다. 그렇기에 이제는 물리적으로 통장을 쪼개던 과거의 방식에서 벗어나 목적별로 자금을 나눠서 관리하는 쪽으로 생각을 전환해야 합니다. 자금 관리의 목적을 애써 여러 가지로 나눌 필요가 없습니다. 돈은 뭉칠수록 커지는 것이지, 나눈다고 효율성이 높아지는 게 아닙니다.

'입출금 통장'은 주거래 은행의 월급 통장 한 개면 충분합니다. 이 통장은 월급을 지급받고, 생활비와 카드값, 공과금, 보험료, 경조사비 등을 지출할 때 사용합니다. 매달 들어오는 소득에서 소비를 제하고 남는 돈인 '잉여 현금흐름'은 원금이 보장되는 적금이나 예금으로 모을 수도 있고, 원금 손실 가능성은 있으나 상대적으로 기대수익률이 높은 주식이나 ETF에 투자할 수도 있습니다. 이때 필요한 통장은 목적에 맞게 '예·적금 통장'과 '일반 증권 계좌' 혹은 'ISA(개인종합자산관리계좌)'와 같은 투자를 위한 통장을 개설하면 됩니다.

그 밖에도 노후를 위한 자금을 장기간 운용할 때 사용하는 '개인형 IRP'나 '연금저축계좌'도 있습니다. 이런 연금 통장은 세액공제나 과세이연, 저율과세와 같은 다양한 세제 혜택도 받을 수 있습니다. (잠깐! 슬슬 어려운 단어들이 나오는 것 같아 머릿속이 복잡해지기 시작한다고요? 모르면 모르는 대로 그냥 훑고 넘어가도 괜찮습니다. 아마도 책을 끝까지 읽고 나서 다시 이 부분을 펼쳐보면, 어느새 이 내용을 다 이해하고 있는

　　　　　　　　　　　　　　　　　　　　[사회 초년]

자신의 모습에 뿌듯함을 느낄 겁니다.)

한편 예전에는 통장 쪼개기의 하나로 '비상금 통장'도 만들어두라고 했었는데요. 요즘에는 그 필요성에 의문이 듭니다. 소득이 불안정하거나 월별로 편차가 크다면 여전히 비상금 통장이 필요할 수 있지만, 안정적인 고정 수입을 가진 일반 직장인이라면 그것이 자신에게 꼭 필요한지 생각해보세요. 왜냐하면 요즘은 모바일을 통한 비대면 신용대출이 보편화되었기에, 긴히 자금이 필요할 때는 직장인의 신용을 바탕으로 비대면 대출을 활용할 수 있기 때문입니다. 이런 관점에서는 비상 상황이 생길지 어떨지도 모르는데 금리도 낮은 파킹 통장에 일정 금액을 비상금으로 두기보다는, 그런 비상금마저도 적극적으로 운용하며 굴리는 게 더 나을 수 있습니다.

인생의 기준과 원칙은 남이 아닌 나에게서 찾을 것

우리는 매일 SNS와 미디어 매체를 통해 화려하고 부유하게 사는 사람들을 봅니다. 그러다 보니 자신이 충분히 갖고 있음에도 이에 만족하지 못하고, 늘 더 많이 가진 사람을 부러워하는 이들을 어렵지 않게 볼 수 있습니다.

이런 사람들은 삶의 만족에 대한 기준점이 '나'에게 있는 것이 아니라 '남'에게 있는 것입니다. 자신이 진정으로 원하는 것이 무엇이고, 무엇을 할 때 가장 행복한지를 생각하기보다는, 남들에게 보이는 모습만을 의식하며 끊임없이 겉치장에 몰두하는 불행한 삶으로 스스로를 몰아넣습니다.

인생이라는 마라톤에서 오랫동안 균형을 잃지 않고 행복한 경제적 자유를 누리기 위해서는 '남'이 아닌 '나' 자신과 대화를 많이 나눠야 합니다. 자신이 진짜 원하는 게 무엇인지, 무엇을 할 때 진정한 행복을 느끼는지를 고민하고 깨달아야 합니다. 그렇지 않으면 아무리 자산이 늘어도 부에 대한 갈증은 사라지지 않습니다. 맹목적인 자산 증식이라는 굴레에서 영원히 벗어나지 못하고 불행한 나날을 보낼 수밖에 없습니다.

'점검 습관'은 가까이하고 '보상 심리'는 멀리하자

사업이나 자영업을 하거나 실적에 기반해 성과급을 가져가는 직종과 달리, 대부분의 직장인은 소득이 안정적인 반면, 월 급여는 한정적입니다. 이처럼 들어오는 돈이 제한적인 상황에서 돈을 모으고 굴리기 위해서는 절약이 최우선이 되어야 합니다.

사회생활을 시작하며 매달 월급을 받게 될 때 가장 주의할 부분은 씀씀이가 급격히 높아지지 않도록 절제하고 검소함을 유지하는 것입니다. 아무래도 그동안 아르바이트를 하거나 부모님께 용돈을 받아서 쓰던 시절과 달리 취업에 성공해 월급을 받기 시작하면, '지금까지 고생한 나에게 이 정도쯤이야'라는 보상 심리가 생길 수 있는데요. 유념할 중요한 덕목이 있으니 바로 '씀씀이를 늘리기는 쉽지만, 늘어난 씀씀이를 줄이기는 정말 어렵다'는 점입니다.

사회 초년생이라면 아직은 소비의 눈높이가 그다지 높지 않을 테니, 이때부터 점검하는 생활 습관을 들여야 합니다. 정해진 소득에서 지출을 최소화하여 잉여 현금흐름을 최대한 확보하고, 돈을 모으고 굴리는 시스템을 구축해 우량한 자산을 꾸준히 모아나가야 합니다.

물론 요즘처럼 반짝이는 것들이 넘쳐나는 세상에서 절제된 생활을 유지하는 일은 고된 수행만큼이나 어려울 수 있습니다. 하지만 사회 초년생 시절부터 올바른 소비 습관을 만들어야만 경제적 목표에 조금이라도 가까워질 수 있습니다. 처음에는 스스로가 초라하고 궁색하게 느껴질 수 있지만, 시간이 흐른 뒤에는 그 시절의 선택이 얼마나 대견하고 고마운 결정이었는지 깨달을 것입니다.

나이를 먹을수록 소비는 늘 수밖에 없습니다. 하루라도 젊을 때가 아니면 아끼고 모을 시기는 없다고 봐야 합니다. 인생의 경제적 골든 타임을 놓치지 않도록 점검하는 습관을 꼭 만들어가길 바랍니다.

돈을 지극정성으로 대한다

《돈의 속성》을 쓴 김승호 회장은 그의 책에서 "돈은 사람처럼 사고와 감정을 지닌 인격체라서 자기를 소중히 여기는 사람에게 붙어 있기를 좋아하고, 함부로 대하는 사람에겐 패가망신의 보복을 퍼붓기도 한다"라고 말했습니다.

저 역시 이 내용에 매우 공감하며, 평소에도 돈을 가족처럼 혹은 연인처럼 소중히 여기고 다룹니다. 금액이 크건 작건 간에 아낄 수 있는 할인 혜택이나 쿠폰이 있다면 적극 활용하고, 적립할 수 있는 포인트나 멤버십도 빠짐없이 등록합니다. 세금을 낼 때도 백화점상품권을 할인 구매해 포인트로 전환한 뒤 해당 포인트로 세금을 납부하기도 하고, 명절이나 특정 시기마다 할인 구매할 수 있는 지역상품권, 온누리상품권 등을 충전하는 것도 잊지 않습니다. 여기에 각종 앱을 통해 얻을 수 있는 음료나 할인 쿠폰도 챙깁니다.

효율이나 금액으로 따지면 큰 의미 없어 보일 수 있습니다. 하지만 이렇게 돈을 귀하게 여기고 소중히 대하는 태도 자체가 '돈을 끌어당기는 힘'이 되어준다는 사실을 잊어선 안 됩니다.

"제가 직접 실행하고 있습니다" 돈을 다스리는 작지만 강한 습관

자산 증식과 관리를 위한 장기간의 여정에서 가장 중요한 것은 무엇일까요? 많이 벌고 투자로 잘 불리는 것도 중요합니다. 하지만 여기에는 여러 가지 제약과 변수가 존재하기에 불확실성이 크지요. 즉, 아무리 좋은 투자 계획을 세우고 부지런히 움직여도 뜻대로 이루어지지는 않는다는 말입니다. 반면 소비를 통제하고 검소한 삶을 유지하는 것은, 돈을 많이 벌거나 투자로 큰 수익을 내는 것보다 성공 가능성이 높습니다. 스스로 독하게 마음을 먹고 자기 생활을 다스린다면 누구나 이룰 수 있는 일이니까요.

따라서 현실적인 관점에서 우리는 소비를 통제하고, 그렇게 만들어낸 잉여 현금흐름을 최대한 효율적으로 굴리는 데 집중해야 합니다. 이제부터 소비를 어떻게 현명하게 관리할 수 있는지, 그 구체적인 노하우를 하나씩 살펴보겠습니다.

가계부는 손으로 쓸수록 효과적이다

요즘은 과거처럼 노트형 가계부에 소비 내역을 꾸준히 기록하는 사람은 흔치 않습니다. 스마트폰의 가계부 앱에 계좌와 카드 정보를 연동하기만 하면 소비 내역을 자동으로 불러와 항목별로 알아서 기록해주기 때문입니다. 그러나 이처럼 자동으로 기입되는 형태의 가계부 앱이 과연 우리의 소비 통제에 도움이 되는지에 대해서는 냉정하게 생각해야 합니다.

아날로그 방식으로 소비 내역을 하나하나 직접 적는 일은 디지털 자동화 방식보다 시간이 더 걸리는 일입니다. 하지만 그렇게 시간을 들이는 과정 자체가 자신의 소비를 차분히 돌아보는 여유를 만들어줍니다. 긴급하지도 않은데 피곤하다는 이유로 택시를 이용했던 순간, 출근길마다 습관처럼 주문하던 커피 한 잔, 거의 사용하지 않는데도 매달 빠져나간 구독 서비스료, 감정에 이끌려 결제해버린 지출 내역을 적다 보면, 자연스럽게 다음에는 이런 불필요한 소비를 줄여야겠다는 다짐에 이릅니다.

자동으로 기록되는 디지털 방식은 편리하지만, 가계부를 쓰고 있다는 형식에만 집중할 뿐 상세 내역을 평가하고 분석하지는 않게 됩니다. 다시 말해, 가계부 작성을 통해 소비 내용을 분석하고 반성하겠다는 본질에서 점점 더 멀어지게 만듭니다.

그러니 되도록 가계부는 손으로 작성하는 것이 좋습니다. 그렇다고 돈을 주고 예쁜 가계부를 살 필요는 없습니다. 안 쓰는 노트나 A4 용지, 혹은 이면지를 활용해도 무방합니다. 날짜를 적고, 소비 내역을 항목별로 기록하는 것부터 시작하세요. 가계부를 적어가면서 나의 소비를 분석하고 반성하는 시간이 쌓이면, 1~2년 뒤에는 가계부를 적지 않더라도 소비 통제가 몸에 배어 있는 자신을 발견하게 될 겁니다.

어차피 써야 할 돈은
최대한 상품권, 지역화폐, 기프티콘 활용하기

코로나19 팬데믹 이후 각종 지역사랑상품권이나 온누리상품권, ○○페이라는 이름의 지역화폐가 보편화되었습니다. 지역화폐는 지자체의 지원금을 재원 삼아 일정 금액까지 할인하여 충전한 뒤, 이렇게 충전된 금액을 소비할 때 현금처럼 사용할 수 있는 제도인데요. 서울시의 경우 '서울페이'라는 이름으로 지역사랑상품권을 5~7퍼센트 할인된 가격으로 충전할 수 있고, 특정 자치구에서는 소비 활성화를 위해 사용 금액에 일정 비중을 추가로 페이백 해주기도 합니다. 소상공인시장진흥공단에서 발행하는 온누리상품권의 경우 사용처가 전통시장과 지역 상점가로 한정되어 있으나, 가맹점이 빠르게 늘어나고 있습니다. 할인 구매율도 평소에는 7~10퍼센트이지만 설이나 추석 같은 명절에는 그 이상으로 할인 폭이 늘어나기도 합니다.

이런 상품권이나 지역화폐는 식자재나 과일 구매, 병원, 미용실 등 꾸준히 발생하는 필수 소비처에서 활용할 수 있을 뿐 아니라, 육아에 필요한 유모차나 아기용품, 취학 자녀의 자전거, 전자제품이나 가구처럼 비정기적으로 발생하는 고액 지출에도 유용하게 사용할 수 있습니다. 예를 들어 100만 원 상당의 물품을 구매할 경우, 지역사랑상품권이나 지역화폐를 통해 5~10퍼센트만 할인받아도 5만~10만 원을 절약할 수 있습니다.

한편 프랜차이즈 업체를 이용하는 경우에는 온라인 기프티콘 마켓인 '기프티스타', '팔라고' 또는 '당근마켓' 같은 앱에서 기프티콘을 할인 구매하여 소비하는 방법이 있습니다. 과거에는 카드사의 할인 및 적립 혜택이 좋았으나 요즘은 점점 그 혜택들이 줄어들고 있는데요. 이처럼 지역사랑상품권이나 온누리상품권, 지역화폐, 백화점상품권, 기프티콘 등을 할인 구매하여 소비하는 방법으로 작은 돈도 소중히 여기며 아낄 수 있습니다.

신용카드를 사용하는 현명한 방법

요즘은 현금보다는 체크카드나 신용카드를 쓰는 경우가 많지요. 소비 습관을 들이는 초반에는 월급 통장에 스스로 정한 생활비만 넣어두고 체크카드를 쓰다가, 어느 정도 소비를 통제할 수 있게 되면 그때부터는 자신에게 맞는 혜택을 제공하는 신용카드를 사용하는 것이 좋습니다.

일부 재테크 서적에서는 신용카드를 소비를 조장하는 부정적인 요소로 설명하기도 하는데 반드시 그런 것만은 아닙니다. 앞서 살펴본 것처럼 가계부를 통해 소비를 목적에 맞게 관리하고 통제할 수 있는 사람에게 신용카드는 신용점수를 높이면서 각종 혜택을 누릴 수 있는 유용한 도구가 될 수 있습니다. 무조건 체크카드만 사용하다 보면 오히려 신용카드가 제공하는 다양한 혜택을 놓칠 수도 있으므로, 자신의 소비 성향과 관리 능력에 맞게 체크카드와 신용카드를 적절히 병행하는 것이 바람직합니다.

다만 이때 카드 혜택을 최대한 챙기는 데에 지나치게 연연하다 보면 자칫 소비 습관이 망가질 수도 있습니다. 카드 혜택 기준을 맞추려다가 과소비할 수도 있고, 필요 이상으로 많은 카드를 발급받아 연회비를 낭비할 수도 있지요. 즉, 카드 혜택으로 얻는 득보다 실이 커지지 않도록 주의해야 합니다.

과거에 비해 카드 사용으로 얻을 수 있는 적립이나 할인 혜택이 크게 줄어든 만큼, 혜택에 지나치게 집착하기보다는 적립·할인 사용처의 제한이 적고 월별 최대 혜택 한도도 비교적 넉넉한 카드 한두 장만 선택해 사용하는 것이 효율적입니다. 어차피 대부분의 카드 혜택이 비슷하게 축소되었기에 결제할 때마다 최적의 혜택을 고민하는 데 시간과 에너지를 쏟지 말고, 더 생산적인 곳에 투자하는 것이 더 현명한 선택입니다.

의식적인 소비 통제 환경 만들기

사회생활을 하다 보면 중요한 일정이 있는 날도 있고, 점심이나 저녁 약속이 있는 날도 있지요. 그렇지만 특별한 일정이 없는 날도 있습니다. 미팅도 없고 별다른 약속도 없는 날, 그런 날에는 의식적으로 교통카드 한 장만 들고 출근하는 겁니다. 습관적으로 출근길에 커피 한 잔을 사려다가도 '아, 나 오늘 교통카드만 갖고 나왔지'라고 생각하며 지갑을 다시 집어넣고, 식사도 구내식당에서 해결하고 퇴근 후 바로 귀가하는 거죠. 저는 이런 날을 '무지출 데이' 또는 '노머니 데이'라고 부릅니다. 익숙해지면 주 혹은 월 단위로 며칠 이상 무지출 데이를 기록하겠다는 목표를 세워보는 것도 좋습니다.

사람은 본능적으로 돈이 여유롭다 느끼면 쓰고 싶어집니다. 반대로 부족하다 싶으면 위기의식을 느끼고 덜 쓰려 합니다. 이런 심리를 이용해 주로 사용하는 입출금 계좌의 잔액을 10만 원 이하로 만들어두는 방법도 있습니다. 즉, 월급이 들어오면 고정비와 반드시 나가야 하는 지출 등을 계산해서 주거래 계좌에 딱 해당 금액만 남겨놓고, 남는 돈은 적금 통장이나 투자용 계좌, 파킹 통장으로 전부 옮겨둡니다. 주거래 은행 앱을 켰을 때 가장 먼저 보이는 계좌의 잔액을 최소로 만들어두는 겁니다. 그럼 은행 앱을 열 때마다 '통장에 지금 10만 원도 없는데 무슨 소비냐'라는 생각을 하게 되고, 이는 검소한 삶을 유지하는 데 있어 심리적으로 도움이 됩니다.

사회 초년기가
오히려 자산 형성의
골든타임인 이유

　　　　재난 사고나 응급 의료 등의 상황에서 생존 가능성이 높은 시간을 '골든타임'이라 부릅니다. 골든타임 내에 구조 활동이나 응급처치가 제대로 이뤄지지 않으면 생존 확률은 급격히 낮아집니다. 그런데 이와 비슷하게 인생에도 '자산 형성'의 골든타임이 존재합니다.

　일반적으로 20대 중후반 내지 30대 초반부터 사회생활을 시작한다고 하면 평균적으로 50대 중후반의 정년까지 약 30년 동안 경제활동을 하는 셈입니다. 그렇기에 젊은 시절에는 자산을 형성할 시간적 여유가 충분하다고 여깁니다. 하지만 생애주기를 들여다보면 이야기가 달라집니다. 소득은 점진적으로 완만히 증가하는 데 비해 지출은 계단식으로 급격히 커집니다. 따라서 자산 형성에 있어 골든타임인 사회 초년기를 결코 가볍게 흘려보내서는 안 됩니다.

인생의 흑자 기간을 늘려주는 골든타임의 중요성

우리나라 경제는 고도성장기를 지나 성숙기에 접어든 지 꽤 오래되었습니다. 해마다 경기가 좋지 않다, 취업이 어렵다, 저성장과 인구 감소가 문제라는 부정적인 이야기가 반복됩니다. 이런 상황에서는 고용이 안정적이고 소득도 증가할 거라는 낙관적인 생각보다는 정년까지 경제활동을 하기 어렵고, 물가 상승률에 미치지 못하는 임금 상승률로 실질적인 소득이 감소할 수 있다는 냉정한 시각으로 미래를 준비해야 합니다.

1인당 생애주기 적자 추이(2023년 기준)

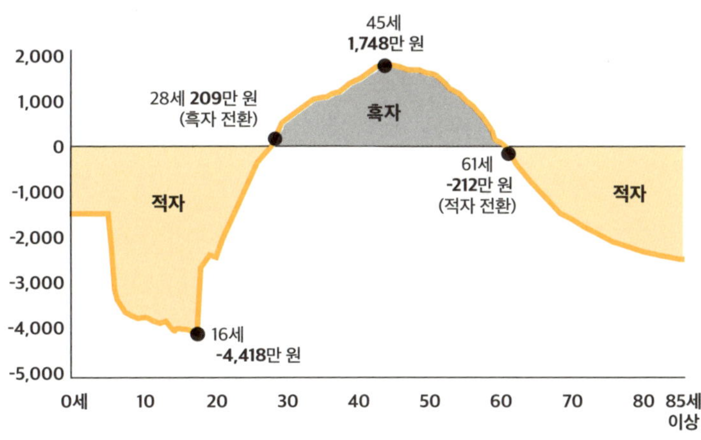

　앞의 그림은 '1인당 생애주기 적자 추이'를 보여주는 자료입니다. 일반적으로 부모님의 지원으로 생활하며 경제활동을 하기 전까지 적자 구간을 보내고, 20대 후반 즈음 사회생활을 시작하며 흑자 구간에 진입합니다. 이후 흑자 폭은 점점 커지다 40대 초반에 정점을 찍고, 다시 흑자 폭은 줄어듭니다. 혼인 시기가 점차 늦춰짐에 따라 편차는 있지만, 통상적으로 결혼과 출산을 한 후 자녀가 학령기에 접어드는 시기는 40대 전후입니다. 이때부터 본격적으로 자녀 교육비 지출이 커지는데, 공교롭게도 이 시기는 부모님의 노후 생활비나 의료비로 인한 지출이 겹치는 시기입니다. 즉, 돈을 모으기 위해 아무리 노력해도 현실적으로 들어오는 돈보다 나가는 돈이 더 커지는 시기가 오랫동안 지속되기에, 자산을 불리기는커녕 적자 폭만 줄어도 다행이라 여기곤 합니다.

　반면 사회 초년생 시절이라는 골든타임을 놓치지 않고 미래를 위해 현명하게 준비한 사람은 같은 시기에 지출이 늘어도 상황이 다릅니다. 본업에서 벌어들이는 소득에 더해, 직접 일하지 않아도 자본이 만들어주는 배당·이자·임대 수익·투자 수익이 추가되면서 적자 폭을 최소화할 수 있기 때문입니다. 여기에 사회 초년생 시절부터 꾸준히 다져온 절약 습관은 생애주기 전반에서 흑자 폭이 쉽게 꺾이지 않도록 만들어주고, 흑자 구간을 오히려 더 길게 유지하게 하는 원동력으로 작용합니다.

종잣돈 1억 원, 손실 위험 없이 안전하게 모으는 법

그렇다면 사회 초년기라는 골든타임에 무엇을 해야 할까요? 결론부터 말씀드리면 '1억 원'이라는 종잣돈을 최대한 빨리 모으는 것을 목표로 삼는 것입니다. 그리고 이를 달성하기 위한 계획을 실행해야 합니다.

그런데 여기서 한 가지 궁금한 게 있을 겁니다. 종잣돈은 왜 언제나 '1억 원'일까요? 십수 년 전에 쓰인 재테크 서적에서도 종잣돈의 기준은 1억 원이었는데, 오늘날 출간되는 재테크 서적에서도 종잣돈의 기준은 1억 원입니다. 화폐가치가 하락한 정도를 생각하면 종잣돈도 그만큼 늘어나야 마땅한데, 여전히 금액이 같습니다. 그 이유는 화폐가치는 달라졌어도 그 금액을 모으기까지의 어려움이 예나 지금이나 비슷하기 때문입니다. '1억 원'이라는 종잣돈의 상징성이 유지되는 이유입니다.

그렇다면 과거에 비해 가치가 줄었음에도 1억 원이라는 종잣돈을 모으는 일이 여전히 어려운 이유는 무엇일까요? 오늘날 우리는 SNS와 각종 미디어에 쉴 없이 노출되는 세상에 살고 있어 원치 않아도 타인이 어떻게 살아가는지 계속 보게 됩니다. 여름, 겨울 시즌마다 해외여행을 다니는 친구, 근사한 외제차를 뽑은 대학 동기, 5성급 호텔에서 결혼한다는 회사 선배의 소식은 은연중에 우리의 의사 결정에 크고 작은 영향을 끼칩니다. 이런 것을 몰랐으면 각자 수준에 맞는 삶을 살겠으나, 타인의 (자랑하고 싶은 부분만 보여주는) 삶을 보고 나면 자신 역시 경제적으로 무리한 지출을 해도 괜찮을 것 같다는, 혹은 그래야만 한다는 마음이 듭니다.

한편 소비의 유혹에 비교적 담담한 사람도 투자의 영역에서는 전혀 다른 유형의 함정에 빠지기 쉽습니다. 충분한 학습과 이해 없이 암호화폐, 레버리지 ETF, 선물이나 옵션 등에 뛰어들었다가 큰 손실을 입는 경우가 적지 않습니다. 한번 이런 아픈 경험을 하면 스스로 투자의 세계에서 멀어지기도 합니다. 투자는 평생 동안 지속해야 할 일임에도 일찌감치 손을 놓아버리고 마는 것이죠.

과거에는 이런 유혹과 함정이 많지 않았습니다. 게다가 지금보다 금리도 높았기에, 원리금이 보장되는 예·적금 상품만 잘 활용해도 '종잣돈 1억 원'은 충분히 모을 수 있는 목표였습니다. 하지만 오늘날에는 여러 유형의 유혹과 함정이 끊임없이 나타나다 보니 과거에 비해 가치가 작아졌음에도 1억 원을 모으는 게 굉장히 어려운 목표가 되었습니다.

하지만 이제 이런 함정을 인지한 이상, 1억 원이라는 종잣돈을 모으는 일은 불가능한 목표가 아닙니다. 중요한 것은 충분히 이해하지 못한 채 단기간 고수익을 약속하는 위험한 투자처와 거리를 두는 것입니다. 이것만 지켜도 이미 올바른 방향으로 100미터는 앞서 나아간 셈입니다.

요즘 금리를 보면 예금이나 적금으로 언제 종잣돈을 모아서 부자가 되나 싶을 겁니다. 하지만 모아둔 돈이 없는 사회 초년기일수록 수익을 추구하기보다는 소비를 최소화하여 모으는 것에 집중해야 합니다. 예컨대 손실의 위험을 감수하고 1,000만 원을 잘 굴려서 20퍼센트의 수익이 난다면 200만 원을 추가로 벌겠지만, 이 정도 수익은 해외여행을 한두 번 안 가거나 불필요한 소비만 줄여도 모을 수 있습니다. 다시 말해 마음을 굳게 먹고 절약하기만 하면, 위험을 감수하지 않고도 기대한 수익을 모을 수 있는 것이 바로 사회 초년생의 골든타임입니다.

사람마다 소득 수준이 다르므로 반드시 1억 원이라는 목표를 세울 필요는 없습니다. 금액의 크기보다 중요한 것은 내 기준에서 의미 있는 목돈을 만들겠다는 목표입니다. 소비를 통제해 종잣돈을 마련하는 과정 자체가 핵심이며, 지금은 눈덩이를 굴리기보다 눈덩이의 크기를 키우는 데 먼저 집중할 시기입니다. 굴리는 일은 그 후에 해도 충분합니다.

최대 고정 지출 '주거비'를 줄이는 법

앞서 소개한 여러 노하우를 바탕으로 우리는 변동비 지출을 줄일 수 있습니다. 하지만 숨만 쉬어도 나가는 고정비를 신경 써서 관리하지 않으면 원하는 목적지까지 도달하는 데 시간을 허비할 수 있습니다.

매달 지출되는 고정비 중 큰 비중을 차지하는 건 아무래도 '주거비'입니다. 한국부동산원에 따르면 2025년 4분기 서울 오피스텔의 평균 월세는 93만 원으로 매년 증가 추세를 이어오고 있습니다. 사회 초년생의 평균 월급을 고려할 때 오피스텔 월세에 관리비까지 생각하면 세후 월 수령액에서 적게는 3분의 1에서 많게는 2분의 1을 주거비로 내야 하는 것입니다. 여기에 생활비까지 지출하면, 현실적으로 저축할 돈이 남지 않는 경우가 대부분입니다.

결국 가장 큰 지출 항목인 주거비를 최소화하는 것이 관건입니다.

서울 오피스텔 연평균 전·월세 보증금 추이

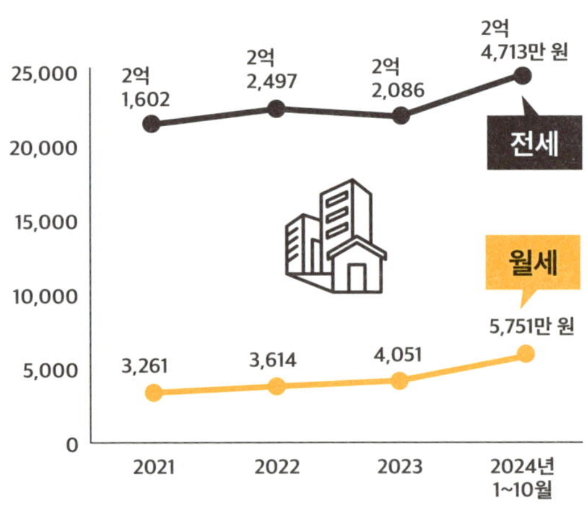

자료: 다방(부동산 정보 플랫폼)

　　　　　　　　　　　　　　　　　　　　　　　　　　　　　[사회 초년]

가장 효과적인 방법은 결혼 등 목표로 정한 종잣돈을 마련할 때까지 부모님과 함께 거주하는 것입니다. 다만 현실적으로 이 선택이 어려운 경우도 많기 때문에 현실적인 대안을 찾아볼 필요가 있습니다.

첫 번째 주거비 절약 대안은 청년들을 대상으로 전·월세 보증금에 사용할 수 있도록 출시된 저금리 기금 대출 상품을 활용하는 것입니다. 기금 전세 대출을 받아 조달한 자금으로 전세를 구하거나, 보증금을 높이는 대신 월세가 낮은 조건을 찾아 계약하는 방법입니다. 기금 대출의 특성상 금리가 일반 대출에 비해 낮다 보니, 월세를 내는 것보다 은행에 대출이자를 내는 편이 훨씬 더 저렴할 수 있습니다. 이런 기금 대출 상품은 정부에서 운영하는 '주택도시기금' 홈페이지에서 확인할 수 있습니다.

두 번째 대안은 청년들을 위한 주거 복지 정책으로 공급되는 임대주택을 적극적으로 찾고, 조건에 부합하는 곳에 지원하는 것입니다. 코로나 시기 유동성 확대로 추진되던 서울 내 다수의 부동산 개발 사업장이, 이후 금리 인상과 공사비 상승으로 사업성이 악화되면서 기존 계획을 변경해 청년주택으로 전환·공급되는 사례가 크게 늘었습니다. 서울시의 경우 '서울주거포털'을 통해 주택 임대 정보는 물론, 주택 금융 지원과 주거 복지 등 다양한 관련 정책을 한곳에서 확인할 수 있으니 적극 활용하기 바랍니다.

세 번째 대안은 사내 주거 복지 제도를 활용하는 것입니다. 회사

에 따라 다르지만 생각보다 많은 회사에서 직원들의 주거 복지를
위해 일정 금액까지는 무이자 혹은 낮은 금리로 대출을 해주거나
일반 금융기관에서 받은 주거 관련 대출 이자를 매월 일정 금액까
지 지원하는 복리후생 제도를 운영하고 있습니다.

마지막으로, 주거 공간을 마련할 때는 임차인으로서 챙겨야 할
부분이나 계약 전 확인할 부분 등을 꼼꼼히 점검하여 최근 사회적
문제로 대두되는 전세 사기 등의 피해를 입지 않도록 주의하기 바
랍니다.

잉여 현금흐름을 갉아먹지 않도록
'보험' 가입은 신중하게

주거비만큼 고정비에서 큰 비중을 차지하는 항목이 바로 '보험료'
입니다. 보험 상품은 흔히 보험업계에서 일하는 주변 지인의 권유로
가입하는 경우가 많은데요. 특히 사회 초년생의 경우, 이제 돈도 벌
기 시작하니 나이 들어 보험료가 올라가기 전에 일찌감치 가입하는
것이 좋다는 이야기를 듣곤 합니다. 그러나 매월 고정비와 생활비
를 제외한 잉여 현금흐름이 충분하지 않다면, 소득에 비해 과한 보
험료가 나가지 않도록 상품 가입에 신중해야 합니다.

보험의 사전적 정의는 '재해나 각종 사고로 인한 경제적 손해에

대비하기 위해, 공통된 위험에 노출된 사람들이 미리 일정 금액을 함께 적립했다가 사고를 당한 사람에게 보상금을 지급하는 제도'입니다. 즉, 보험의 본질은 수익을 추구하는 투자 수단도 아니고, 자산을 불리기 위한 적립식 상품도 아님을 분명히 이해해야 합니다.

보험 상품에 가입할 때는 이런 보험의 본질에 충실한 '순수 보장형' 상품을 선택하는 것이 좋습니다. 꼭 필요한 3대 질병(암, 뇌혈관질환, 심혈관질환)에 대한 보장을 중심으로, 각자의 건강 상태와 가족력 등을 고려하여 필요한 부분을 두텁게 설계하여 가입합니다.

암과 같은 특별한 가족력이 있거나 본인의 건강 상태에 이슈가 있는 경우에는 스스로 필요성을 느껴 보험을 찾아 가입하게 됩니다. 하지만 대다수의 건강한 일반인들은 생각보다 병원을 자주 찾지 않으며, 감기나 예방접종 같은 가벼운 진료를 제외하면 보험으로 보장받을 만한 입원이나 수술을 경험할 가능성도 그리 높지 않습니다. 따라서 사회 초년생이라면 보험 가입을 지나치게 서두를 필요는 없습니다. '곧 제도가 바뀌어 이 좋은 상품이 사라진다'거나 '내년부터 보험료가 크게 오른다'와 같은 절판 마케팅에 휘둘리기보다는, 자신의 경제적 상황과 실제로 필요한 보장 수준을 기준으로 보험 상품을 꼼꼼하고 신중하게 비교한 뒤 결정해야 합니다.

한편 보험에는 '순수 보장형'과 더불어 '만기 환급형' 상품이 있습니다. 만기 환급형은 보장 기능에 더해 만기 시 납입한 보험료의 일부 또는 전부를 돌려받는 환급의 기능이 추가된 상품입니다. 만기 환급형의 경우 납입 보험료 안에 보험사의 사업비와 나중에 돌려받을 환급금까지 포함되어 있기 때문에 순수 보장형에 비해 보험료가 높을 수밖에 없습니다. 그런데 보험료가 높아질수록 자연히 잉여 현금흐름이 줄며 다른 효율적인 투자 기회를 앗아갈 수 있기에, 당장 꼭 필요한 보험이라면 자동차 보험이나 여행자 보험처럼 가급적 순수 보장형으로 가입하는 것이 좋습니다.

보험을 설계할 때는 자신의 세후 월 소득에서 보험료가 10퍼센트를 넘지 않도록 기준을 잡고, 남들의 권유가 아닌 본인의 가족력과 건강 상태 등을 고려해서 꼭 필요한 상품 위주로 현명하게 가입하기를 바랍니다.

위험 보장 상품은 보험사에서, 투자 상품이나 계좌는 증권사에서, 목적 자금을 모으는 데 필요한 상품은 은행에서 찾는 것이 정석입니다. 고민이 될 때는 의사 결정의 출발선을 정석에 두고 판단해야 합니다.

'사기'에 대처하는 자세

생각보다 많은 사람이 다양한 유형의 고도화된 사기에 당합니다. 정황은 다르지만 사기의 원리는 비슷합니다. 조바심으로 불안해진 마음을 파고들어 단기간에 높은 수익을 얻는다는 희망을 주어 사람들을 속이는 것입니다.

우리는 애초에 나에게만 주어지는 특별한 기회, 위험은 낮고 수익은 높은데 아직 남들이 모르는 투자처 같은 것은 세상에 존재하지 않는다는 사실을 끊임없이 되새겨야 합니다. 그런 기회가 정말 있다면, 제안하는 사람이 본인이 조달할 수 있는 자금을 최대한 끌어모아 투자하지 굳이 타인에게 나눠 줄 이유가 없기 때문입니다. 살아가며 이와 비슷한 제안을 받더라도 '혹시 이번은 다르지 않을까'라는 기대를 품지 않겠다는 대쪽 같은 원칙을 고수해야 합니다.

사기의 무서운 점은 단순히 금전적 손실에만 있지 않습니다. 열심히 돈을 모아 미래를 준비하겠다는 의욕과 희망 자체를 앗아가는 게 정말 무서운 것입니다. 그러므로 우리는 어떤 상황에서든 사기를 당하지 않도록 평소에 꾸준히 스스로를 단련시켜야 하고, 작은 유혹에도 굴복해선 안 됩니다.

목표로 하는 종잣돈을 모으기까지는
예금, 적금만 해야 할까?

어떤 사람은 거북이처럼 느릴지라도 변수 없이 확실하게 목표 금액을 모으는 걸 추구할 수 있고, 또 다른 누군가는 토끼처럼 손실 위험이 있을지라도 원리금 보장 상품의 이자율보다 높은 수익률을 추구할 수 있습니다. 사람마다 소득과 지출, 성향 등이 전부 다르기에 정답은 없습니다. 본인의 상황에 맞게 예적금과 주식, ETF 등을 적절히 섞어서 목표 금액을 모으면 됩니다.

다만 개인적으로 자산 형성 초창기에는 소비 통제를 위한 월급 관리에 집중하며, 수시로 평가액이 바뀌는 투자보다는 확실성을 확보할 수 있는 예적금을 통해 모으는 걸 추천합니다. 가급적 초기 2~3년간은 이런 변수가 적은 방식을 활용하고, 몇 번의 만기 이자를 받으며 어느 정도 종잣돈을 모았다면 이때부터 적금 납입액의 일부를 세제 혜택이 있는 계좌로 옮겨 ETF 중심의 적립식 투자를 시작하는 게 좋습니다.

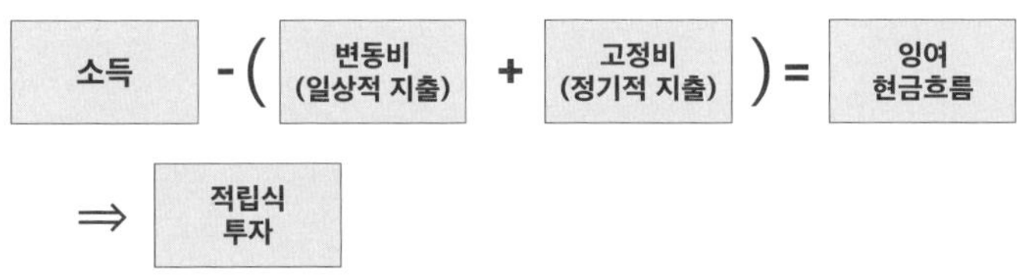

돈을 '만드는' 필수 도구 모음

시중에는 정말 많은 금융 상품과 제도, 서비스가 있습니다. 그러나 우리는 성장 과정에서 '돈'에 대한 교육을 제대로 받지 못했기에, 수많은 금융 상품과 제도 등을 현실에서 이해하려고 시도하다가 제풀에 쓰러지기 십상입니다. 정보가 넘치는 시대인 만큼 여러 플랫폼에서 수많은 콘텐츠가 쏟아지지만, 단편적이거나 지나치게 축약된 정보가 많아 실제로 이용하기에는 큰 도움이 되지 못하는 경우도 많습니다.

그래서 이제부터는 자산 형성을 시작할 때 활용하면 좋을 제도 및 상품들을 하나씩 소개하고자 합니다. 지금까지 자산을 형성하는 데 필요한 '레시피'에 대해 이야기했다면, 이제부터는 해당 레시피로 요리를 할 때 사용할 '도구'에 대해 소개할 테니 걱정은 접어두고 따라와주세요.

이자소득보다 더 큰 가치를 주는 '적금과 예금'

목돈을 모으기 위한 상품인 '적금'과 그렇게 모은 목돈을 굴리는 '예금'은 변수 없이 가장 확실하게 목적 자금을 모을 수 있는 원리금 보장 상품입니다. 한창 경제가 빠르게 성장하던 30년 전에는 이런 예·적금 상품의 금리가 두 자릿수였지만, 요즘은 예금은 대개 2퍼센트대 후반이고 적금도 높아야 (여러 조건들을 충족했을 때) 5~6퍼센트가 일반적입니다.

단순히 이자율 숫자만 놓고 보면, 주식은 하루에 10퍼센트 이상도 오르는데 답답하게 적금이나 예금을 해야 하는가 하는 의문이 들 수 있습니다. 하지만 적금과 예금의 가치는 단순한 이자소득에 있지 않습니다. 다음과 같은 측면에서 훨씬 중요한 역할을 합니다.

● 확실성

적금의 경우 목표 금액과 기간을 정하고 가입하고자 하는 상품의 이자율을 입력하면 매달 납입할 금액이 산출되며, 반대로 매달 납입할 금액을 입력하면 해당 목표 금액을 모으기까지 얼마의 기간이 필요한지 산출됩니다. 예금은 그보다도 더 단순해서, 예치하고자 하는 금액에 기간과 이자율을 곱하면 1년 뒤 얼마를 받게 될지 1원 단위까지 계산되는 확실성을 갖고 있습니다. 자산을 형성할 때는 높은 수익을 추구하는 것도 중요하지만, 계획에 따라 확실한 목적

자금을 마련하는 것 또한 중요합니다. 그런 측면에서 적금과 예금은 가장 확실한 상품이지요.

● 인내심 함양

오랜 시간에 걸쳐 자산을 가꾸고 키워나가는 과정에서 반드시 필요한 덕목 중 하나가 인내심입니다. 아무리 치밀한 분석을 바탕으로 투자하거나 잘 짜인 계획을 세워 실행하더라도, 성과가 나타나기까지의 지루한 과정을 견디지 못하면 원하는 결과에 이르기도 전에 포기하기 쉽습니다.

이런 관점에서 적금과 예금은 구조가 단순하고 변수가 거의 없는 상품이기에 자칫 지루하게 느껴질 수 있습니다. 그 과정에서 단기간에 더 높은 수익을 얻을 것처럼 보이는 다양한 유혹이 찾아오기도 합니다. 그러나 이런 유혹을 이겨내고 만기까지 묵묵히 버텨낸 사람들은 눈에 보이는 이자 이상의 가치인 '인내심'이라는 자산을 얻게 됩니다.

적금이나 예금의 경우, 이자율을 따져가며 1년간 넣어두면 이자가 얼마나 붙을지에 집중하기보다는 매달 발생하는 소득의 일부를 적금에 넣고, 적금으로 모은 목돈을 예금으로 예치함으로써 나의 소득을 헛되이 쓰지 않고 차곡차곡 자산으로 치환한다는 관점으로 접근해야 합니다.

한편 매년 경기는 좋지 않고 성장은 한계에 봉착한 우리나라 경제 환경에서 과거처럼 높은 금리를 기대하긴 어렵습니다. 하지만 사회복지 정책들이나 사회 초년생들의 자산 형성을 위한 여러 제도가 생겨나면서 이자율의 관점이 아닌 납입 원금 대비 2~3배의 목돈을 마련할 기회가 많아졌습니다. '내일채움공제', '중소기업 재직자 우대 저축공제', '청년희망적금', '청년도약계좌', '서울시 희망두배 청년통장' 등의 제도를 확인하고, 지원 자격이 된다면 이런 제도를 적극 활용해야 합니다.

또한 은행들이 신규 고객 유치를 위해 높은 금리를 제공하는 특판 적금 상품 역시 추천할 만합니다. 이런 상품들은 영업점 방문 없이 비대면으로도 손쉽게 가입할 수 있으므로 반드시 이용하는 것이 좋습니다.

청약 당첨 외에도 여러 혜택이 있는 '청약 통장'

만 34세 이하이면서 직전 연도 신고소득이 5,000만 원을 넘지 않는 무주택자는 '청년주택드림' 청약통장에 가입할 수 있습니다. 이 청약통장은 일반 주택청약종합저축에 비해 이율도 높고, 소득 조건에 부합할 경우 이자소득에 대한 비과세와 연간 납입액의 40퍼센트까지 소득공제도 받을 수 있습니다. 또한 청년주택드림 청약통장으로 청약에 당첨됐을 때 해당 주택 구입에 필요한 자금을 청년주택드림 대출을 통해 낮은 금리로 받을 수 있는 추가 혜택까지 있습니다.

만약 나이나 소득 요건이 맞지 않아 일반 청약통장인 주택청약종합저축에 가입했어도, 무주택자이면 연간 납입액의 40퍼센트(최대 120만 원)까지 소득공제를 받을 수 있습니다. 또한 모집 공고가 나온 신규 분양 아파트에 청약할 수 있다는 점은 청년주택드림 청약통장과 동일합니다.

다만 많은 사람이 선호하는 서울이나 수도권 핵심 지역의 경우, 수요에 비해 공급이 부족하다 보니 청약 경쟁률이 날이 갈수록 높아지고 있습니다. 일반 분양가 역시 과거에는 '로또 분양'이라 불릴 정도로 시세보다 낮았으나 이제는 그럴 수 없는 구조가 되었습니다. 따라서 생애주기에 따라 내 집 마련을 할 시기에 청약 통장에 너무 많은 돈을 넣어놨다면 돈은 돈대로 묶이고 분양은 받지 못 해 그대로 계좌를 해지할 가능성이 높아집니다. 만약 청약 통장 가입일로부터 5년 이내에 해지할 경우 그동안 소득공제 받은 감면 세액에 대해 추징금이 부과될 수 있으니, 해지하기 전에 이 부분을 꼭 확인해야 합니다.

당장 여윳돈이 없어도 일단 만들어둬야 하는 'ISA'

ISAIndividual Savings Account(개인종합자산관리계좌)는 대표적인 절세 계좌의 하나입니다. 이 계좌는 직전 3개년 동안 금융소득 종합과세자에 해당하지 않는 사람이 전체 금융기관에서 딱 1개만 만들 수 있는데요. 계좌 개설일로부터 만 3년이라는 의무 가입 기간을 충족한 후 해지할 경우, 계좌에서 발생한 순수익(계좌에서 그동안 발생한 누적 운용 수익에서 누적 손실액을 차감한 금액) 중 200만 원(서민형의 경우 400만 원)까지는 비과세를 해주며, 그 이상을 초과하는 순수익에 대해서는 9.9퍼센트의 저율로 분리과세 혜택을 받을 수 있습니다.

개인종합자산관리계좌(ISA) 개요

구분	내용
가입 자격	만 19세 이상(근로소득자는 15세 이상) 거주자 • 직전 3개 연도 금융소득종합과세 대상자 제외 • 1명당 1계좌만 개설 가능
납입 한도	연 2,000만 원씩 최대 1억 원 • 연간 납입 한도 이월 가능
의무 가입 기간	3년
세제 혜택	계좌 내 이자, 배당, 주식 양도차손 등 손익 통산 • 순이익에 대해 200만 원(서민형 400만 원)까지 비과세 • 비과세 한도 초과 금액 분리과세(세율 9.9%)

ISA는 금융 상품이기보다는 절세계좌라고 봐야 합니다. 해당 계좌에 투자금을 넣어 예금이나 펀드, ETF, 개별 주식 같은 금융 상품을 운용하도록 되어 있습니다. 매년 2,000만 원씩 납입 한도가 생성되는데, 최대 5년까지 1억 원을 납입할 수 있으며 납입에 대한 의무는 없는 것이 특징입니다. 즉, ISA를 개설하고 5년 동안 사용하지 않았을 경우, 그동안 누적된 납입 한도인 1억 원의 투자금을 한 번에 넣을 수 있습니다.

또한 ISA는 계좌 내에서 운용한 상품에 수익이 발생해도 즉시 과세하지 않는 과세이연 혜택이 있어, 종합과세나 건강보험료 부담을 최소화하는 데 유용합니다. 게다가 납입한 원금 범위 내에서는 수시로 중도 인출이 가능해 자금이 묶이는 부담도 적습니다. 더불어 절세 혜택을 받기 위한 의무 가입 기간인 3년을 채우지 못하고 계좌를 해지해도, 별도의 불이익 없이 원래 부담할 이자소득세나 배당소득세만 납부하면 됩니다. 이런 특성 때문에 ISA는 단점은 거의 없고 활용도는 매우 높은 만능 계좌로 평가받습니다.

요즘은 증권사에서 개설하는 '중개형 ISA'를 통해 해외 주식형 ETF나 국내 개별 주식에 개인이 직접 투자하는 방식을 선호하는 추세입니다. 또한 은퇴 전후 시니어들의 경우 수익보다는 안정성에 방점을 두고 은행에서 '신탁형 ISA'를 개설하기도 합니다. 이를 통해 저축은행 정기예금 상품으로 자금을 운용하며, 과세이연 효과를 이용해 세금과 건강보험료 부담을 최소화하는 등 현명하게 활용할 수 있습니다.

　적금, 예금으로 종잣돈을 마련하기에도 빠듯한 경우에도 ISA 계좌는 빨리 만드는 것이 좋습니다. 왜냐하면 미리 만들수록 절세 혜택을 받을 수 있는 만 3년이라는 의무 가입 기간이 빨리 충족될 것이기 때문입니다. 또한 그동안 매년 납입 가능 한도도 2,000만 원씩 누적되어 투자금이 생겼을 때 납입 한도에 제약 없이 ISA를 적극 활용할 수 있게 됩니다.

　또한 ISA를 만들 때는 증권사의 중개형 ISA나 은행의 신탁형 ISA 중 하나를 정해 만기를 최대한 길게 설정하는 것이 좋습니다. 만기가 한참 남았더라도 의무 가입 기간 3년만 지나면 언제든지 세제 혜택을 받으며 해지할 수 있습니다. 그러나 만기를 짧게 설정할 경우, 만기 시점이 다가왔을 때 직전 3개년 동안 한 번이라도 금융 소득 종합과세 대상자 이력이 있으면 만기 연장이 불가능합니다. 따라서 ISA를 개설할 때는 만기를 최대한 길게 설정해야 합니다.

　　　　　　　　　　　　　　　　　　　　　　　　　　[사회 초년]

미국 상장 ETF 직접 투자 vs. ISA를 통한 국내 상장 해외 주식형 ETF 투자

소비를 통제하며 예적금 상품으로 열심히 모은 돈이 어느 정도 목표 자금에 가까워졌다면, 자연히 투자에 관심이 생기기 마련입니다. 요즘은 많은 신규 투자자들이 국내 주식시장보다 규모가 훨씬 크고 글로벌 기업 대부분이 상장되어 있는 미국 주식시장에서 투자를 시작합니다.

미국 주식시장에는 글로벌 경쟁력을 갖춘 우량 기업들이 다수 포진해 있어 개별 종목을 선별해 투자하는 사람도 많지만, 여러 종목을 한 바구니에 담은 ETF로 투자하는 경우도 적지 않습니다. 다만 같은 미국 기업들에 투자하는 ETF라 하더라도, 어떤 방식과 어떤 계좌로 투자하느냐에 따라 적용되는 세금이 달라질 수 있음은 알아두어야 합니다.

• 일반 주식 계좌에서 미국 상장 ETF에 직접 투자하기

국내 증권사의 일반 증권 계좌에서 원화를 달러로 환전하여 VOO, QQQ 같은 미국 주식시장에 상장된 ETF에 직접 투자할 경우, 향후 투자 수익이 났을 때 양도소득세를 납부해야 합니다. 올해 발생한 수익과 손실을 통산한 순수익에서 250만 원을 기본공제한 후 22퍼센트의 세율을 곱해 산출된 세액을 다음 해 5월에 신고 및 납부합니다.

• ISA에서 국내 상장 해외 주식형 ETF 투자하기

증권사에서 개설이 가능한 중개형 ISA에 투자금을 납입한 후 국내 주식시장에 상장된 'KODEX 미국S&P500', 'TIGER 미국나스닥100' 같은 해외 주식형 ETF에 투자할 수 있습니다. 이 경우 ISA의 의무 가입 기간인 만 3년이 경과한 후에 계좌를 해지할 경우, 계좌 내에서 발생한 수익과 손실을 통산하여 순수익의 200만 원(서민형은 400만 원)까지는 비과세, 초과 수익에 대해서는 9.9퍼센트의 세율로 세금을 정산합니다. 이때 수익에 대해서는 계좌를 해지한 해의 다른 소득과 합산하지 않고 분리과세 합니다.

이처럼 같은 미국의 시장 대표 지수나 섹터, 테마에 투자하더라도 어떤 계좌에서 어떻게 투자하느냐에 따라 세후 수익이 달라집니다. 미국의 대표 지수인 S&P500이나 나스닥100 지수에 투자할 경우, 달러로 환전하여 직접 투자하기보다는 중개형 ISA를 활용하여 국내 상장 해외 주식형 ETF에 투자한다면 같은 지수에 투자하더라도 더 높은 세후 수익을 얻을 수 있습니다.

투자 대상	미국 상장 ETF	국내 상장 해외 주식형 ETF
활용 계좌	일반 주식 계좌	중개형 ISA
적용 세금	250만 원 기본공제 후 22% 세율의 양도소득세	순이익 200만 원(서민형 400만 원) 비과세 및 9.9% 저율 분리과세
1억 원 수익에 대한 세금	21,450,000원 = (1억 원 - 250만 원) × 22%	9,702,000원 = (1억 원 - 200만 원) × 9.9% ※ 200만 원은 비과세
※ 상기 세금에 대한 내용은 비용이나 환율 등을 단순화하여 계산함		

장기간 유지가 더 중요한 '개인형 IRP'와 '연금저축계좌'

국민연금을 위시한 공적연금이 우리 노후를 책임지기에는 인구 구조상 이제 불가능에 가깝습니다. 최근 연금 개혁안을 보면 납부자의 부담은 높아진 데 반해 향후 수령 시기에 받게 되는 수준은 더 줄었는데, 이는 비단 이번 개혁에서만 그치지 않을 것으로 보입니다. 그러다 보니 모든 사람이 스스로 노후 준비를 해야 할 필요성이 점점 더 커지고 있습니다.

노후 준비에 활용하기 좋은 세제 혜택이 있는 계좌로는 '개인형 IRP'와 '연금저축계좌'가 있습니다. 이 계좌들은 여러 가지 쓰임새와 목적, 혜택이 있지만, 사회 초년생에게는 무엇보다도 매년 연말정산을 할 때마다 연금계좌에 납입한 금액의 일정 부분을 세액공제 받을 수 있다는 점이 가장 매력적일 것입니다.

여기서 갑자기 '세액공제'라는 용어가 나와 당황스러울 수도 있습니다. 세액공제를 이해하려면 먼저 연말정산의 개념부터 짚고 넘어갈 필요가 있습니다. 우리가 매달 받는 월급은 세금을 공제한 세후 금액으로 지급됩니다. 이는 급여소득자의 연간 소득을 기준으로 대략적인 세금을 미리 계산할 수 있으므로, 그런 예측치에 따른 소득세를 회사가 미리 공제한 뒤 지급하는 것입니다.

하지만 회사의 성과나 부서의 실적에 따른 성과급, 각종 수당 등으로 인해 실제 소득은 처음 예상한 금액과 달라집니다. 그래서 한

해가 지난 뒤, 다음 해 2월에 직전 연도의 실제 발생 소득과 미리 납부한 세금, 각종 공제 항목을 종합적으로 다시 계산해 정산하는 과정이 바로 '연말정산'입니다.

이렇게 연말정산을 통해 최종 납부할 세액이 확정되면, 그 세액에서 직접 차감해주는 항목 중 하나가 바로 '연금계좌 세액공제'입니다. 개인형 IRP나 연금저축계좌에 납입한 자기부담금의 일부를 세금에서 공제해주는 제도가 여기에 해당합니다.

좀 더 자세히 설명하자면, 매년 개인형 IRP에 납입한 금액의 최대 900만 원(연금저축계좌의 경우 600만 원)까지는 총급여액이 5,500만 원(종합소득금액 4,500만 원) 이하일 경우에는 16.5퍼센트, 초과일 경우에는 13.2퍼센트를 곱하여 산출된 금액만큼 세액공제를 받을 수 있습니다.

가령 총급여액이 6,000만 원인 직장인 김철수 씨가 올해 개인형 IRP에 900만 원을 넣었다면, 다음 해 2월 연말정산을 할 때 118만 8,000원(=900만 원×13.2%)의 세액을 돌려받을 수 있습니다.

누군가는 이런 절세 혜택을 너무 매력적으로 느낀 나머지, 사회초년생 시절부터 개인형 IRP에 매년 900만 원씩 꽉꽉 채워 넣겠다고 생각할 수 있습니다. 그러나 이런 연금계좌의 세제 혜택은 납입한 금액과 운용 수익을 만 55세 이후에 연금으로 수령해야만 그 혜택을 온전히 받을 수 있습니다.

만약 만 55세가 되기 전에 그동안 세액공제 혜택을 받아온 연금

　　　　　　　　　　　　　　　　　　　　　　　　　　[사회 초년]

총급여액 (종합소득금액)	공제율	세액공제 대상 납입 한도 (연금저축 납입 한도)	최대 세액공제액
5,500만 원 이하 (4,500만 원 이하)	16.5%	900만 원 (600만 원)	148.5만 원
5,500만 원 초과 (4,500만 원 초과)	13.2%		118.8만 원

- 납입 한도: 연 1,800만 원(연금저축계좌, DC 합산) + ISA 만기 자금 전환 금액
- 세액공제 대상 연 납입 한도 및 최대 세액공제액
- ISA 만기 자금 전환 시 전환 금액의 10%(300만 원 한도) 세액공제 한도 추가

계좌를 해지할 경우에는 계좌 평가액에서 16.5퍼센트의 기타소득세를 차감한 금액을 받게 됩니다. 즉, 앞서 예시로 들었던 김철수 씨의 경우 13.2퍼센트의 세율로 세액공제를 받았지만, 연금으로 받지 않고 계좌를 해지하여 일시금으로 찾을 때는 평가액의 16.5퍼센트를 기타소득세로 납부해야 하므로 받은 혜택에 비해 뱉어내는 금액이 더 커집니다.

정리하자면 개인의 노후 준비는 빠를수록 유리하지만, 사회 초년생 시기에는 결혼이나 내 집 마련, 이사처럼 목돈이 필요한 인생 이벤트가 예정되어 있다는 점도 함께 고려해야 합니다. 연금계좌에 자금을 과도하게 묶어두면 이런 시점마다 계좌를 해지할 수밖에 없고, 그 결과 장기간 누릴 수 있었던 세제 혜택과 복리 효과라는 연금계좌의 장점을 충분히 살리지 못하게 됩니다.

따라서 우리는 생애주기에 따라 예정된 주요 이벤트가 무엇인지, 각 이벤트마다 어느 정도의 자금이 필요한지, 그 자금을 어떻게 마련할 것인지를 미리 계획할 필요가 있습니다. 이때 자금 계획에 연금계좌에 넣어둔 자금까지 포함하지 않는 것이 중요하며, 여러 이벤트가 발생해도 연금계좌는 장기간 유지하는 것이 무엇보다 우선입니다. 당장의 세액공제 혜택에 집중하기보다는 연금계좌를 해지하지 않고 끝까지 가져갈 환경을 만드는 것이 더 중요하다는 점만 이해해도 사회 초년기에 연금계좌에 대해 알아야 할 핵심은 충분히 파악한 셈입니다.

연금계좌를 해지하지 않고 유지할 수 있는 적정 규모가 막연하게 느껴진다면, 연금계좌의 평가액이 부채를 포함한 총자산의 10퍼센트를 넘지 않도록 비중을 관리하는 것을 하나의 기준으로 삼을 수 있습니다. 이 정도 규모라면 자금이 필요해지는 상황에서도 추가 대출을 활용하거나 다른 자산을 조정하는 방식으로 대응할 수 있어, 연금계좌를 해지하지 않고 장기간 유지할 가능성이 높아집니다.

연금계좌는 돈을 벌기 시작한 시점부터 생을 마감할 때까지 활용해야 할 가장 중요한 재무 도구 중 하나입니다. 따라서 이 책의 후반부로 갈수록 연금계좌의 자금을 어떻게 운용해야 하는지, 어떤 전략으로 인출해야 하는지를 깊이 있게 다루게 됩니다. 여기까지 잘 따라오셨다면, 이어지는 내용에서도 연금계좌에 대한 궁금증이 하나씩 해소될 것이니 계속 함께 달려봅시다.

회사에서 도입한 퇴직연금이 DC형이라면?

현재 재직 중인 회사에서 퇴직급여 제도를 도입하고 있다면, 그것이 어떤 유형인지 확인해야 합니다. 퇴직급여는 크게 DB형(확정급여형)과 DC형(확정기여형)으로 나뉘는데, DB형의 경우 퇴직급여의 운용 주체가 회사이기에 근로자는 특별히 신경 쓸 게 없습니다.

반면 DC형의 경우, 특정 금융회사에 자신의 명의로 개설된 DC 계좌에 회사가 퇴직급여를 적립하게 됩니다. DC형의 특징은 이렇게 근로자 개개인의 명의로 개설된 DC 계좌의 운용 주체가 근로자 개인이라는 것입니다. 따라서 각자가 얼마나 신경 써서 운용을 잘했는지에 따라 퇴직 시점에 받게 될 금액에 큰 차이가 생깁니다.

재직 중인 회사가 DC형 퇴직급여 제도를 도입하고 있다면, 내 계좌가 어느 금융기관에 얼마나 적립되어 있는지, 어떤 상품으로 운용되는지 반드시 확인해야 합니다. 또한 회사에서 월·분기·반기·연 중 어떤 주기로 적립하는지, 적립된 자금은 어떤 상품으로 운용되도록 지정되어 있는지 등을 파악하여 원리금이 보장되는 상품으로 운용할지, 손실 위험은 있지만 예금 금리 이상의 수익률을 기대할 수 있는 투자 상품으로 운용할지 등에 대한 판단을 해야 합니다. DC형 계좌의 운용에 대해서는 뒤에서 자세히 다루겠습니다.

한편 DB형과 DC형 제도를 함께 운영해 근로자에게 선택권을 부여하는 회사도 있습니다. 이 경우 DB형에서 DC형으로의 전환은

DB형(확정급여형)과 DC형(확정기여형) 비교

DB형		DC형
퇴직 시 평균임금(1개월) X근속연수	퇴직급여 수준	매년 평균임금 1개월분 적립금 누계 ±운용수익
사용자(회사)	적립금 운용 주체	근로자
회사	위험부담 및 책임	근로자 개인
불가능	중도 인출	제한적으로 가능
DC형으로 전환 가능	제도 변경	DB형으로 전환 불가능

가능하지만, DC형에서 DB형으로의 재전환은 불가능하므로 주의가 필요합니다. 따라서 재직 중인 회사의 향후 임금 인상 가능성과 급여 구조의 상한선 등을 종합적으로 고려해 신중하게 판단해야 합니다.

때로는 연금 자산도 적극적으로 운용해야 한다는 분위기에 휩쓸려, 충분한 고민 없이 DB형에서 DC형으로 전환했다가 운용 성과가 부진해 퇴직금이 오히려 줄어드는 사례도 발생합니다. 따라서 DC형으로의 전환 여부는 단기적인 투자 분위기에 따라 결정할 문제가 아니라, 전체 자산에서 퇴직급여가 차지하는 비중, 그리고 앞으로 다른 자산들을 어떻게 형성하고 불려나가며 소진할 것인지에 대한 큰 그림을 먼저 그려본 뒤 판단해도 늦지 않습니다. 신중한 결정이 무엇보다 중요합니다.

당장 필요하지 않아도 알아두어야 하는 대출의 세계

금융의 디지털 및 비대면화가 심화되며 소비자가 가장 큰 변화를 체감할 수 있는 분야가 바로 '대출'입니다. 과거에는 서류들을 챙겨 은행에 방문해 창구에서 대면으로 대출을 신청해야 했지만, 요즘은 가계대출이라 일컫는 신용대출이나 전세자금대출, 주택담보대출 등의 상품들은 거의 대부분 비대면 신청이 가능합니다. 비대면 대출 서비스는 단지 신청만 간편해진 것이 아니라 대출의 한도나 금리, 가능 여부를 확인하기까지의 시간도 단축되었습니다. 간단한 대출의 경우 신청과 동시에 결과가 나오며, 서류나 신청자 확인이 필요한 대출의 경우 2~3일이면 결과를 통보받을 수 있습니다.

그런데 비대면 대출이 편리해진 만큼 반대급부로 알아야 할 부분이 있으니, 바로 대출 조건이 수시로 변한다는 것입니다. 대출 상품이나 서비스를 제공하는 금융기관 입장에서 생각하면, 여러 정책과 환경의 변화로 인해 소비자의 대출 수요가 예상과 달리 과도해질 수도 있고, 대출 취급 규모에 대한 적정 수준의 관리를 위해서는 금리나 한도, 신청 대상 등에 변화를 줄 수밖에 없기 때문입니다.

따라서 당장 대출이 필요하지 않더라도, 현재 내가 이용할 수 있는 신용대출의 한도와 금리, 회사와 협약된 금융기관을 통해 받을 수 있는 우대 대출 상품, 그리고 직원 복지 차원에서 제공되는 사내 대출의 유무와 조건 등을 주기적으로 점검하고 최신 정보로 업데이트해두어야 합니다. 아울러 부동산 시장의 과열 여부에 따라 대출 규제가 수시로 강화되거나 완화되는 만큼, 관련 제도 변화도 놓치지 않아야 합니다. 그래야 전세 보증금 마련, 주택 구입이나 갈아타기, 가족에게 갑작스럽게 큰 자금이 필요한 긴급 상황 등과 같은 이벤트가 발생했을 때 미리 업데이트해둔 대출 관련 정보와 지식을 바탕으로 어떤 대출을 어떻게 활용할지에 대한 의사 결정을 보다 신속하게 내릴 수 있습니다.

당장 필요하지 않다는 이유로, 혹은 대출 자체에 대한 거부감 때문에 사전에 대출 공부를 해두지 않으면, 막상 급한 상황이 닥쳤을 때 현금서비스나 카드론 같은 고금리 대출, 혹은 2금융권 상품을 이용할 가능성이 높아집니다. 충분히 더 나은 선택지가 있는데도 금리가 높은 대출을 선택할 수 있다는 의미입니다. 이런 선택은 자산을 형성해가는 과정에서 큰 장애물이 되며, 나아가 상황에 맞게 활용하면 효율을 극대화할 수 있는 '대출'이라는 수단 자체를 평생

　　　　　　　　　　　　　　　　　　　　　　　　［사회 초년］

기피하게 될 수도 있습니다.

대출에 대해 왜 미리 알아두고 준비해야 하는지 이해되었다면, 이제는 현재 내가 활용할 수 있는 대출 상품과 제도, 회사의 사내 복지 대출, 사회 초년생 및 청년을 위한 정책 금융 상품 등을 하나씩 찾아보고 주기적으로 정리하는 습관을 길러보면 어떨까요? 이렇게 평소에 차곡차곡 준비해둔 정보는 언젠가 금융기관의 도움을 꼭 받아야 하는 순간이 왔을 때 큰 힘이 될 것입니다.

한편 주택 구입과 관련한 대출 내용은 다음 장에서 자세히 다룰 예정이니 해당 내용을 참고하시기 바랍니다.

대출의 대표적인 유형

• 신용대출

개인의 신용도, 직업, 소득 수준 등을 바탕으로 심사하여 자금을 빌려주는 대출로, 담보 없이 신용만으로 받을 수 있다는 점이 특징입니다. 자금 수령 방식에 따라 일시금으로 전액을 받거나, 한도를 설정해 마이너스 통장('마통') 형태로 유동적으로 사용할 수도 있습니다.

• 담보대출

금융기관이 인정하는 담보 자산을 제공하고 자금을 빌리는 대출을 말합니다. 대표적인 담보 자산에는 예적금, 청약, 펀드, 신탁, 보험 등 금융 상품, 주식·채권 등의 유가증권, 보증기관이 발급하는 보증서, 그리고 아파트, 오피스텔, 상가, 건물 등의 부동산이 있습니다.

한정된 자산으로
최고의 내 집을,
나만의 부동산 공부 비법

대한민국 많은 사람에게 평생의 숙제로 꼽히는 것이 있다면 바로 내 집 마련일 것입니다. 지금은 먼 미래 일처럼 느껴질 수도 있습니다. 어차피 집값은 수시로 변하고 트렌드도 바뀌기에, '돈이 좀 모이면 그때 가서 알아보자'라고 생각할지 모르겠습니다. 하지만 일생일대의 가장 비싼 물건을 구입하는 의사 결정을 닥쳐서 하기에는 무게감이 너무 크고, 알아보고 판단할 변수도 무척 많습니다. 그렇기에 지금부터 미래를 그려보며 주거지 및 주거 상품에 대한 선택 기준과 니즈, 포기할 수 없는 조건들을 미리미리 고민해 둬야 합니다.

한정된 자금 안에서 가장 만족스러운 집을 고르는 법

예산이 충분하다면 무엇 하나 포기할 것 없이 원하는 조건을 모두 갖춘 집을 사면 되겠지만, 현실에서 그런 선택을 할 수 있는 사람은 매우 드뭅니다. 그래서 우리는 한정된 자금으로 가장 만족스럽고 안정적인 삶을 영위할 수 있는 주거 공간을 마련하는 데 집중해야 합니다. 이런 상황에서 가장 먼저 할 일은 '반드시 충족되어야 할 조건'과 '포기할 수 있는 조건'을 정리하는 것입니다.

처음에는 막연하게 느껴지겠지만, 이런 고민을 안고 현재 거주 중인 동네나 내가 잘 아는 지역의 주거 단지를 직접 둘러보면 전에는 보이지 않던 것이 하나둘 눈에 들어오기 시작합니다. 여러 지역을 둘러볼수록 주거지에 대한 자신의 기준이 점점 또렷해지고, 무엇을 취하고 무엇을 포기할지에 대한 우선순위도 정리됩니다. 다만 이런 기준은 결혼이나 출산, 자녀의 학령기 진입과 같은 생애 단계에 따라 언제든 달라짐을 염두에 두고, 항상 유연한 사고를 할 수 있어야 합니다.

집값 탐구에서 시작하는 부동산 독학 노하우

시중에는 부동산 관련 강의나 콘텐츠가 정말 많습니다. 처음에 어디서부터 어떻게 접근할지 모를 때는 초보자를 위한 부동산 강의를 들어보는 것도 기초를 다지고 큰 그림을 그려나가기에 좋을 수 있습니다. 하지만 자칫 특정 강사나 이론, 투자 전략 등에 매몰되지 않도록 주의해야 합니다. 부동산의 시장 상황과 규제, 트렌드는 항상 빠르게 변하기 때문입니다.

부동산 공부에 가장 좋은 방법은 '네이버 부동산' 서비스를 통해 아파트 단지별 평단가와 가장 수요가 많은 59타입(전용면적 59제곱미터)과 84타입(전용면적 84제곱미터)의 가격을 살펴보는 것입니다. 자신이 잘 아는 동네의 아파트 가격들을 보며, 왜 길 하나 차이로 가격이 이렇게 차이가 나는지, 왜 지어진 지 3년도 되지 않은 신축 아파트보다 15년이 지난 구축 아파트가 더 비싼지, 다 쓰러져가는 30년도 더 된 아파트의 전세가는 형편없는데 매매가격은 왜 이렇게 높은 것인지 등 집값에 대한 의문을 풀어가는 연습을 해보기를 추천합니다.

요즘은 부동산 관련 콘텐츠가 매우 풍부해 원하는 정보를 찾기도 수월합니다. '호갱노노'나 '아실', '부동산지인'과 같은 프롭테크Prop Tech(부동산property과 기술technology을 결합한 용어로, 정보기술을 활용한 부동산 서비스 산업을 말함) 앱과 사이트는 물론, 챗지피티ChatGPT나 제미나이Gemini 같은 인공지능 서비스까지 함께 활용한다면 웬만한 부동산 관련 궁금증은 충분히 스스로 해결할 수 있을 것입니다.

그럼에도 불구하고 쉽게 해소되지 않는 의문이 남는다면, 직접 현장의 부동산 중개사무소를 찾아 문의하는 발품까지 더하기를 권합니다. 이렇게 하면 비싼 강의를 듣거나 여러 권의 책을 사지 않아도 부동산에 대한 지식과 현장 경험을 비교적 빠르게 쌓을 수 있습니다. 여러 동네와 지역을 직접 살펴보고 공부하다 보면 지역 간의 연계성이나 서로 영향을 주고받는 흐름까지 자연스럽게 이해하게 됩니다. 이 과정은 처음에는 더디고 답답하게 느껴질 수 있지만, 그렇게 쌓인 시간과 노력은 결국 나에게 꼭 맞는 집을 고를 수 있는 안목과 판단력으로 돌아올 것입니다.

'얼마나 오를지'보다 중요한 것, '내가 그 사람 입장이라면'

부동산 중에서도 특히 아파트라는 상품에 접근할 때는 흔히들 '얼마나 오를지'를 가장 먼저 생각합니다. 실거주 목적으로 집을 사려는 사람들을 보면, 치열하게 고민하여 선정한 몇 개의 단지를 두고 좀처럼 최종 결정을 못 하는 경우가 많은데, 이는 대부분 그중에서 어디가 더 오를지 답을 내리지 못했기 때문입니다. 물론 집을 산다는 건 인생에서 가장 큰 결정 중 하나이므로 가격 상승에 대한 가능성도 반드시 따져봐야겠지만, 부동산의 기초를 공부하는 단계라면 가격보다는 인문학적인 접근이 더 유효합니다.

싱글이나 딩크 부부라면 어떤 요소에 가중치를 두고 아파트를 선택할지, 두 자녀를 키우는 생계형 맞벌이 부부라면 어디에 살아야 하고 어떤 조건이 필요할지, 50대 후반에 막 은퇴한 부부라면 자녀들이 출가하기 전 거주하던 50평대 아파트를 앞으로 어떻게 할지 등 주거 공간을 소비하는 사람들을 특성별로 나눠보고, 각 상황에서 어떤 선택을 할 수밖에 없을지를 고민하는 것입니다. 이런 사고를 반복하다 보면, 특정 조건에서는 왜 B가 아니라 A를 선택할 가능성이 높은지까지 자연스럽게 예측할 수 있게 되고, 주거 선택에 대한 이해도 역시 한층 깊어집니다.

주거 공간은 선택이 아닌 필수의 영역이며, 단기간에 사고팔거나 잦은 이사를 하기가 쉽지 않은 특성을 지닙니다. 이런 점을 고려할 때, 부동산을 바라볼 때도 가격보다는 '대부분의 사람이라면 어떤 결정을 내릴 가능성이 높은가'라는 기준으로 생각하고 공부하다 보면, 내 집을 선택하는 과정에서도 보다 성공적인 결과로 이어질 확률이 높아질 것입니다.

2

[내 집 마련]

자산 형성의 기본은 안정된 집을 갖는 것

내 집을 마련하는 가장 완벽한 프로세스

인생에서 가장 큰 숙제는 무엇일까요? 사람마다 다르겠지만, 많은 이들이 손에 꼽는 것은 바로 안정적인 보금자리를 마련하는 일입니다. 자금이 충분하다면야 입맛에 따라 원하는 조건을 충족하는 집을 구하면 되겠지만 현실은 그렇지 않습니다. 그렇기에 한정된 예산으로 감당 가능한 정도의 대출을 똑똑하게 활용하여 가족 모두가 만족스럽고 행복하게 살 집을 마련해야 합니다.

이번 장에서는 결혼 전후에 첫 집을 마련하고자 하는 분을 가정하여 내 집을 마련하는 과정에서 반드시 알아야 할 내용을 다룹니다. 결혼 여부와 관계없이 첫 집을 준비하는 이들에게도 도움이 될 내용이니, 차분히 읽어보며 후회 없는 내 집 마련의 첫 단추를 잘 끼우길 바랍니다.

혼자가 아닌 둘이라면, 공동 자산관리는 이렇게

지금까지 혼자서, 혹은 부모님의 조언을 바탕으로 재무적 의사 결정을 해왔던 두 사람이 결혼을 통해 가정을 이루고 나면, 이제 둘이서 함께 더 나은 미래를 위한 의사 결정을 하게 됩니다. 연인으로 지내오던 지난날과 달리 결혼 후 함께 살기 시작하면 맞춰나가야 할 것들이 굉장히 많습니다. 그중에서도 가장 민감하고 어려운 주제가 바로 '돈 관리'인데요. 다음 내용을 함께 점검해보기를 바랍니다.

서로의 영역에 대한 존중과 인정, 그리고 배려

어릴 적 우리는 돈 이야기를 꺼내는 것만으로도 어른들의 눈치를 봐야 했습니다. "어린 게 무슨 돈을 그렇게 좋아하냐", "돈 애기부터 하는 거 아니다"라는 핀잔을 들으며 마치 돈에 관심을 보이는 건 철없고 욕심 많은 행동인 양 여겨졌고, 돈에 대해 궁금해하는 아이의 마음은 '순수하지 않다'라는 식으로 억눌리기도 했지요.

한국 사회 깊숙이 자리한 유교적 가치관으로 인해 우리는 어려서부터 돈에 대해 말하지 않도록 배웠습니다. 그리고 그 침묵 속에서 자라난 세대는 어른이 된 지금도 여전히 돈에 대해 말하는 것을 어색해합니다. 정작 가장 필요할 때, 중요한 결정을 앞두고도 말이죠.

아마도 대부분 연애하던 시절, 돈에 대한 솔직한 이야기를 나눠보지 못했을 가능성이 큽니다. 그렇기 때문에 결혼을 준비하면서 서로의 돈에 대해 솔직하고 깊이 있는 대화를 나누려는 노력은 중요합니다. 상대에게 내가 몰랐던 재정적 아픔이 있을 수도 있고, 불가피하게 누군가에게 경제적 지원을 해야 하는 상황이 있을 수도 있습니다. 혹여 결혼 전에 알았더라면 좋았을 사실을 뒤늦게 알았어도, 중요한 것은 서로에 대한 이해를 바탕으로 부부가 함께 경제적 목표를 향해 나아가려는 태도입니다.

부부의 돈 관리, 공동의 경제적 목표부터 세우자

신혼부부의 재무 상담을 할 때 가장 많이 받는 질문 중 하나가 바로 '부부가 돈을 합쳐서 관리해야 하는지, 아니면 각자 관리하는 게 좋은지'에 대한 것입니다. 보다 효율적인 돈 관리를 위한 질문이 겠지만, 그 방법을 찾기에 앞서 먼저 물어야 할 훨씬 더 중요한 질문이 있습니다. 바로 부부 공동의 경제적 목표가 명확하고 단계적으로 구체화되어 있는지, 그리고 그 단계별 목표를 이루어나가기 위한 계획이 구체적이며 실행으로 옮기고 있는지에 대한 질문입니다.

더불어 한 가지 더 고민해야 할 것은, 누가 가계 자산을 주력으로 관리할 것인가 하는 점입니다. 부부 중 한 명을 가계 자산의 주력 관리자로 선정할 경우 목표 달성 확률과 속도가 높아지기 때문입니다. 목표가 구체적이고 뚜렷하더라도 서로 각자 알아서 관리하다 보면 책임감이 분산되어 바쁘거나 중요한 일이 생겼을 때 경제적 목표는 우선순위에서 밀리기 쉽습니다. 이런 일들이 반복될 경우 성과가 제대로 나오지 못하기 마련입니다.

따라서 부부의 자산을 주도적으로 관리하는 일에 책임감을 갖고, 자산을 더욱 성장시킬 방법들을 탐구하는 일에 흥미를 느끼는 사람이 주력 관리자가 되는 게 좋습니다. 그리고 주기적으로 가장 가까운 목표까지 얼마나 달성했는지, 현재 당면한 재무적 이슈는 어떤 것인지, 부부의 소비를 꼼꼼히 점검하여 새어나가는 돈은 없는지 등을 살펴야 합니다.

저는 신혼 초기에 배우자와 충분한 대화를 나누며 우리 부부의 경제적 목표와 전략을 구체화했고, 이를 서로 공유했습니다. 이후

제가 주력 관리자가 되겠다고 선언하며 스스로에게 책임감을 부여했고, 배우자는 본인의 소득 중 일정 비중을 부부의 미래를 위한 저축과 투자에 기여하기로 결정했습니다. 그 대신 저는 배우자의 개인적인 소비나 별도로 관리하는 자금에 대해서는 간섭하지 않기로 했습니다.

저는 제 소득과 배우자가 매달 기여하기로 한 금액을 합산해 가계의 현금흐름 및 장기 자산 형성 계획을 세웠습니다. 대출 원리금으로 얼마까지 사용할지, 생활비와 고정비를 어느 수준 이하로 유지할지, 그리고 적립식 투자에 얼마를 배정할지 등을 구체적으로 정리한 뒤, 그 실행 내역과 성과를 수시로 공유했습니다. 배우자는 매달 약속한 금액만 부부 자금으로 기여하고, 나머지 잉여 현금흐름은 본인을 위한 소비나 경조사비, 모임 회비 등에 자유롭게 사용할 수 있었기에 월급 관리가 훨씬 단순해졌습니다. 그 결과 소비도 주체적이고 계획적으로 이어졌습니다.

이런 방식으로 서로의 영역을 존중하고 배려하며 신뢰를 쌓아온 덕분에, 저희 가족은 재무적인 부분에서 특별한 불협화음 없이 10년이 넘는 시간 동안 같은 원칙을 유지하며 자산을 차곡차곡 불려나가고 있습니다.

결혼 후의 자산 형성, 1+1 이상의 효과를 본다

혼자 벌고 지출을 아껴 알뜰살뜰 모아나가던 미혼 시절과 달리 부부가 함께 돈을 모으다 보면 자산 형성의 보폭이 커지는 걸 실감하게 됩니다. 부부가 둘 다 경제활동을 하고 있다면 소득은 당연히 혼자 벌 때보다 늘어나는 반면, 결혼 전 각자 지출하던 고정비와 생활비에서 중복 지출되던 항목들이 줄어들며 잉여 현금흐름이 증가하는 구조가 되기 때문입니다. 그동안 혼자 해오던 걸 이제 둘이 하게 되었지만, 그렇다고 크게 달라지는 건 없습니다. 둘이서 벌어들인 소득에서 소비와 지출을 최소화하고, 잉여 현금흐름을 적립식으로 주식이나 ETF에 투자하거나 예적금 상품으로 확실하게 모아가면 됩니다.

다만 혼자일 때와 달리 함께하게 되면 고려할 수 있는 선택지가 하나 더 생깁니다. 지금까지 모아온 자산과 늘어난 현금흐름을 바탕으로 대출을 활용해 실거주를 위한 트렌드에 맞는 아파트를 매수할 수 있다는 점입니다. 경우에 따라서는 결혼 전에 이미 혼자의 힘으로 대출을 활용해 실거주 아파트를 매수했거나, 전세를 끼고 주택을 마련한 분도 있을 것입니다. 하지만 둘이 힘을 합치면 더 비싸고 조건이 좋은 집을 선택할 수 있기에, 결혼 전에 구입한 집을 매도하고 부부의 자산과 소득을 합쳐 더 나은 주거 환경으로 옮기는 '갈아타기'를 고민해볼 수도 있습니다.

　이어지는 내용에서는 처음으로 내 집을 마련할 때 어떤 기준으로 접근해야 하는지, 그리고 실제로 어떤 점들을 고려하며 실행에 옮겨야 하는지를 자세히 살피려 합니다. 지금부터 많은 분이 가장 큰 관심을 갖는 '내 집 마련'에 대한 이야기로 넘어가겠습니다.

인생의 가장 큰 숙제 '내 집 마련' 기준이 명확해야 길이 보인다

사람이 살아가는 데 있어 필수적인 3가지 요소를 '의식주'라고 부릅니다. 얼핏 보면 이 단어는 입는 것을 뜻하는 '의衣'와 먹는 것을 뜻하는 '식食', 그리고 거주하는 공간을 뜻하는 '주住'라는 각각의 개념이 대등하게 묶인 것처럼 보입니다. 그러나 경제적 관점에서 보면 '의'와 '식'에 비해 '주'는 비교도 되지 않을 만큼 막대한 자금을 필요로 합니다. 또한 주거 공간에서 음식을 만들어 먹고 옷을 세탁하고 보관하기까지 하니, '의식주' 중에서 '주'가 갖는 의미와 중요성이 가장 크다고도 할 수 있습니다.

그런데 이렇게 중요한 주거 공간을 마련하는 일은 현실적으로 큰 부담이 따릅니다. 집값이 너무 비싸 자금이 부족해서 생기는 어려움도 크지만, 그보다 더 막막한 이유는 어떤 기준으로, 어디에서, 어떻게 집을 마련해야 하는지를 우리는 살아오면서 제대로 배워본 적이 없기 때문입니다. 이로 인해 생기는 불확실성과 두려움이 내 집 마련을 더욱 어렵게 만듭니다.

게다가 내 집 마련은 값비싼 명품 가방이나 고급 외제차를 사는 것과는 비교할 수 없을 정도로 큰 자금이 필요하고, 대부분은 대출까지 활용해야 합니다. '한 번 사면 오래 살아야 한다'는 생각으로 좋은 집을 고르려다 보니 부담감은 더욱 커집니다.

그래서 지금부터는 내가 어떤 기준으로, 어떤 집을 선택해야 하는지에 대해 이야기하려 합니다. 투자의 관점에서 '가격이 많이 오를 집'이 아니라, 실거주의 관점에서 '나와 우리 가족이 행복하고 안정적으로 살아갈 수 있는 집'을 고르는 기준에 대해 말입니다. 이 기준이 명확해진다면, 여러분이 어떤 방향으로 나아가야 할지 자연스럽게 길이 보이기 시작할 것입니다.

직주근접성, 출퇴근이 쉬운 곳

서울의 3대 중심업무지구라 하면 CBDcentral business district(종로, 을지로, 광화문, 시청, 서울역), YBDYeouido business district(여의도), GBDGangnam business district(강남, 역삼, 선릉, 삼성동)를 말합니다. 이 3대 업무지구에 대기업은 물론 금융회사와 중견기업, 외국계 기업, 대형 로펌과 회계법인, 스타트업 대부분이 자리하고 있습니다.

　지도를 펼쳐 보면, 중심업무지구와 물리적 거리가 가까우면서 아파트가 밀집된 지역은 집값이 굉장히 비싼 걸 확인할 수 있습니다. 집값은 누군가가 이전에 거래된 가격보다 더 비싼 값을 지불하고서라도 사고 싶다고 느낄 만큼의 매력과 장점이 있을 때 오르는 속성이 있습니다. 그런데 집에서부터 회사에 도착하기까지 걸리는 시간이 짧을수록, 우리는 그만큼 여유 시간과 에너지를 확보합니다. 누군가는 직주근접성이 주는 가치를 크게 평가해 상대적으로 비싼 주거비를 기꺼이 지불할 의사가 있을 것이고, 이런 수요들이 모여 업무지구와 가까운 주택들의 높은 가격을 형성합니다. 우리는 흔히 경제적 자유를 '시간을 돈으로 사는 것'이라고 표현합니다. 그런 의미에서 직주근접성이 좋은 집의 높은 가격은, 시간을 돈으로 구매하는 가장 대표적인 사례입니다.

　다른 요소들도 종합적으로 고려해야 하지만, 가장 우선순위에 두어야 할 조건은 단연 '직주근접성'입니다. 여기서 말하는 직주근접성은 단순한 물리적 거리보다는, 정시성이 보장되는 지하철 기준으로 출퇴근에 소요되는 시간을 의미합니다. 물론 버스, 도보, 자전거, 자가용 등 다양한 출퇴근 수단이 있지만, 날씨나 도로 상황, 교통 혼잡도와 같은 변수들을 고려하면 지하철은 가장 예측 가능하고 안정적인 교통수단으로 인식됩니다. 바로 이런 이유로 지하철을 편리하게 이용할 수 있는 '역세권 아파트'는 실거주 수요자들로부터 꾸준히 높은 선호를 받는 것입니다.

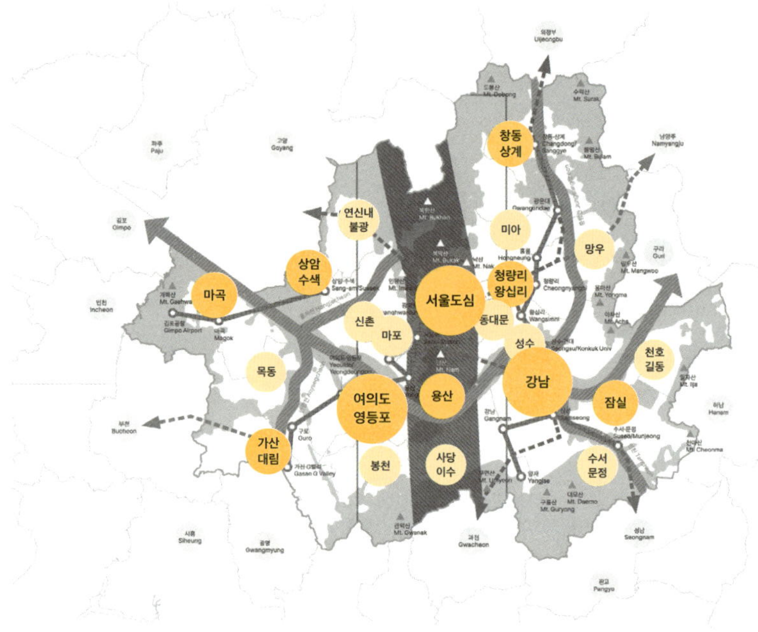

자료: 서울특별시 2040 서울도시계획

3대 업무지구인 CBD·YBD·GBD를 중심으로, 양질의 일자리가 밀집한 마곡·상암·가산·구로·성수·판교 등 주요 산업단지까지의 지하철 접근성도 함께 고려하는 것이 좋습니다. 물론 부부 각자의 직장 접근성이 우선이지만, 동시에 고소득 일자리가 많이 분포한 업무지구와의 연결성까지 함께 고려해야 시야가 확장되어 주거지 선택의 폭이 넓어지고, 보편타당성도 확보되어 향후 갈아타기에서 내 집을 팔 때 어려움을 덜 겪게 됩니다.

생활 인프라, 다양한 시설이 갖춰진 곳

생활 인프라는 내가 사는 지역에서 이용할 수 있는 여러 종류의 시설과 공간 등을 말합니다. 백화점, 마트, 전통시장, 프랜차이즈 음식점 등의 쇼핑 편의시설, 영화관이나 예술회관, 체육시설, 미술관, 박물관, 도서관과 같은 문화생활 시설, 시청 및 구청, 주민센터, 우체국, 경찰서, 소방서, 주민 복지 시설 등의 공공기관 및 시설, 종합병원이나 대학병원 같은 대형 병원 등이 대표적인 생활 인프라입니다. 생활 인프라가 잘 갖춰진 지역일수록 당연히 살아가는 데는 편리하지만, 그런 지역의 집은 가격이 비싸기 마련이지요. 집값으로 지불할 수 있는 자금에는 한계가 있기에 모든 인프라를 다 품을 수는 없습니다. 따라서 반드시 있어야 하는 인프라와 포기해도 괜찮은 인프라를 미리 정해놓으면 집을 고를 때 큰 도움이 됩니다.

서울시는 시민들을 위한 새로운 공간을 조성하는 데 물리적 한계가 있는 만큼, 노후한 공공기관이나 청사를 증축 또는 재건축을 통해 현대화하거나, 신규 부지에 행정타운을 조성하는 대규모 사업을 추진합니다. 이 과정에서 이전한 기존 청사 부지는 매각되기도 하지만, 지역 특성과 주민 수요를 반영해 주거·문화·복합시설로 탈바꿈하는 경우도 적지 않습니다. 대표적인 사례로는 장승배기역 인근에 종합행정타운을 조성하고, 기존 청사 부지에는 영국 명문학교를 품은 최고 40층 규모의 주거복합시설을 계획 중인 동작구, 그리고 마곡지구에 통합 신청사를 신축하고, 기존 청사 부지는 문화시설이 부족한 지역 여건을 고려해 공공복합문화시설로 개발할 예정인 강서구를 들 수 있습니다.

이렇게 새롭게 조성되는 지역 주민을 위한 시설과 공간은 일상의 만족도를 높여 삶의 질을 한층 윤택하게 만드는 요소로 작용합니다. 주거지는 단기간에 사고파는 대상이 아니라 최소 몇 년 이상 거주하게 되는 공간인 만큼, 개발이 완공되기까지 시간이 다소 걸리더라도 실제로 거주하는 동안 누릴 수 있는 생활 인프라가 점점 확장되는 호재가 될 수 있습니다. 따라서 주거지 후보를 검토할 때는 현재의 모습뿐 아니라, 민간은 물론 지자체, 공공기관이 추진 중인 개발 계획이 있는지도 함께 살펴보는 시각이 필요합니다.

학군지와 학원가, 아이 키우기 좋은 동네

학군學群이란 사전적 의미로는 '중학교와 고등학교의 통학 가능 범위를 기준으로 설정된 학교 배정 구역'을 뜻합니다. 그러나 시대적 흐름에 따라 이 단어에는 새로운 의미가 추가되어 통용되고 있습니다. 요즘 흔히 말하는 '학군' 혹은 '학군지'란 교육 환경이 우수한 지역을 가리킵니다. 즉, 학업성취도가 높고 좋은 상급 학교로 진학하는 학생이 많은 지역, 더불어 수준별 맞춤 학원들이 다양하게 자리하고 있는 동네를 의미합니다. 대표적으로 서울에서는 강남구 대치동, 양천구 목동, 노원구 중계동을 3대 학군지로 부릅니다. 이 동네에서 좋은 학교로 배정이 되면서 학원가까지 함께 이용할 수 있는 주거지역은 매매 수요뿐만 아니라 전·월세 임차 수요도 높기에, 상승기에 가격 상승은 물론 하락기에 가격 방어력도 뛰어난 편입니다.

이들 3대 학군지만큼은 아니지만 수준별·과목별로 학원가가 잘 형성된 동네도 최근에는 맞벌이 부부에게 높은 선호도를 보입니다. 강서구 내발산·마곡동, 마포구 대흥·염리·신수동, 강동구 고덕·명일동, 송파구 장지동(위례신도시) 등이 대표적입니다. 이런 지역들의 공통점은 업무지구까지 물리적 거리가 멀지 않아 출퇴근이 용이하고, 재개발이나 재건축 같은 도시정비사업이나 택지개발사업을 통해 공급된 신축 아파트가 모여있다는 점입니다.

학령기 자녀들은 방과 후 활동에 참여하더라도 일반적으로 부모의 퇴근 시간보다 이른 시각에 하교하게 됩니다. 그래서 부모가 퇴근하기 전까지 자녀가 안전하게 시간을 보낼 수 있는 환경이 필요합니다. 다양한 학원과 돌봄 시설 등 방과 후 선택지가 풍부한 지역은 주거비가 다소 높더라도, 자녀 돌봄에 대한 현실적인 대안이 마땅치 않은 맞벌이 부부들에게 높은 선호를 받을 수밖에 없습니다.

그런데 아직 학령기 자녀가 없는 상태에서 첫 집을 마련하는 사람들에게는, 학군지나 학원가 형성이 잘된 지역을 핵심 기준으로 삼는 것이 다소 과하게 느껴질 수도 있습니다. 출산을 하더라도 초등학교 입학까지는 7~8년의 시간이 남아있으니, 그때 가서 학군지로 이사하면 된다고 생각하기 쉽습니다.

하지만 인생은 언제나 계획한 대로 흘러가지 않습니다. 집값의 가파른 상승으로 이사 갈 지역의 선택지가 줄거나, 대출 규제로 인해 갈아타기가 예상보다 늦어질 수도 있습니다. 경우에 따라서는 계획보다 훨씬 오랜 기간 한 집에 머물 수도 있죠. 그사이에 아이가 태어나고 시간이 흐르면, 집을 살 당시에는 중요하지 않다고 여겼던 요소가 현실적인 제약으로 다가와 뒤늦게 후회할 수도 있습니다.

그렇기에 당장은 나에게 필요하지 않더라도, 아이를 키우기에 무리가 없는 환경인지, 그리고 학령기 자녀들이 다닐 학원 인프라가 어느 정도 갖춰져 있는지는 함께 고려할 필요가 있습니다. 더 나아가 지금 매수하는 첫 집이 평생 거주할 집이 아니라면 언젠가는 매도해야 하는데, 그 시점에서 미래의 잠재 수요자 입장에서 내 집을 바라보는 관점도 중요합니다. '학군지' 또는 '잘 형성된 학원가'라는 조건을 갖춘 주거지는 자녀를 둔 가구에게 분명한 매력 요소이며, 자녀를 위한 프리미엄을 기꺼이 지불하려는 수요를 만들어냅니다. 이는 매매가 상승 가능성은 물론, 안정적인 임차 수요까지 기대할 수 있는 구조로 이어집니다.

저의 경우 결혼 후 첫 집을 마련할 당시, 교과서적으로 알려진 '초품아(초등학교를 품은 아파트)'라는 기준에만 집중해 매수를 결정했습니다. 그러나 막상 자녀를 출산하고 실제로 아이를 키우는 입장이 되자, 초등학교와의 물리적 거리만으로는 충분하지 않음을 깨달았습니다. 해당 학교의 학생 수와 학년당 학급 수는 얼마나 되는지, 방과 후 프로그램은 어떻게 운영되는지, 또 학교 주변에 초등학교 저학년이 도보로 안전하게 다닐 학원이나 돌봄 시설이 충분히 갖춰져 있는지 등 훨씬 현실적인 요소들을 따져보게 된 것이죠. 결국 저는 단순한 입지 조건을 넘어 '이 동네가 과연 아이를 키우기에 좋은 환경인가?'라는 질문을 스스로에게 던지게 되었습니다.

부모 입장에서 보자면 주거비가 다소 높더라도 아이를 키우기 좋은 환경을 갖춘 동네를 선호할 수밖에 없습니다. 특히 저출산이 심화될수록 이런 조건을 충족하는 지역은 더욱 한정될 가능성이 높고, 그 결과 수요는 특정 지역으로 더 집중될 수밖에 없습니다. 따라서 내 집을 마련할 때 당장 자녀 양육에 대한 고민이 없더라도, 아이를 키우기에 적합한 환경이 갖춰져 있는지는 반드시 고려해야합니다.

자연환경과 공원, 눈과 마음에 휴식을 주는 곳

팬데믹이 한창이던 때 우리 생활에는 큰 변화가 있었습니다. 외출을 하거나 대면으로 사람을 만나는 데 제약이 있었습니다. 혼자집에 있는 시간이 많아지고, 사람들과 만나기 어렵다 보니 답답함과 외로움을 달래줄 강이나 호수, 천과 산 같은 자연환경이 잘 갖춰진 동네가 각광받기 시작했습니다. 특히 사회적 거리두기 시기에 SNS에서 '한강 뷰' 아파트나 공원 혹은 호수가 잘 보이는 아파트에 대한 콘텐츠들이 대거 만들어졌고, 이런 집에서 살고 싶다는 사람들의 욕망을 자극했습니다.

하지만 서울이나 수도권에 교통이 좋으면서 아파트가 모여있는 곳 중 러닝이나 산책을 할 수 있는 넓은 면적의 녹지를 갖춘 공원, 강 또는 천이 가까이 있거나 내려다보이는 아파트는 생각보다 많지 않습니다. 이런 환경은 새로 조성하려 하더라도 여러 토지주에게 보상을 통해 토지 소유권을 확보하고 이미 정해진 토지 용도를 변경해야 하는데, 이는 실현 가능성이 매우 낮다고 봐야 합니다. 적어도 수도권에서는 유의미한 규모의 자연환경 인근에 새로운 주거지가 형성되기를 기대하기보다는 이미 환경이 갖춰진 주거지를 선택할 수밖에 없습니다.

사람마다 추구하는 바가 다르기에 자연환경에 대한 중요성도 저마다 다를 것입니다. 하지만 누릴 수 있는 자연환경 요소가 있고 없고는 삶의 만족도 측면에서 대단히 큰 차이를 만들기에, 여러분이 살아갈 보금자리를 정하는 데 있어서 중요한 요소입니다. 앞으로 또 다른 팬데믹이 찾아오거나 어떤 예상치 못한 상황이 전개될지는 모릅니다. 그렇기에 내가 사는 곳 주변에 자연과 함께 숨 쉴 수 있는 공간이 어느 정도까지 확보되는지도 반드시 고려해야 합니다.

　　　　　　　　　　　　　　　　　　　　　　　　　[내 집 마련]

'얼죽신' 트렌드를 불러온 상품성 차이

지하 주차장이 없거나 있더라도 주거 건물과 직접 연결되지 않은 아파트, 한 층에 여러 세대가 있고 세대 수에 비해 엘리베이터는 턱없이 부족한 복도식 아파트, 계단식 구조지만 공간 활용에 제약이 있는 '2베이' 아파트(베이bay란 전면 발코니와 맞닿은 거실 및 방의 개수를 말하는 것으로, 2베이란 거실과 방 하나가 발코니에 접하고 있다는 의미다). 1980년대부터 2000년대 초반 사이에 지어진 대부분의 아파트는 이런 특징을 갖고 있습니다.

그러다 2000년대 중반 이후부터는 건설사들이 자체 브랜드를 만들고, 디자인이나 평면도, 커뮤니티 시설, 단지 조경 등 많은 부분에서 아파트라는 상품의 종합적인 품질을 대폭 향상시켰습니다. 메이저 건설사들은 새로운 아파트 건설 사업을 수주하기 위해 차별성을 도모했고, 사물인터넷이나 쓰레기 자동 처리 시스템 등 첨단 기술이 아파트라는 주거 공간에 적용되며, 획일화되었던 아파트의 영역에서 '상품성의 차이'가 생기기 시작했습니다. 상품성의 차이는 곧 선호도의 차이로 이어졌고, 이는 같은 동네에서도 커다란 가격 차이를 만드는 핵심 요소가 되었습니다.

가격을 고려하지 않는다면 누구나 상품성이 뛰어난 신축 대단지 아파트를 선택할 것입니다. 하지만 한정된 자금으로 최선의 선택을 하기 위해서는 아파트의 상품성을 구성하는 요소들을 꼼꼼하게 따저봐야 합니다.

준공 연도와 브랜드, 지하 주차장 유무 및 아파트와의 연결 여부, 복도식인지 계단식인지, 타워형인지 판상형인지, 판상형이라면 2베이인지 3~4베이인지도 중요한 판단 기준입니다. 여기에 세대 수가 일정 규모 이상인지, 난방 방식이 개별난방인지 지역난방인지, 남향을 포함하는지 아니면 동·서향 위주인지, 단지가 평지에 위치하는지, 또는 경사가 있다면 체감할 만한 수준인지도 함께 살펴봐야 합니다. 특히 준공된 지 20년이 넘은 아파트라면 향후 재건축이나 리모델링 가능성까지 염두에 두고 용적률과 대지 지분을 확인해야 합니다. 이런 요소들은 단순한 취향의 문제가 아니라 거주 만족도는 물론 향후 시장에서의 경쟁력을 좌우하는 핵심 기준이 됩니다.

이렇게 살펴보면 '상품성'이라는 하나의 기준만 놓고 보더라도 고려할 요소가 너무 많아, 무엇을 우선할지 막막하게 느껴집니다. 이럴 때 부담을 한 번에 줄이는 가장 쉬운 방법은 준공된 지 10년 이내의 아파트 단지부터 살피는 것입니다. 특히 2015년 전후로 지어진 아파트들은 전반적인 기준이 상향 평준화되어 있어, 주차 환경이나 평면 구성, 커뮤니티 시설 등 상품성을 구성하는 대부분의 요소에서 기본 이상을 갖추고 있을 가능성이 높습니다.

준공된 지 10년 이내의 아파트들은 대부분 차량 동선을 지하로 분리해, 정문이나 후문에서 바로 지하 주차장으로 진입할 수 있도록 설계되어 있습니다. 또한 소형 평형을 제외하면 20평대 이상 세대는 계단식 구조에 최소 3베이 이상의 평면을 갖추고, 남향을 끼고 배치된 경우가 많습니다. 커뮤니티 시설 역시 단지 규모에 따라 차이는 있지만, 헬스장이나 골프 연습장, 독서실, 카페 등 기본적인 시설은 대부분 갖추고 있어 생활 편의성이 높습니다.

처음에는 이렇게 상품성이 전반적으로 상향 평준화된 준공 10년 이내의 아파트들부터 살펴보며, 연식과 무관하게 태생적으로 달라질 수밖에 없는 요소들, 예를 들어 세대 수 규모나 난방 방식, 지형 조건 중에서 무엇을 취하고 무엇을 포기할 것인지에 대한 기준을 정해나가면 주거지 선택의 방향이 훨씬 명확해집니다.

최근에는 '얼죽신(얼어 죽어도 신축)'이라는 신조어가 생겨날 정도로, 신축 아파트에 대한 선호가 일시적인 유행을 넘어 하나의 뚜렷한 트렌드로 자리 잡았습니다. 이는 단순한 이미지의 문제가 아니라, 실제 거주 만족도를 좌우하는 우수한 상품성에 대한 수요가 그만큼 커졌기 때문입니다. 특히 서울의 경우 신축 아파트를 새롭게 공급할 수 있는 가용 부지가 거의 남아있지 않고, 재개발·재건축 같은 정비사업을 통해 공급할 수 있는 구역 또한 점점 줄어드는 상황입니다. 이런 구조를 감안하면, 현재 준공된 지 약 10년 전후의 아파트들은 향후에도 오랜 기간 시장에서 가치와 희소성을 인정받을 가능성이 높으며, 경우에 따라서는 윗급지의 애매한 구축 아파트보다 아랫급지의 신축 대단지 아파트가 더 합리적인 선택이 될 수도 있습니다.

　신축 선호 현상인 '얼죽신' 트렌드는 앞으로도 상당 기간 지속될 가능성이 높습니다. 따라서 주거지의 상품성을 판단할 때는 현재의 선호뿐만 아니라, 훗날 내가 매수한 집을 선택하게 될 미래 세대의 성향과 니즈까지 함께 고려하는 시각이 필요합니다. 결국 지금의 수요자뿐 아니라, 미래의 잠재 수요자들 역시 상품성이 우수한 주거 공간을 선호할 것이기 때문입니다.

'내 집'을 고르는 5가지 기준, 우선순위 정하기

　직주근접성, 생활 인프라, 학군 및 학원가, 자연환경, 상품성 등 지금까지 설명한 5가지 기준은 본인이 처한 상황과 환경, 가치관에 따라 중요하게 생각하는 정도에 차이가 있을 수밖에 없습니다. 무엇이 더 중요한지에 대한 정답은 없기에 당사자가 직접 정해야 하지요. 부부라면 각자 5가지 기준의 우선순위를 정해봅니다. 그리고 각자 포기할 수 있는 것과 반드시 갖춰야 할 것들을 취합해 선택지를 점점 좁혀가는 것도 방법입니다.

　다만 부부끼리 합심하여 고심했더라도 최종 선택지를 정하는 기준이 '인적 드문 조용한 동네의 나홀로 아파트'와 같이 지극히 주관적이라면, 향후 환금성이나 가격 면에서 시장의 평균적인 흐름에

　　　　　　　　　　　　　　　　　　　　　　　[내 집 마련]

못 미칠 수 있으니 보편타당성을 갖춘 객관적인 시각에서 생각해야 함을 유념하기 바랍니다.

내 집을 구하는 4가지 방법

오늘날 주거 형태는 크게 2가지로 나눌 수 있습니다. 하나는 타인 소유의 집에 임차인으로 일정 기간 거주하는 방법이고, 다른 하나는 내 소유의 집에서 거주하는 방법입니다. 둘 중 어떤 게 더 나은 방법인지는 사람마다 처한 환경과 조건이 다르기에 각자 상황에 맞게 합리적으로 판단해야 합니다. 이번에는 집을 구하는 방법을 구체적으로 4가지로 나누어 하나씩 살펴보겠습니다.

계약 기간 동안 타인 소유 주택에서 거주하는 '전세'와 '월세'

사회생활을 시작하자마자, 혹은 결혼을 하면서 자기 집을 사서 들어가는 경우는 드뭅니다. 특히나 집값이 비싼 서울에서 자가로 시작하기란 더더욱 어렵습니다. 그렇기에 일반적으로 사회 초년생이나 신혼부부들은 타인이 소유한 집에서 임차인으로 거주를 시작합니다.

통상적으로 임대차 계약은 집값의 일부를 보증금으로 임대인에게 내고 계약 기간 동안 거주하는 '전세'와 소액의 보증금에 매달 임대료를 내는 '월세' 중 하나로 체결되는데요. 두 방식 중 나에게 무엇이 금액적으로 유리한지 판단하기 위해서는 전세와 월세라는 2가지 계약 방식의 시세를 비교하는 기준인 '전월세 전환율'에 대한 이해가 필요합니다.

이해를 돕기 위해 예시를 들겠습니다. 전세 보증금의 시세가 5억 원인 아파트가 있습니다. 5억의 전세 보증금을 월세로 환산하면 얼마인지부터 계산해야 하는데, 이는 국가통계포털에서 제공하는 지역별 전월세 전환율을 통해 계산할 수 있습니다.

2025년 12월 기준으로 서울 소재 아파트의 평균 전월세 전환율은 4.7퍼센트입니다. 이는 보증금 1억 원당 연간 임대료 470만 원으로 환산할 수 있다는 뜻이며, 월로 계산하면 월세가 약 39만 원 정도입니다.

다만 전월세 전환율은 어디까지나 전세 보증금과 월세를 환산하는 기준을 제시하는 것일 뿐, 상품성이나 입지, 임대로 나온 집의 수리 상태나 여러 가지 옵션에 따라 달라질 수 있습니다. 그러므로 집을 구할 때는 일반적으로 보증금 1억 원당 월세 40만 원 내외로 환산하여 계산하면 된다는 정도로 이해하면 됩니다. 이 계산식을 바탕으로 자신이 구하고자 하는 지역에 소재한 특정 아파트의 전세와 월세 시세를 살펴보면, 매물별로 시세보다 좋은 조건인지 비싸게 나온 집인지를 비교적 쉽게 알 수 있습니다.

전세와 월세로 구할 수 있는 주거지의 시세를 어느 정도 가늠할 수 있게 되었다면, 다음으로는 전세와 월세 중 어떤 계약 방식이 나에게 더 유리한지를 따져봐야 합니다. 이때 가장 중요한 판단 기준은 보증금을 어떤 방식으로 조달할지에 대한 문제입니다.

전세 보증금만큼의 자금을 대출 없이 마련할 수 있는 현금성 자산이 있다면, 매달 고정비로 나가는 월세가 없는 전세 계약이 무조건 유리해 보일 수 있습니다. 하지만 보유한 현금성 자산을 모두 전세 보증금으로 묶어두기보다는, 상대적으로 보증금이 낮은 월세를 선택하고 남은 자금을 운용해 월세 이상의 수익을 창출한다는 선택지도 고려해볼 만합니다. 예를 들어 5억 원의 전세 계약 대신, 보증금 1억 원에 월세 150만 원의 계약을 체결하고 남은 4억 원을 배당 수익이 꾸준한 월배당 ETF 등에 투자해, 발생하는 배당금으로 월세를 충당하며 나머지 잉여 현금흐름을 재투자하는 방식도 하나의 전략이 될 수 있습니다(다만, 이런 전략은 손실 위험과 불확실성에서 기인한 불안한 마음 등이 뒤따른다는 점을 감안하여 신중하게 결정해야 합니다).

또 다른 선택지로는 전세 보증금의 일부를 전세자금대출을 활용해 마련하는 방법도 있습니다. 일반적으로 전세자금대출은 전세 보증금의 70~80퍼센트 수준까지 가능합니다. 주택도시기금에서 지원하는 버팀목 전세자금대출과 같은 상품의 경우 일정 요건을 충족하면 최대 대출 한도 내에서 보증금의 100퍼센트까지도 대출이 가능한 경우가 있습니다. 이런 기금 전세자금대출은 시중은행의 일반 전세자금대출 상품에 비해 금리가 상대적으로 낮은 편이므로, 대출 요건에 해당한다면 월세를 선택하기보다는 전세를 택해 월세 대신 이자를 부담하는 방식이 더 유리할 수 있습니다.

정리하자면, 전월세 전환율보다 높은 수익률을 안정적으로 기대할 수 있는 투자처가 있고 그에 대한 확신이 있다면 월세가 유리할 수 있으며, 반대로 전월세 전환율보다 낮은 금리로 대출을 받아 보증금을 마련한다면 전세가 더 합리적인 선택이 될 수 있습니다.

앞서 살펴본 것처럼 사람마다 자금 여건과 활용 가능한 전세자금대출 상품의 종류, 금융자산을 적극적으로 운용할 수 있는 능력과 성향이 모두 다르기 때문에 전세와 월세 중 어느 한쪽이 무조건 더 낫다고 단정 지을 수는 없습니다. 다만 전월세 전환율이라는 하나의 기준을 중심에 두고 생각하면, 각자 상황에 맞는 합리적인 판단을 내릴 수 있을 것입니다.

추가로 당장은 자금 여건상 내 집을 매수하기 어렵지만 임차로 거주하며 종잣돈을 모은 뒤 매수할 계획이 있다면, 전세 계약을 하더라도 보증금 중 대출 비중을 높이거나, 보증금이 낮은 월세 계약을 선택해 묶이는 자금을 최소화하는 전략이 필요합니다. 이렇게 해야 부동산 시장의 흐름을 지켜보다가 유리한 기회가 왔을 때 보유 현금을 활용해 빠르게 집을 매수할 수 있기 때문입니다.

주택담보대출로 내 집을 매수하는 방법

어느 정도 집을 마련하기 위한 종잣돈이 모였다면, 감당 가능한 수준에서 대출을 활용하여 집을 매수할 수 있습니다. 이는 가장 일반적인 방법이면서, 집을 사는 여러 형태 중 가장 단순한 방법이라고도 볼 수 있습니다. 그렇지만 이 방식은 '대출'이라는 수단 자체가 처음 집을 사려는 사람에게는 큰 허들일 수 있습니다. 아마도 가장 큰 걱정은 대출을 활용하는 과정에서 혹시나 자금을 잘못 계산해서 돈이 부족하게 되면 어쩌나 하는 것일 겁니다. 따라서 반드시 주택담보대출에 대해 제대로 숙지하고 있어야 합니다.

가장 먼저 내가 사려고 하는 집을 담보로 하여 대출을 얼마나 받을 수 있는지, 즉 '대출 한도'를 계산해야 합니다. 이를 위해서는 주택담보대출에서 집의 가격을 어떤 기준으로 정하는지 알아야 하는데요. 금융기관에서는 담보의 가치를 아파트의 경우 KB부동산에서 제시하는 가격(일명 'KB시세')을 기준으로 하고, 그 외 담보물은 대출 취급 기관에서 직접 혹은 외부 기관을 통해 감정평가를 하여 가격을 산출합니다. 이렇게 담보로 제공할 주택의 가격에 담보 인정 비율인 LTVLoan To Value ratio(주택담보인정비율)를 곱하면 내가 그 집을 사며 받을 수 있는 대출 한도를 쉽게 계산할 수 있습니다.

LTV는 주택시장이 과열되거나 가계부채가 빠르게 증가할 때 이를 관리하기 위해 정부나 금융당국이 조절하는 대표적인 규제 수단입니다. 따라서 집을 매수하려는 시점에는 지역별로 허용되는 LTV 비율이 얼마인지 반드시 확인해야 합니다. LTV는 규제 지역 여부와 대출 신청자의 보유 주택 수에 따라 달라지며, 무주택자가 비규제 지역에서 주택을 매수하는 경우에는 통상 주택 가격의 최대 70퍼센트까지 대출이 인정되는 경우가 많습니다.

다만 주택담보대출 한도를 계산할 때는 LTV뿐만 아니라, 소득 대비 부채 수준을 판단하는 DTI(총부채상환비율)와 DSR(총부채원리금상환비율) 같은 지표도 함께 고려됩니다. 즉, LTV 기준으로 산출된 한도가 있더라도 소득이 이를 뒷받침하지 못하면 해당 금액만큼의 대출을 받을 수 없습니다. 결국 계산 방식이 비교적 단순한 LTV보다도 실제로는 소득을 기준으로 산출되는 DTI와 DSR이 내가 원하는 규모의 대출을 받을 수 있는지를 결정하는 핵심 기준이 된다고 볼 수 있습니다.

DTI나 DSR은 은행 앱이나 각종 금융 웹사이트에서 제공하는 대출 계산기 서비스를 통해 자신의 소득과 현재 보유 중인 대출

현황을 입력해 대략적인 수치를 직접 산출해볼 수 있습니다. 다만 DTI와 DSR 역시 LTV와 마찬가지로 부동산 시장과 가계부채를 관리하기 위한 규제 수단이기 때문에 수시로 변경될 수 있습니다. 따라서 실제 대출을 받는 시점에는 적용 중인 규제 기준과 한도를 반드시 다시 확인해야 합니다.

내 집은 전세로 내어주고, 임차로 거주하는 방법

자기 명의로 된 집에 실거주하는 게 가장 기본적이고 안정적인 방법이지만, 상황에 따라 소유와 주거를 분리할 수도 있습니다. 지난 몇 년 동안 서울을 중심으로 주택 가격이 크게 올랐고, 상급지라 불리는 지역들은 여전히 가격이 상승하고 있습니다. 그러다 보니 사고팔기를 반복하며 상급지로 갈아타는 전략보다는, 일단 지금은 주거비가 저렴한 곳에서 임차로 지내고, 향후 거주하고자 하는 상급지의 집을 전세를 끼고 매입하는 방법을 선택하는 경우도 있습니다.

이해를 돕기 위해 결혼을 앞둔 예비부부를 예로 들겠습니다. 이들은 마음 같아서는 신혼집으로 좋은 동네의 신축 아파트를 사서 들어가고 싶지만, 두 사람 다 사회생활을 시작한 지 얼마 되지 않아 모아둔 종잣돈이 많지 않습니다. 안정적인 월급을 바탕으로 주택담보대출을 최대한 활용한다 해도, 소득의 한계로 원하는 만큼 대출을 받을 수는 없는 상황입니다. 그래서 이들은 주거와 소유를 분리하는 방법을 선택했습니다.

현재 부부가 가진 종잣돈은 3억 원으로, 이 중 5,000만 원은 월세로 살 집의 보증금으로 남겨두고, 나머지 2억 5,000만 원에 각각 신용대출로 1억 원씩을 받아 총 4억 5,000만 원을 마련합니다. 그리고 5억 원의 전세 보증금을 끼고 9억 원에 나온 집을 4억 원으로 매수합니다. 남은 돈 5,000만 원으로는 취득세와 중개 수수료 등의 부대비용을 납부합니다.

이 부부는 아직 자녀가 없고 신혼 초기인 만큼 살림살이도 많지 않다는 점을 고려해, 부부 모두 출퇴근하기에 불편하지 않은 위치의 비교적 작은 규모의 빌라나 오피스텔에서 월세로 거주하며 본격적으로 종잣돈을 모으기 시작합니다. 이후 어느 정도 시간이 지나면 월세 생활을 하며 모은 자금과 기존 월세 보증금에 더해, 과거에 전세를 끼고 매수한 주택에 보증금 반환 목적의 주택담보대출을 받아 전세 보증금을 상환하고, 해당 주택에 직접 입주하는 전략을 계획한 것입니다.

예쁘고 아기자기한 신혼집에 대한 로망을 잠시 내려놓고 미래를 위한 선택을 한 이 전략에는 크게 3가지 장점이 있습니다. 첫째, 집값이 오르더라도 실제로 입주하기 위해 추가로 마련할 자금은 전세 보증금에 한정되기 때문에, 집값 변동이라는 변수에서 비교적 자유롭습니다. 둘째, 언젠가 보증금을 돌려주고 내 집에 입주해야 한다는 명확한 목표가 생기면서, 자연스럽게 소비를 절제하고 실거주 자금을 모으는 데 집중하게 됩니다. 셋째, 갈아타기 횟수를 최소화할 수 있어 잦은 이사로 발생하는 시간과 에너지의 소모는 물론, 취득세·중개 수수료·이사비와 같은 부대 비용을 줄일 수 있습니다.

애초에 집값이 하락할 거라 생각하는 사람은 주택을 매수하지 않을 것입니다. 이 전략은 실거주를 위한 똘똘한 한 채는 반드시 필요하다고 생각하거나, 집값이 장기적으로는 우상향할 것이라 보고 미리 확보하려는 사람에게 유효한 선택지입니다. 다만 이 방법은 부채에 해당하는 전세 보증금에 신용대출까지 활용하는 구조인 만큼 부채 비율이 높아질 수밖에 없으므로, 역전세(기존 임차인의 보증금보다 후속 임차인의 보증금이 작을 때 그 차액을 마련해야 하는 상황)와 같이 예상치 못한 상황이 발생했을 때의 대응 방안, 향후 현금흐름 관리, 부채 축소 계획까지 촘촘한 재무 전략이 뒷받침되어야 합니다.◆

주택청약으로 아파트를 분양받는 방법

원리금 보장 상품이자 미성년 자녀들의 단골 가입 상품 중 하나

◆　2026년 4월 기준, 소유와 거주를 분리하는 이 방법은 2025년에 발표된 '10.15 부동산 대책'에 따라 토지거래허가구역으로 지정된 서울특별시 전 지역 및 경기도 12개 지역(과천시, 광명시, 성남시 분당구·수정구·중원구, 수원시 영통구·장안구·팔달구, 안양시 동안구, 용인시 수지구, 의왕시, 하남시)에서는 적용이 불가능한 상황입니다.

　　　　　　　　　　　　　　　　　　　　　[내 집 마련]

인 주택청약종합저축은 많은 사회 초년생이 보유하고 있는 상품 중 하나입니다. 그동안 청약 제도는 수차례 개편과 변경이 되어왔는데, 현재 사회 초년생이나 신혼부부의 경우 특별 공급이나 추첨을 통해 새 아파트의 일반 분양을 받을 수 있습니다.

청약 제도를 통한 분양은 크게 민간과 공공 부문으로 나뉘며, 공급 대상이나 특별 공급 기준, 수분양자의 의무 사항도 제각각입니다. 여기에 사전 청약 제도까지 등장하면서 청약 제도는 굉장히 복잡해졌습니다. 따라서 청약을 통해 내 집 마련을 계획하고 있다면, 반드시 청약 제도와 신청하고자 하는 아파트의 모집 공고문을 꼼꼼하게 확인해야 합니다.

현재 서울의 민간 분양 시장은 재개발·재건축과 같은 정비사업을 통해 일부 물량이 공급되고 있지만, 과거에 비해 사업성이 악화되면서 전체 공급 물량 중 일반 분양의 비중이 크게 낮아진 상태입니다. 과거에는 저층 아파트를 재건축하거나 단층 위주의 지역을 재개발해 고층 신축 아파트를 공급하는 구조였기에 일반 분양 비중이 50퍼센트 내외에 달했지만, 최근에는 중층 아파트 재건축이나 다세대·오피스텔이 혼재된 지역의 재개발이 늘어나며 일반 분양 비중이 20퍼센트만 되어도 물량이 많다고 평가될 정도입니다. 여기에 코로나 이후 공사비 급등으로 정비사업의 사업성이 더욱 악화되어 진행 중이던 사업마저 지연되고 있어, 2026년 이후 서울에서 일반 분양으로 공급될 청약 단지는 최근 몇 년 평균을 크게 밑돌 것으로 예상됩니다.

여기에 더해 규제 지역의 경우 분양가 상한제가 적용되면서 시세보다 낮은 가격에 분양되는, 이른바 '로또 청약'을 기대할 수는 있지만, 일반 분양으로 공급되는 세대 수가 극히 적어 당첨 확률이 매우 낮다는 한계가 있습니다. 반면 비규제 지역은 분양가 상한제가 적용되지 않아, 분양 시점 기준 인근 신축 단지 시세 수준이거나 오히려 더 높은 가격으로 분양되는 경우가 많습니다. 즉, 청약을 통해 기대하는 안전마진이 분양 시점 당시엔 사실상 거의 없다고 봐도 무방합니다.

주택 청약은 의도하고 계획한다고 해서 당첨되기 어려운 영역입니다. 청약에 참여할 수 있는 단지들이 꾸준히 나오는 것도 아니고, 분양이 예정된 단지조차 계획대로 분양이 진행된다는 보장이 없어 불확실성이 매우 큰 선택지이기 때문입니다. 내가 통제할 수 없는 변수에 과도하게 의존하기에는 리스크가 큽니다. 청약만을 기대하며 시간을 보내다 보면 재무적으로 동시에 준비할 다른 중요한 영역들을 놓칠 가능성도 커집니다. 따라서 청약 하나에만 기대어 다른 대안을 마련하지 못하면, 자산을 형성하는 과정이 훨씬 험난해질 수 있음을 기억해야 합니다.

'양날의 검'
현명하게
대출 활용하기

무거운 물건을 들어 올릴 때 사용하는 지렛대처럼 자본주의 시스템에도 지렛대 역할을 하는 게 있습니다. 바로 대출입니다. 집을 마련하는 과정에서 대출을 활용하면 내가 가진 자금보다 더 큰 금액의 좋은 조건을 갖춘 집을 살 수 있습니다. 하지만 대출을 유지하는 데 필요한 현금흐름을 계산하는 과정에서 부담을 증가시킬 변수를 고려하지 못했거나 대출 조건이 불리하다면 그 지렛대는 오히려 자신을 짓누르게 됩니다. 그렇게 되면 소득 대부분이 대출 원리금을 갚는 데에 빠져나가면서 삶이 흔들리게 되고, 최악의 경우에는 매수했던 집을 매수 가격보다 낮은 가격에 손해를 보며 되팔아야 할 수도 있습니다.

따라서 대출을 받기 전에 충분히 공부해야 합니다. 그리고 대출 계획을 세울 때는 최대한 보수적인 관점에서 촘촘히 계획을 짜고,

감당 가능한 수준에서 활용해야 합니다. 지금부터는 신용대출과 주택담보대출의 특징과 대출을 활용할 때 알아두면 좋을 몇 가지 노하우를 소개하겠습니다.

신용대출

신용대출은 특별한 담보 없이도 신청자의 신용도와 직장의 안정성, 소득 및 거래 실적 등을 종합하여 자금을 빌려주는 상품을 말합니다. 신용대출로 돈을 빌려주는 방식은 원하는 금액을 한 번에 빌려주는 '건별 방식'과 입출금 계좌에 대출 한도를 부여하고 필요할 때마다 마이너스 방식으로 대출 금액이 쌓이는 '유동성 한도 방식(마이너스 통장)'으로 나눌 수 있습니다.

신용대출을 상환하는 방식은 원금은 갚지 않고 이자만 매달 납부했다가 대출 만기 이전에 대출 잔액을 전부 상환하는 '일시 상환 방식'이 대부분입니다. 단, 건별 방식으로 받은 대출을 조기에 상환할 경우 중도상환 해약금이 발생할 수 있으며, 유동성 한도 방식은 중도상환 해약금이 없습니다.

대출 한도는 여러 항목을 종합하여 산출됩니다. 통상적으로는 연 소득 이내만큼 가능하며, 금융기관과 협약된 회사나 기관, 전문직 자격증 소지자의 경우 연 소득의 150~200퍼센트 한도까지 대

　　　　　　　　　　　　　　　　　　　　　　　　　　　　　[내 집 마련]

출을 해주기도 합니다. 신용대출의 대출 기간은 최대 1년이 일반적이고, 대개는 만기가 도래하면 연장을 통해 기존에 신청한 대출 내용을 이어갑니다.

대출 금리는 금융기관에 따라 편차가 있을 수밖에 없기에 비대면으로 여러 금융사에 대출 조건을 동시에 조회하는 서비스를 활용하면 좋습니다. 건별 방식에 비해 유동성 한도 방식이 금리가 조금 더 높게 책정됩니다. 금리 변동 주기는 CD 혹은 코픽스와 같은 단기물을 기준금리로 선택할 경우 3개월 내지 6개월 주기로 금리가 변동되며, 금융채 1년물을 기준금리로 선택할 경우 매년 대출을 연장할 때마다 금리가 바뀐다고 이해하면 됩니다.

주택담보대출

주택담보대출은 아파트와 같은 주택을 담보로 돈을 장기간 빌려주는 상품을 말합니다. 신용대출과 달리 제공되는 담보의 가치가 신용보다 더 중요한 대출 상품이기도 합니다. 주택담보대출은 필요한 자금을 한 번에 빌리는 방식이 대부분입니다. 이때 집을 매수하며 필요한 자금을 빌리는 것은 '구입자금 대출'이라 하고, 보유하고 있던 집을 담보로 자금을 빌리는 것은 '생활안정자금 대출'이라 부릅니다. 좀 더 자세히 설명하자면 소유권 이전 등기일로부터 3개월 이내로 빌리면 구입자금 대출이 되고, 3개월 이후로 빌리면 생활안정자금 대출이 됩니다.

주택담보대출로 빌린 자금을 갚는 방식은 대출 상환 기간 동안 매월 원금을 균등하게 상환하고 이자는 점점 줄어드는 구조인 '원금 균등 분할 상환' 방식과 전체 대출 기간 동안 발생할 이자와 원금을 더한 뒤 대출 상환 개월 수로 나눠 매달 동일한 금액을 상환하는 '원리금 균등 분할 상환' 방식이 대표적입니다.

동일한 금액을 같은 조건으로 빌린다고 할 때, 원리금 균등 방식이 원금 균등 방식에 비해 상대적으로 원금을 늦게 갚아나가기에 이자는 더 낼 수 있지만, 매달 부담해야 하는 상환 원리금이 더 적다는 장점이 있습니다. 그래서 대출 규모가 클수록 매달 현금흐름에서 금융 비용으로 빠져나가는 금액을 줄이고자 원리금 균등 상환 방식을 택하는 경우가 많습니다. 하지만 소득이 높아 현금흐름에 여유가 있다면 원금을 빨리 갚아나가는 원금 균등 방식을 택해

원금 균등 분할 상환
매달 원금을 균등하게
납부하고, 이에 따른
이자를 점차 줄이는
방법

원리금 균등 분할 상환
매달 원금+이자금액을
균등하게 납부하는
방법

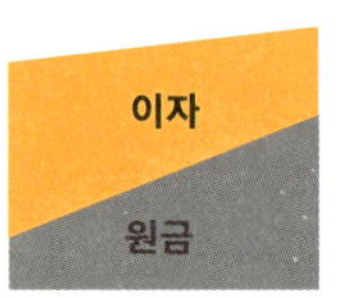

체증식 분할 상환
초기 상환액이 적고,
기간 경과에 따라
총 상환액이
증가하는 방식

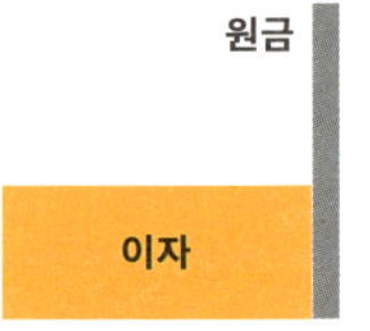

만기 일시 상환
대출 기간 동안 이자만
납부하고, 원금은 만
기에 일시 상환하는
방법

이자를 덜 내기도 합니다. 한편 대출 상환 첫 달에는 이자만 내고 매달 원금 상환 금액이 늘어나는 '체증식 분할 상환' 방식도 있는데, 이는 일반 시중 금융기관이 아닌 주택금융공사나 주택도시기금과 같은 기관에서 판매하는 상품에서만 택할 수 있습니다.

대출 한도는 담보로 제공하는 주택의 KB시세에 지역 및 담보별 LTV 인정 비율을 곱한 값에서 소득을 고려하는 DTI와 DSR 기준에 충족하는 만큼 가능합니다. 현재 대출 규정으로는 무주택자가 비규제 지역에 소재한 주택을 구매할 때는 LTV가 70퍼센트, 규제 지역(2026년 4월 현재 서울 25개 전 구와 경기 12개 주요 지역)에 소재한 주택을 구매할 때는 LTV가 40퍼센트로 적용됩니다. 여기에 은행과 같은 1금융권에서 대출을 신청할 경우 DSR은 40퍼센트 이내, 보험사와 같은 2금융권에서 대출을 신청할 경우 DSR이 50퍼센트 이내로 산출되는 한도만큼 대출이 가능합니다.

LTV	신DTI	DSR
주택담보인정비율	총부채상환비율	총체적상환능력비율
주택을 담보로 대출을 받을 때 인정되는 자산 가치의 비율	개인의 금융 부채 상환 능력을 소득을 기준으로 산정하기 위한 계산 비율	대출을 받으려는 사람의 소득 대비 전체 금융 부채의 원리금 상환액 비율
$= \dfrac{\text{최대 대출 금액}}{\text{주택 가액}}$	$= \dfrac{\text{기존+신규 주택담보대출 원리금}}{\text{연 소득}}$	$= \dfrac{\text{모든 금융 부채 원리금}}{\text{연 소득}}$

주택담보대출의 대출 기간은 모든 개인 대출 상품 중 가장 길게 받을 수 있는 특징이 있습니다. 일반적으로 최장 30~40년으로 대

출 기간을 신청할 수 있고, 대출 규제가 완화되는 시기엔 금융기관마다 일정 연령 이하의 대상자들에게 대출 기간을 최장 50년까지도 허용해줍니다.

대출 금리는 기준금리에 금융기관에서 여러 비용과 이익을 고려하여 가산하는 가산금리를 더하고 거래 실적과 다자녀, 모범 납세자, 중소기업 재직자 등의 감면 항목에 따라 금리를 감면해주는 감면 금리를 차감하여 산출됩니다.

금리 변동 주기는 신용대출과 마찬가지로 기준금리물을 어떤 걸로 선택하느냐에 따라 달라지는데 코픽스 6개월물을 택할 경우 대출 금리는 6개월마다 변동되며, 가장 많이 사용되는 장기 기준금리물인 금융채 5년물을 선택할 경우 대출을 처음 받고 5년 동안은 금리가 고정됩니다. 그 이후론 주기형 상품의 경우 5년 주기로 금리가 바뀌고, 혼합형 상품의 경우 6개월 주기로 금리가 바뀌게 됩니다. 한편 대출 기간 내내 금리가 고정되는 고정형 상품도 있지만 이 상품은 체증식 상환 방식으로 받을 수 있는 상품과 마찬가지로 일반 시중 금융기관이 아닌 정책 대출 상품에서만 가능합니다.

대출 상품을 현명하게 활용하는 몇 가지 노하우

신용대출과 주택담보대출의 기본 개념과 특징들을 이해했다면,

이제는 대출 상품을 현명하게 활용하는 몇 가지 노하우를 알아볼 차례입니다.

● 부부 합산 소득으로 DSR 허들 넘어서기

DSR은 대출을 받으려는 사람의 소득 대비 전체 금융 부채의 원리금 상환액 비율을 말합니다. 연간 발생하는 모든 금융 부채의 원금과 이자 상환액을 연 소득으로 나눠서 계산하는데, 1금융권의 경우 DSR이 40퍼센트 이내로 나와야 대출이 가능합니다.

주택담보대출을 신청할 때 혼인 신고를 마친 맞벌이 부부라면 부부의 소득을 합산하여 DSR을 산출할 수 있습니다. 그러면 부부 중 한 명의 소득보다는 당연히 부부 합산 소득이 더 높을 것이므로 DSR이 더 낮게 나올 수 있습니다. 다만 이때 주의할 점은 소득을 합산할 경우 부부의 보유 부채까지 합산된다는 것입니다. 따라서 사용하지 않는 유동성 한도 대출(마이너스 통장)이나 소액으로 남아 있는 신용대출이 있다면, 그것을 갚는 조건으로 소득을 합산하여 DSR을 산출해야 원하는 한도만큼 대출을 받을 수 있습니다.

● 대출 순서에 따라 달라지는 대출 한도

여러 종류의 대출 상품을 활용할 때는 대출을 받는 순서가 중요합니다. 그 이유는 바로 DSR 적용 제외 대상인 대출들을 먼저 받는지 아니면 나중에 받는지에 따라 대출 한도가 달라지기 때문입니다. 무주택자가 받는 전세자금대출이나 예적금담보대출, 보험약관 대출, 정비사업의 이주비 대출, 분양 주택에 대한 중도금 대출 등에는 DSR 규제를 적용하지 않습니다. 즉, 이러한 DSR 적용 제외 대상인 대출 상품을 신청할 때는 내가 대출이 얼마가 있든지, 연간 원리금으로 얼마를 내든지 대출 심사 시 고려하지 않는다는 것입니다.

따라서 DSR 적용 제외 대상 대출은 DSR 규제가 적용되는 대부분의 대출 상품을 먼저 받고 난 뒤에 받아야 자신이 계산했던 대로 차질 없이 자금을 마련할 수 있습니다. 만약 순서를 고려하지 않고 DSR 적용 제외 대상 대출을 먼저 받은 뒤 주택담보대출을 신청하면, 먼저 받은 DSR 적용 제외 대상 대출에서 발생하는 연간 원리금 상환액이 주택담보대출 심사 과정에서 DSR에 영향을 미쳐 원하는 만큼 주택담보대출 한도가 나오지 않게 됩니다. 순서를 잘 지켜 주택담보대출을 먼저 받고 나서 DSR 적용 제외 대상 대출을 신청했다면 각각 원하는 대출 한도만큼 받을 수 있었음에도 말입니다.

정리하자면, 내가 활용하고자 하는 대출 상품들이 DSR을 적용하지 않는 대출 상품인지 적용하는 상품인지를 파악하고, 주택담보대출과 같은 DSR 적용 상품을 먼저 받고 그다음에 DSR 미적용 상품을 받도록 순서를 잘 지켜야 합니다.

● 대출을 받았다고 끝이 아닌 이유

주택담보대출과 같은 상품은 대출 기간이 워낙 장기인 데다 금리도 일정 기간 동안은 변하지 않다 보니, 많은 사람이 연체 없이 원리금이 잘 빠져나가고 있는지만 확인하곤 합니다. 그런데 이처럼 이미 받은 대출이라고 무관심할 경우, 내가 얻을 수 있는 좋은 기회를 놓칠 수도 있습니다.

2023년 6월부터 대환대출 서비스가 시행되며 신용대출을 비대면으로 갈아탈 수 있게 되었고, 2024년 1월부터는 주택담보대출과 전세자금대출도 더 좋은 조건으로 갈아탈 수 있게 되었습니다. 이미 내가 보유하고 있는 대출 상품을 스마트폰으로 조회만 하면 다른 금융기관에서 더 낮은 금리로 옮겨 탈 수 있는 세상이 되었습니다.

대환대출 서비스가 도입되면서 금융기관들은 새로운 고객을 유치하고 부족한 가계대출의 영역을 채우기 위해 이미 대출을 보유하고 있는 소비자들에게 매력적인 금리를 제시하고 있습니다. 따라서 우리는 수시로 이용할 수 있는 더 좋은 조건의 대환대출 상품이 있는지 알아보고 갈아타는 실행을 통해 금융 비용이 낮아질 수 있도록 노력해야 합니다.◆

한편 금리 인하 요구권을 적극 활용할 수 있어야 합니다. 금리 인하 요구권이란 신용점수가 높아졌거나 승진을 하여 소득이 증가했을 경우, 담보의 가치가 상승했을 경우, 부채가 감소하여 재무 상태

◆　2026년 4월 기준, 2025년 시행된 6·27 가계부채 관리 대책으로 인해 현재 수도권 및 규제지역에서 대출 갈아타기는 최대 1억 원으로 한도가 제한되어 있습니다. 하지만 이러한 규제는 영원한 것이 아니기에 대환 대출의 한도가 완화되면 더 나은 조건의 대출 상품으로 갈아타기를 할 수 있도록 미리 준비하는 것이 좋습니다.

가 개선된 경우와 같이 대출을 신청했을 당시보다 신용 및 재무 여건이 향상되었을 때 금리를 낮춰줄 것을 요구하는 권리입니다. 본인이 금리 인하를 요구할 수 있는 대상에 해당됨에도 이런 제도가 있는지 모르고 활용하지 못하는 사람들이 많은데요. 요즘은 금융기관의 모바일뱅킹을 통해 비대면으로도 신청이 가능하니, 나의 신용 및 재무 상황이 개선됐다면 대출을 해준 금융기관에 금리 인하를 요구하시기 바랍니다.

● 생활안정자금으로 주택담보대출 활용하기

주택담보대출을 활용하여 집을 구매할 때 대출 한도를 최대치로 활용하지 않았거나 매수했던 가격보다 집값이 올랐다면, 보유 주택으로 추가 대출을 받을 수 있습니다. 내 이름으로 소유권이 변경되고 3개월이 지난 이후에 보유 주택을 담보로 주택담보대출을 신청할 경우, 이를 '생활안정자금 대출'이라고 부릅니다. 규제 여부에 따라 다르긴 하지만 다주택자가 아닌 이상 1주택자는 LTV로 산출한 한도와 소득으로 계산한 DSR이 조건에 부합할 경우 생활안정자금으로 주택담보대출을 받을 수 있습니다.

생활안정자금 대출은 신용대출에 비해 금리도 낮고 대출 기간도 길기 때문에, 기존에 주택담보대출 외에 금리가 높거나 상환 기간이 짧아 매달 원리금 상환 금액이 부담스러운 다른 종류의 대출을 보유하고 있는 경우, 또는 급하게 대출로 자금을 조달해야 하는 상황이라면 고려해볼 만한 좋은 선택지입니다. 단, 이것은 어디까지나 생활 안정을 위한 대출 상품이기에 투기를 방지하는 목적에서 이 대출을 상환할 때까지 추가로 주택을 구입하지 않겠다는 서약을 해야 합니다. 따라서 추가로 주택을 구입할 계획이 있다면 이 제약에 유의해야 합니다.◆

● 2금융권에서도 받을 수 있는 주택담보대출

많은 사람이 주택담보대출은 은행에서만 받을 수 있다고 생각합니다. 하지만 보험사나 새마을금고, 수협과 같은 2금융권에서도 주택담보대출을 받을 수 있는데요. 아무래도 은행이 가계대출 시장에서 차지하는 비중이 높다 보니, 2금융권에서는 은행의 대출 상품과 차별성을 두기 위해 다양한 옵션들을 제공하고 있습니다.

2금융권의 주택담보대출은 시기에 따라 은행보다 금리 경쟁력이 좋을 때도 있고, 대출을 받은 지 3년 이내에 원금을 조기 상환할 경우 발생하는 중도상환 해약금도 50퍼센트까지 면제해주거나, 대출 원금의 일부는 이자만 내는 만기 일시 상환 방식으로 혼합하는 등 은행의 주택담보대출 상품에서는 볼 수 없는 다양한 장점이 있습니다. 따라서 대출이 필요한 시점에 은행뿐만 아니라 2금융권에서 이용할 수 있는 주택담보대출 상품도 함께 살펴보는 것이 좋습니다.

◆　2026년 4월 기준, 현재 수도권 및 규제지역의 생활안정자금대출은 최대 1억 원으로 제한되어 있습니다.

수도권·규제 지역 현황 및 대출 규제 내용(2026년 4월 기준)

* **조정대상지역, 투기과열지구, 토지거래허가구역**
- 서울특별시 전 지역 및 경기도 12개 지역
  (과천시, 광명시, 성남시 분당구·수정구·중원구, 수원시 영통구·장안구·팔달구,
  안양시 동안구, 용인시 수지구, 의왕시, 하남시)

* **주택 구입 목적 주택담보대출의 최대 한도(수도권·규제 지역)**
-주택 가격이 15억 원 이하 : 6억 원
-주택 가격이 15억~25억 원 이하 : 4억 원
-주택 가격이 25억 원 초과 : 2억 원

* **주택담보대출 LTV : 40%**

* **전세대출 보유자는 규제지역 내 3억 원 초과 아파트 취득 제한**

* **1억 원 초과 신용대출 보유자는 1년간 규제지역 내 주택 구입 제한**

* **1주택자의 생활안정자금대출 한도는 누적 최대 1억 원**

* **대출 갈아타기(대환대출)의 최대 한도는 1억 원**

'대출'을 독이 아닌 득으로 생각하는 마인드

한창 집값이 빠르게 오르던 시기에 조바심을 못 이기고 대출을 최대한 끌어모아 집을 샀던 사람들이 많았습니다. 그런데 많은 이들이 집값 상승에 대한 기대심만으로 꼼꼼히 따져보지 않은 채 무작정 대출을 받았던 까닭에, 결국 대출금을 감당하지 못하고 큰 손해를 보고 집을 포기하는 경우가 속출했습니다. 하지만 반대로 본

인의 상황을 명확하게 분석하고, 감당 가능한 대출을 받아 현명하게 활용하여 좋은 결과를 만들어낸 사례도 많습니다. 대출을 너무 부정적으로만 보면 다양한 좋은 기회를 놓칠 수 있습니다. 대출이 주는 장점들도 분명히 있기에, 덮어두고 외면할 게 아니라 어떻게 하면 잘 활용할 수 있을지 고민하는 자세가 필요합니다.

매달 벌어들이는 소득을 모아 집을 사려면 굉장히 많은 시간이 필요합니다. 그 기간 동안 집값이 오르지 않고 기다려줄 수 있는 곳이라면 모아서 사도 괜찮겠지만, 그렇지 않다면 대출을 통해 목돈을 빌려 집을 사두고, 이후 대출을 갚아나가는 것도 하나의 방법입니다. 명확한 목표 없이 마냥 돈을 모아서 언젠간 집을 살 거라고만 생각한다면, 돈을 모으는 동안 집값 역시 계속 올라 영영 집을 사지 못할 수도 있습니다. 일단 대출을 활용해 주거 안정을 확보한 뒤, 매달 납부해야 하는 원리금을 자신의 소비를 통제하는 하나의 장치로 현명하게 활용한다면 보다 빠르게 경제적 목표를 달성할 수도 있습니다.

집값이 떨어지면 어쩌나 하는 걱정이 들 수도 있지만, 투자로 사는 게 아니라 내가 살 보금자리를 실거주 목적으로 산다는 점을 잊지 말아야 합니다. 금리가 급등해서 이자를 감당하지 못하면 어쩌나 싶을 수도 있지만, 주택담보대출은 대출을 받고 나서부터 5년 동안은 금리가 변동되지 않도록 선택할 수 있습니다. 금리가 올라갈 것 같으면 기존 대출을 새로운 대출로 대환하여 다시 5년 동안 금리가 변동되지 않도록 대응을 할 수 있고, 올라간 금리를 감당할 수 없을 것 같다면 살던 집을 전세를 주고 임차인에게 받은 보증금으로 대출을 갚은 후 주거비가 낮은 곳에서 임차로 사는 것도 대안이 될 수 있습니다.

마지막으로 통화량이 끊임없이 증가하는 자본주의 구조에서 화폐가치는 점점 떨어질 수밖에 없습니다. 인플레이션이라 불리는 화폐가치 하락은 짜장면 값이 과거에 비해 얼마가 되었는지를 이야기하며 뉴스에 단골로 등장하는 주제 중 하나이기도 하죠. 이런 환경 속에서 초장기로 빌릴 수 있는 주택담보대출은 시간이 흐름에 따라 화폐가치가 떨어질수록 내가 상환해야 하는 대출 잔액의 실질적인 부담도 줄어드는 것이라고 이해할 수 있습니다. 예컨대 5억이라는 돈을 40년 만기로 빌렸는데 10년 정도를 원리금 균등 상환 방식으로 갚다 보니 대출 잔액은 4억 원 정도라고 할 때, 남은 대출 잔액이 대출을 처음 받았을 당시인 10년 전의 4억 원과 비교하여 어느 정도의 실질적인 가치 차이가 있을지를 생각하면 쉽게 이해할 수 있습니다.

다시 한번 강조하면, 대출은 현명하고 계획적으로 사용해야 나에게 '독'이 아닌 '득'으로 작용함을 잊지 마시기 바랍니다.

단계별로 알아보는 내 집 마련 프로세스

내 집을 고르는 5가지 기준과 4가지 매수 방법, 그리고 현명하게 대출받는 법까지 이해했다면, 이제 다음으로 '내 집을 마련하는 프로세스'를 알아볼 차례입니다. 이 프로세스는 총 10단계로 이루어져 있습니다. 누구나 쉽게 이해하고 실행할 수 있도록 설명해두었으니, 다음 10단계 프로세스를 읽어가며 각자의 상황에 맞게 계획을 점검합시다. 그동안 내 집 마련을 어디서부터 시작해야 좋을지 몰라 막막했다면, 이제 문제없이 해낼 수 있다는 자신감을 얻을 것입니다.

그럼 한 단계씩 차근차근 살펴보겠습니다.

내 집 마련의 첫 단추는 현재 자신(혹은 부부)이 마련할 수 있는 순현금이 얼마인지를 파악하는 것입니다. 여기서 말하는 순현금이란 당장 3개월 이내에 마련할 수 있는 금융자산으로, 대출을 활용하지 않은 순수 보유 자금을 뜻합니다. 그동안 차곡차곡 모은 예적금, 당장 매도·환매할 수 있는 주식이나 펀드, 증여세를 내고 부모님께 증여받을 수 있는 자금, 금융기관이 아닌 개인 간 차용증을 매개로 빌릴 수 있는 현금 등을 모두 모아서 계산합니다.

요즘 집값을 생각하면 대출 없이 좋은 집을 사기란 불가능에 가깝습니다. 또한 대출 없이 전액 현금으로 집을 사는 건 앞으로 경제활동을 할 시간이 많이 남아있는 젊은 세대일수록 비효율적인 선택일 가능성이 큽니다. 다시 말해 경제활동을 할 수 있는 기간이 많이 남아있다면, 미래의 현금흐름을 감안하여 대출을 활용해 더 좋은 조건의 집을 매수해야 한다는 뜻입니다.

대출을 현명하게 활용하기 위해서는 무엇보다 현금흐름을 꼼꼼하게 분석하고 파악해야 합니다. 월 단위로 계산하기보다는 연 단위로 계산하는 게 보다 정확합니다. 그래야 정기적으로 매달 받게 되는 월급 외에 성과급이나 상여금 등도 함께 고려할 수 있고, 자동차 보험료라든가 세금과 같이 연중 한두 번 나가는 굵직한 고정비도 함께 고려할 수 있기 때문입니다. 연간 예상되는 세후 소득을 12개월로 나누고, 연간 지출될 고정비와 평균 생활비 등을 계산하여 월 잉여 현금흐름이 얼마인지를 자세히 파악해야 합니다.

3단계 감당 가능한 대출 규모 정하기

이제 앞서 파악한 월 잉여 현금흐름을 바탕으로 자신이 어느 정도의 대출을 감당하고 유지할 수 있을지 계산해봅시다. 1억 원을 40년 동안 5퍼센트의 이자율로 빌려 원리금 균등 방식으로 상환할 경우, 매달 상환해야 하는 원금과 이자의 합은 약 48만 2,200원입니다. 신용대출의 경우 주택담보대출보다 평균 대출 금리는 더 높지만, 원금은 상환하지 않고 이자만 내는 방식이기에 이자율이 얼마냐에 따라 같은 금액을 빌리더라도 주택담보대출보다 월 상환 부담이 더 낮을 수도 있습니다. 따라서 부부가 각각 활용할 수 있는 대출 상품의 종류와 상환 방식에 따라 금융 비용으로 매달 얼마씩을 상환해야 하는지, 각각의 경우를 모두 계산해야 합니다. 같은 금액을 빌리더라도 어떤 대출 상품을 어떤 상환 방식으로 빌리는지,

여러 대출 상품을 어떻게 조합하는지에 따라 금융 비용이 달라지기 때문입니다. 예를 들어, 월 잉여 현금흐름이 230만 원이고 이 중 160만 원을 금융비용으로 쓰겠다는 결정을 내렸다면 160만 원으로 최대한 많은 대출을 활용할 수 있도록 여러 변수들을 조합하여 최적의 대출 조합을 만들어내는 것입니다.

다만 같은 사람이 신용대출과 주택담보대출을 함께 받을 경우 상환 기간이 짧은 신용대출이 많을수록 DSR 조건에 있어 불리합니다. 따라서 부부라면 한 사람이 신용대출과 주택담보대출을 같이 받기보다는 한 사람은 주택담보대출을 받고, 다른 한 사람은 신용대출을 받는 식으로 각각 다른 대출 상품을 활용하는 게 한도 측면에서는 유리합니다.

4단계 — 매수 가능한 가격대 산출하기

1단계에서 구한 순현금과 3단계에서 구한 감당 가능한 대출 규모를 합한 금액으로 매수 가능한 가격대를 산출합니다. 이때 매수 과정에서 발생하는 각종 부대 비용도 반드시 계산에 넣어야 합니다. 대표적인 부대 비용으로는 취득세, 부동산 중개 수수료, 대출 관련 부대 비용(인지세, 채권 할인료 등) 등이 있는데, 보수적으로 매매가의 5~10퍼센트로 잡고 계산합니다.

만약 매수 과정에서 입주 가능 여부나 시기, 중도금 규모 등을 고려했을 때 조건에 맞는 매물을 사기 위해 자금의 여유가 빠듯하다면 취득세는 카드로 납부하고 결제 대금을 할부로 분납하는 것도 고려해볼 수 있습니다. 추가로 지어진 지 시간이 꽤 지난 구축 아파트를 매수했다면 인테리어까지 고려해야 하므로 인테리어 비용도 자금 계획에 포함합니다.

5단계 집을 구할 지역 범위와 평수 정하기

집을 구할 넓은 지역 범위를 결정합니다. 예컨대 서울시를 사분면으로 나누고, 그중 어떤 권역에서 집을 구할지 정합니다. 사분면 중 하나의 권역을 정할 때는 부부의 직장과의 출퇴근 거리와 교통수단, 아이가 있거나 계획 중이라면 육아를 도와줄 부모님과의 거리가 중요한 기준이 됩니다. 그밖에 고려할 부분은 앞서 소개한 '내 집을 고르는 5가지 기준'을 참고하시기 바랍니다.

그리고 20평대 혹은 30평대 등 평수를 결정합니다. 일반적으로 25평 내외의 59타입과 34평 내외의 84타입이 사람들이 가장 선호하는 표준화된 평수인데요. 가족 구성원이 몇 명인지, 향후 이번에 매수한 집을 팔고 갈아탈 계획이 있는지, 대출을 활용한 예산 규모가 얼마인지 등을 고려해 평수를 정합니다. 만약 향후 갈아타기 계획이 있다면 수요층이 탄탄한 '상급지'에 위치한 신축 25평을 사는 것이 향후 환금성 측면에서 유리합니다.

서울의 경우 어느 지역에서 어떤 아파트 단지부터 봐야 할지 판단이 어렵다면 '뉴타운'이라는 이름이 붙여진 동네에 소재한 대단지 아파트들부터 살펴보기를 추천합니다. 정비 사업을 통해 비슷한 조건을 갖춘 일정 세대 이상의 아파트들이 모여있기에 비슷한 입지에서 아파트별로 비교해 볼 때 용이하기 때문입니다.

6단계 **단지별 매물 탐색하고 임장하기**

선정한 단지별로 매수 가능한 매물들을 찾아보았다면, 이제 각각의 매물별 조건들(층이나 동에 따른 전망과 남향 여부, 판상형과 타워형의 평면도 차이, 입주 가능 여부 등)과 함께 정리해야 합니다. 그중 매수 가능한 가격대에 들어온 매력적인 매물을 발견했더라도, 해당 매매 자금을 마련하는 데 주택담보대출의 비중이 클 경우에는 중도금을 마련하기 어려워 계약이 불발될 수도 있으니 중도금 규모가 어느 정도인지를 나의 매매 자금 조달 계획과 맞춰봐야 합니다.

추가로, 매수 후보로 추린 매물들을 '입주 가능한 매물'과 '당장 입주할 수는 없지만 가격 및 조건이 좋아 세를 끼고 사둘 만한 매물'로 나눠서 비교하는 것도 좋습니다. 후자의 경우에는 승계받은 임대차 계약이 만료되는 시점에 전세자금반환대출을 받아 보증금을 돌려주고 입주할 수 있습니다. 가격이 좀 더 비싸더라도 입주가 가능한 매물을 택할지, 아니면 당장 입주가 불가능한 매물을 좋은 조건으로 세를 끼고 매수할지는 각자의 상황과 미래 계획에 맞게 판단하면 됩니다.

매물에 대한 조사는 네이버 부동산에 등록된 매물 정보를 보거나 매물을 등록한 부동산 중개사사무소와 통화로 할 수 있으니 평소에 틈틈이 시간을 내서 하면 됩니다. 퇴근 후나 주말을 활용하여 매수하고자 하는 아파트가 소재한 지역 및 동네를 둘러보는 임장을 하고, 부동산과 약속을 잡아 조사하여 정리한 매물들의 집 내부까지 보는 것도 동시에 진행해야 합니다.

7단계 계약 조건 정하고, 사전에 중개 수수료 협의하기

여러 집들을 보고 최종적으로 매수를 해야겠다는 확신이 들었다면 이제 계약 조건에 대한 세부 내용을 정해야 합니다. 계약금은 매매 금액의 10퍼센트인데, 관건은 중도금입니다. 임차인이 거주 중인 집을 살 때는 중도금이 크게 문제되지 않습니다. 그러나 입주 가능한 매물의 경우, 대개는 현재 그곳에 살고 있는 매도인 역시 집이 팔리면 다른 집으로 이사를 가야 합니다. 이때 매도인도 본인이 매수하려는 집에 중도금을 줘야 하기에 매도하는 집에서도 중도금을 받아야만 합니다. 따라서 어떤 집이 마음에 들고 가격과 여러 조건이 맞는다 해도 중도금에서 합의점을 도출하지 못하면 계약을 할 수 없는 경우도 빈번하게 발생합니다.

이때 내가 조달할 수 있는 자금 스케줄에 맞게 매도인과 매수인 사이에서 합의점을 도출해주고, 계약 과정에서 나의 요구 조건이 최대한 반영될 수 있게 중간에서 역할을 해주는 사람이 바로 부동산 중개사입니다. 매매 조율부터 계약, 잔금 처리까지 이루어지는 동안 중간에서 조력해주는 중개사의 업무 강도를 감안하여 중개 수수료를 얼마로 할지 사전에 정하고 계약을 진행해야 합니다.

가끔 알아서 잘해주겠다며 두루뭉술하게 상황을 모면하며 넘어가려는 중개사도 있고, 내가 마음에 드는 집을 계약해야겠다는 생각에 몰두해 중개 수수료에 대한 협의를 하지 못하고 계약부터 진행하는 경우가 많은데요. 가계약금을 넣기 전에 중개 수수료에 대한 부분을 명확히 정하고 진행하는 게 좋습니다. 매매 계약을 위해 여러 집을 보여주며 고생해주고, 중간에서 원하는 계약 조건까지 끌어주었다면 중개 수수료를 무리하게 깎지 말고 아쉽지 않을 수준에서 정해놓아야 깔끔하고 기분 좋게 계약의 마침표를 찍을 수 있습니다.

　활용 가능한 대출 상품과 대출 한도, 본인의 대출 가능 여부 등을 파악했다면, 이제 계약 조건을 마무리 짓고 매도인의 계좌를 받아 가계약금을 이체할 차례입니다. 계약서 작성은 가계약금을 보낸 뒤 일주일 이내에 진행하는 것이 관례인데요. 계약금은 매매가의 10퍼센트가 일반적이며, 중도금은 협의에 따라 다르지만 보통 40퍼센트까지 요구하는 거래도 있습니다. 그러나 매도인에게 자금의 여유가 있거나, 매도인이 현재의 집보다 집값이 낮은 곳으로 이사를 가는 경우에는 중도금의 비중을 줄이는 것에 응해주기도 합니다.

　잔금의 경우 계약일로부터 3개월 이내가 일반적이고, 중도금은 계약일과 잔금일 중간 시점에 1회 내지 2회차로 나눠서 진행하기도 합니다. 과거에는 종이 계약서에 도장을 찍었다면 요즘은 전자계약을 통해 진행하는 추세입니다. 금융기관 역시 전자계약으로 진행한 매매 건의 대출을 해줄 때는 금리 감면 혜택을 제공해주기도 하니 특별한 사정이 있지 않는 이상 전자계약으로 진행하는 걸 추천합니다.

대출은 부부가 각각 누가 어떤 대출을 받을지에 대해 사전에 정해놓아야 합니다. 이때 DSR을 고려하여 대출을 받는 '순서' 또한 신경 써야 합니다.

주택담보대출의 경우 대출 실행일인 잔금일 기준, 한 달 내에 신청해야 대출 심사 진행이 가능합니다. 또한 대출 신청은 너무 일찍 해서도 안 됩니다. 대출을 너무 일찍 알아보거나 신청해도 잔금일이 다가오는 동안 금리, 대출 한도 등 변수가 있을 수 있기 때문입니다. 그러니 불안하더라도 잔금일 한 달 전부터 알아보는 것이 시기적으로 가장 적절합니다.

한편 요즘은 주택담보대출 신청을 비대면으로 진행하는 상품도 많은데요. 비대면 상품의 경우 직접 은행에 방문하지 않아도 되니 간편할 뿐 아니라, 금리 면에서도 좀 더 유리합니다. 따라서 비대면 주택담보대출 상품을 가장 먼저 고려하고, 차선책으로 대출 상품을 비교할 수 있는 여러 플랫폼이나 사이트를 활용하여 나에게 가장 유리한 조건을 제시하는 금융기관을 선택하는 것이 좋습니다. 가끔 지방은행이나 보험사에서 특판 금리로 일정 기간 주택담보대출을 취급하기도 하는데, 이런 기회를 놓치지 않도록 잔금일 한 달 전에는 열심히 발품과 손품을 팔아야 합니다.

대출 심사가 통과되어 예정된 잔금일에 대출이 실행되면, 이제 매도인에게 소유권 이전과 관련된 서류를 받고, 관리비와 공과금에 대한 정산을 마칩니다. 이로써 계약은 마무리됩니다. 이후 사전에 협의한 수수료를 중개사사무소에 지불하고, 법무사를 통해 소유권 이전 등기를 진행하면 됩니다.

가끔 소유권 이전 등기 대행 수수료를 아끼고자 셀프 등기를 하려는 분도 있는데, 주택담보대출을 받는 경우 대출을 해주는 금융

내 집 마련 프로세스 10단계

기관에서 근저당권 설정을 해야 하기에 등기 신청 과정에서 사고를 방지하고자 셀프 등기는 허용하지 않는 게 일반적입니다. 따라서 이럴 경우 '법무통'이라는 앱을 통해 소유권 이전 등기 수수료를 저렴하게 받고 해줄 법무사 사무소를 찾거나, 내가 대출을 받는 금융회사의 법무사 사무장과 협의를 통해 소유권 이전 등기 대행 수수료를 할인받는 것도 팁입니다.

이상으로 내 집 마련 프로세스는 끝입니다! 이제 여러분도 지금까지 설명한 10단계의 과정을 하나하나 이해하고, 여러분의 상황에 맞게 응용한다면 큰 어려움 없이 내 집 마련이라는 숙제를 해낼 수 있습니다.

집을 구할 때 이것만은 피해야 한다

첫 집이 마지막 집일까요? 시대가 많이 바뀌어 이제는 그렇지 않습니다. 지금 매수하려는 집이 마지막 집이라면 상관없지만, 아마도 대부분은 첫 집이 마지막 집이 아닐 가능성이 높습니다. 왜냐하면 우리는 결혼이나 출산, 자녀들의 성장과 독립 등 삶의 큰 변곡점에 의해 생활양식과 가치관 등이 바뀔 수밖에 없기 때문입니다. 따라서 집을 살 때는 당장 안정적으로 거주할 수 있는 공간을 마련하는 것도 중요하지만, 훗날 주거 공간에 대한 니즈가 변하여 살던 집을 팔고 이사할 때 '미래 시점에서의 수요'가 탄탄한 집을 사는 것 또한 중요합니다.

부동산의 단점 중 하나는 환금성이 떨어진다는 점입니다. 하지만 아파트의 경우 규모나 평면도 등이 정형화되어 있기에 그나마 토지나 상업용 부동산처럼 개별성이 강한 부동산보다는 거래가 잘되므로 환금성이 상대적으로 뛰어납니다. 그런데 이처럼 환금성이 좋은 아파트도 수요자들이 선호하는 요소를 갖추지 못했거나 피해야 할 조건이 포함되어 있다면 매도 시 어려움을 겪을 수 있습니다.

이에 이번 파트에서는 여러분이 매수에만 몰두한 나머지 피해야 할 조건을 고려하지 못해 훗날 매도 시 어려움을 겪지 않도록, 시장에서 외면받기 쉬운 비선호 조건을 지닌 아파트의 특징을 살펴보겠습니다. 다음의 악조건이 포함된 주택은 가급적 피하는 것이 좋습니다.

세대 수가 너무 적은 소규모 단지

세대 수가 적은 단지들의 단점을 이야기할 때, 흔히들 관리비나 커뮤니티에서 규모의 경제 효과가 발생하기 어렵다는 점을 주로 들곤 합니다. 그런데 이보다 더 큰 단점은 세대 수가 적은 단지들은 거래량 자체가 적어서 해당 단지가 유의미한 실거래 정보를 쌓는 데 한계로 작용한다는 것입니다.

매수자 입장에서는 최근 거래된 사례를 통해 전반적인 부동산 시장 분위기 대비 해당 단지의 가격 흐름이 어떤지를 파악해야 하는데, 거래량이 적은 단지는 실거래 정보가 너무 적어 평가와 판단이 어렵습니다. 그러면 자연스럽게 이런 단지들은 매수 예정자들의 매

수 대상에서 제외될 가능성이 크고, 시장에서 장기간 외면받을 가
능성이 높습니다. 반대로, 이런 소규모 단지의 집을 팔아야 하는 입
장이면 매도 시 매수자를 찾기가 정말 어렵고, 원하는 시점에 매도
하는 것 또한 어렵기에 다음을 위한 계획은 최대한 보수적으로 세
워야 합니다.

비非남향, 저층, 복도식 아파트

다양성과 개별성이 강한 다른 나라의 주택 형태들과는 달리 우
리나라는 '아파트'라는 정형화된 주거 형태가 대다수를 차지합니다.
우리나라에 지어진 수많은 아파트는 준공 시기에 따라 조금씩 차
이는 있지만 면적이나 평면도, 단지의 구성 및 특징들이 매우 유사
한 것을 볼 수 있는데요. 그러다 보니 시장에서 아파트를 찾는 수요
자들이 선호하는 조건들도 대부분 비슷합니다.

일반적인 아파트 매수자들은 햇빛이 오래 들고 채광이 좋은 남향
을 선호하며, 바깥에서 집의 내부가 잘 들여다보이는 저층보다는 시
야가 넓게 트이고 창밖으로 하늘이 많이 보이는 중층 이상을 선호
합니다. 또한 공급면적◆이 동일해도 복도식 아파트의 경우 복도와

◆ 공급면적이란 전용면적(거실, 방, 주방, 화장실 등의 면적을 더한 것)에 공용면적(계단,
복도, 엘리베이터 등의 면적을 더한 것)을 더한 것으로, 일반적으로 '평형'을 말할 때 주
로 쓰이는 면적이다.

계단, 엘리베이터 등의 공용면적이 차지하는 비중이 계단식 아파트에 비해 더 많습니다. 다시 말해, 현관문을 열고 들어가서 온전히 내가 독립적으로 사용할 수 있는 공간인 전용면적이 계단식 아파트가 복도식 아파트에 비해 더 넓기에 사람들은 같은 평형이라면 계단식 아파트를 더 선호하는 경향이 있습니다.

따라서 비슷한 조건이면 북향, 동향, 서향보다는 남향 또는 남서향, 남동향과 같이 남향이 포함된 집을 골라야 하고, 저층보다는 중층 이상의 채광이 좋고 볕이 잘 들어오며 거실이나 방에서 보이는 창밖의 시야가 트여 있는 집을 택해야 합니다. 더불어 비슷한 조건인데 하나는 복도식이고 다른 하나는 계단식이라면, 되도록 선호도가 높은 계단식 아파트를 선택하는 것이 향후 수요자들의 선호도에 부합할 가능성이 높습니다.

집을 보러 다니다 보면, 비선호 요소를 갖고 있지만 가격의 이점이 있다며 권유를 받기도 합니다. 예산이 한정되어 있으니 한두 가지 조건이 아쉬워도 그냥 선택할까, 하는 생각이 듭니다. 하지만 지금 매수하려는 집이 생애 마지막 집이 아닌 이상 미래에 이 집을 팔 때의 난이도에 대해서도 생각해야 합니다. 아파트가 우리나라의 주류 주거 유형이 된 지 30년이 넘은 만큼 대다수의 사람이 아파트를 고를 때 선호하는 요소는 사회적 통념처럼 굳어 있고, 이는 앞으로도 지속될 가능성이 높기에 최대한 선호되는 요소를 두루 갖춘 매물을 선택해야 합니다.

상품성과 미래 가치가 낮은 구축

최근 부동산 시장의 트렌드를 나타내는 신조어 중 하나로 '얼죽신'이라는 말이 있습니다. '얼어 죽어도 신축'이라는 뜻으로, 신축 아파트에 대한 선호 현상을 단적으로 보여줍니다. 지어진 지 20년이 넘은 구축 아파트에 대한 선호도는 점점 떨어지고 있다는 의미이기도 합니다. 구축 아파트의 경우 2베이 위주의 구식 평면도, 낮은 층고, 지하 주차장이 없거나 있더라도 아파트와 연결되어 있지 않은 점, 세대당 주차 대수 부족 등의 단점이 상품성을 떨어뜨리는 요인으로 작용합니다.

물론 오래된 구축 아파트라 하더라도 재건축 또는 리모델링을 할 수 있는 사업성이 나온다면, 미래 가치가 있기에 시간과 비용이 소요되더라도 훗날 받게 될 상품성이 대폭 개선된 신축 아파트를 기대할 수 있습니다. 하지만 이미 법적 상한 용적률에 근접하게 지어진 구축 아파트의 경우, 입지가 매우 뛰어나지 않는 이상 재건축이나 리모델링을 위한 사업성을 확보하기가 굉장히 어려운 게 현실입니다. 언젠간 노후 주택에 대한 개선의 필요성이 대두되어 법적 상한 용적률이 높아질 수도 있지만, 그런 막연한 기대감만으로 상품성도 낮고 미래 가치도 적은 구축 아파트를 매수하기에는 불확실성이 너무 큽니다.

또한 그런 아파트를 매수한 시점부터 거주하게 될 기간까지 더한 미래 시점에 해당 아파트를 매도하려 한다면, 그때 과연 누가 이 오래되고 재건축도 불가능한 집을 받아줄 것인가에 대한 고민을 매수하기 전에 먼저 해야 합니다. 낡은 내부 공간이야 인테리어 공사를 통해 최신식으로 꾸밀 수 있지만, 지하 주차장이 없어 주차 공간이 부족하거나 공간 활용도가 떨어지는 2베이 평면도와 같은 태생적인 한계에서 비롯된 부족한 상품성은 전부 부수고 다시 짓지 않는 이상 개선의 여지가 없습니다. 그러므로 이런 한계를 뛰어넘는 다른 장점이 있는지 잘 따져봐야 합니다.

국민 평형을 넘어서는 대형 평수의 아파트

1970년대에 급격한 도시화로 주택난이 심화되자 정부에서는 주택공급계획을 시행했습니다. 이에 서울과 수도권 및 주요 산업도시에 대규모 주택 공급이 시작되었고, 이를 계기로 아파트 중심의 주거 형태가 확산되었습니다.

당시 주택공급계획에서는 1인당 적정 주거 면적을 5평으로 계산했고, 그 시절 평균 가구원 수인 5인을 곱하면 25평(82.5제곱미터)이라는 공간이 필요하게 됩니다. 이때부터 '국민주택'이라 불리는 공간의 기준 면적은 전용면적 85제곱미터 이하로 정해졌고, 시대가 변하며 평균 가구원 수는 줄었음에도 1인당 적정 주거 면적이 늘어남에 따라 해당 국민주택 기준 면적은 여전히 전용면적 85제곱미터 이하로 유지되고 있습니다.

내 집을 마련하는 과정에서 지역을 정하고 여러 아파트 단지를 보다 보면, 국민 평형을 초과하는 면적의 집도 매력적인 가격으로 시장에 나와 있는 것을 종종 봅니다. '수리가 어느 정도 된 고층 34평'의 매물 가격과 '수리가 안 된 저층 45평'의 매물 가격이 비슷한 경우입니다. 어떤 이들은 '거거익선巨巨益善'이라며, 집이 넓으면 활용할 공간이 많아 더 여유롭지 않겠냐고 이야기하는데요. 여기서 우리는 몇 가지를 생각해야 합니다.

첫째, 요즘 신축 아파트를 보면 전용면적이 국민주택 기준 면적보다 크지 않아도 충분히 여유 있는 생활 공간을 확보할 수 있음을 알 수 있습니다. 최근 지어진 아파트들은 대부분 3베이 내지는 4베이의 평면도를 바탕으로, 발코니 확장을 통한 서비스 면적을 확보하여 공간의 효율성을 최대한 끌어내고 있습니다. 같은 전용면적이라도 2000년도 전후로 지어진 구축 아파트에 비해 실질적인 내부 공간의 효율성이나 여유로움은 차원이 다르다는 이야기죠.

또한 수납을 위한 가구들이 붙박이장이나 펜트리로 만들어진 공간으로 들어가게 되고, 선풍기나 에어컨을 바닥에 세워두는 게 아니라 실링팬과 시스템 에어컨으로 천장에 붙이니 집 안에 불필요하게 죽는 공간을 최소화하여 거주자들이 활용할 공간을 많이 확보할 수 있게 되었습니다. 심지어 지하에 세대별 창고까지 제공되는 아파트도 있다 보니 계절성을 띠는 물품이나 부피가 큰 물건을 집 안에 보관할 필요가 없어졌고요. 여기에 2010년 이후에 지어진 아파트의 경우 커뮤니티라는 공용 공간이 단지 안에 생기면서 집 안의 전용 공간에서 모든 걸 해결하던 생활양식에서 벗어날 수 있게 되었습니다.

둘째, 평균 가구원 수가 계속 감소한다는 점입니다. 1인 가구는 이미 1,000만 시대를 넘어섰고, 2인 가구까지 포함하면 1,600만 세대에 이릅니다. 또한 1인 가구의 비중도 전체의 42퍼센트로 가장 많습니다. 따라서 국민 평형을 초과하는 면적에 대한 수요보다는 단위 면적당 가격은 더 비싸더라도 커뮤니티 시설이 잘 갖춰져 있고, 평면도도 최신 트렌드에 맞는 우수한 상품성을 갖췄으며, 입지까지 더 좋은 20~30평대의 수요가 더 많아질 수밖에 없습니다. 다시 말해 단지 큰 평수라는 장점 하나만을 보고 해당 아파트를 살 바에야, 그 돈으로 소위 '상급지'라고 일컬어지는 좀 더 좋은 동네 혹은 상품성이 월등히 좋은 신축의 25평 내지 34평 아파트를 사는 것이 더 나을 가능성이 높다는 얘기입니다. 같은 가격이면 평수보다는 상품성이나 입지를 고려하는 게 더 현명한 판단일 수 있기 때문입니다.

셋째, 거주하는 동안의 관리비를 생각해야 합니다. 관리비의 경우 평형에 비례하여 나오기 마련이므로, 평수가 크고 아파트가 지어진 지 오래될수록 부담스러워질 수밖에 없습니다. 특히 관리비에서 큰 비중을 차지하는 장기수선충당금은 아파트 연식이 오래될수록 고쳐야 할 곳들이 많아져 거둬들이는 금액이 커지는 경향이 있습니다. 평수가 큰 세대는 장기수선충당금이 늘어나는 게 그대로 거주자의 부담으로 다가오게 됩니다.

이런 내용을 종합하면 최상급지인 강남과 같은 동네가 아닌 이상 큰 평수는 점점 더 수요가 줄어들 거라고 추측할 수 있습니다. 그렇다면 지금은 내가 매수해 거주하더라도 언젠가는 팔아야 할 텐데, 미래 시점에는 평수가 커서 팔기 어려울 수 있다는 이야기입니다. 만약 현재 국민 평형을 초과하는 대형 평수의 아파트를 보유하고 있다면, 더 늦기 전에 더 좋은 입지에 지어진 상품성 좋은 국민 평형 이하의 집으로 갈아타기 하는 것을 진지하게 고려해볼 필요가 있습니다.

지금까지 소개한 '내 집 마련을 할 때 피해야 할 조건'은 어디까지나 최종 의사 결정 단계에서 한 번 더 고려하여 더 나은 선택을 하기 위한 참고 사항일 뿐입니다. 이런 조건을 갖춘 후보는 무조건 배제해야 한다고 이해하기보다는 여러 매수 후보지를 비교할 때 하나의 평가 요소로 활용하기를 바랍니다. 피해야 할 조건이 있지만 이를 극복할 수 있는 뛰어난 학군, 편리한 교통 시설과 같은 압도적인 장점이 있을 수 있습니다. 이런 집은 시장에서 꾸준히 수요가 이어지고, 가격 또한 상승합니다.

　수십 가지 변수를 종합적으로 고려하여 최종 의사 결정을 하는 게 바로 내 집 마련 프로젝트입니다. 놓치기 쉬운 변수까지 고심한 다면 선택에 대한 만족도는 높아집니다. 반드시 갖춰야 할 조건은 물론, 피하면 좋을 조건까지 함께 고려하여 소중한 보금자리를 성 공적으로 마련하시길 기원합니다.

3

[내 집 마련 후]

대출이자까지
더해진 가계부,
돈이 마를 때는 이렇게

현금흐름이 팍팍해도
추가 금융자산은 마련해야 한다

내 집을 마련하면 처음에는 일생일대의 숙제를 해냈다는 사실에 뿌듯함과 안도감이 밀려옵니다. 하지만 다른 한편으로 매달 빠져나갈 대출 원리금에 생활비와 고정비, 일정 기간 이후 갈아타기를 위한 자금이나 노후 준비를 해야 하는 데서 오는 걱정과 부담도 생겨납니다.

이번 장에서는 내 집 마련이라는 큰 산을 넘고 난 뒤의 스텝으로, 금융자산을 본격적으로 형성하는 데 필요한 내용들을 소개합니다. 내 집을 마련한 후 달라진 현금흐름을 어떻게 관리하는 것이 좋을지와 더불어 장기간 효율적으로 투자하려면 어디에 어떻게 투자해야 하는지, 투자로 발생할 수익에 대해서는 어떤 계좌를 활용해야 절세에 도움이 될지 등의 내용을 살피겠습니다.

내 집 마련 후,
빡빡해진 현금흐름
관리하기

내 집 마련을 하고 나면, 보통은 현금성 자산은 대부분 사라진 상태일 겁니다. 그뿐 아니라 매달 발생하는 소득에서 전에는 없던 대출 원금과 이자가 꼬박꼬박 지출되다 보니 잉여 현금흐름도 거의 생기지 않습니다. 안정적인 보금자리는 마련했지만, 이렇게 팍팍한 현금흐름으로 미래를 위한 준비는 어떻게 하나 막막한 심정이 들 수 있습니다. 하지만 앞으로 경제활동을 할 시간은 아직 남았고, 편차는 있겠지만 해가 거듭될수록 임금도 오를 테니, 현금흐름은 차츰 개선될 가능성이 높습니다.

내 집 마련 첫해에는 집값 외에 추가적으로 비용이 계속 발생합니다. 인테리어 공사를 했다면 공사 대금도 줘야 하고, 새로 사야 할 가구나 가전도 있을 겁니다. 카드 할부로 납부한 취득세까지 내다보면 금세 1년이 지나갑니다. 그렇게 내 집 마련 이후 급격하게 달라진 현금흐름에 어느 정도 적응하다 보면, 소득도 조금씩 오르고 성과 급이나 상여금과 같은 비정기적인 현금흐름도 발생하면서 여유 자금이 생기게 됩니다.

이렇게 잉여 현금흐름이나 여유 자금이 생길 시점이 되면, 대출을 원래 상환 일정보다 빨리 조기 상환할 것인지, 적립식으로 금융자산에 투자할 것인지에 대한 선택의 기로에 섭니다. 정답이 있을 것 같지만 없습니다. 이 고민에 대한 답은 '성향에 대한 차이'라고 볼 수 있습니다. 이론적으로 답을 찾자면, 조달 금리인 대출이자율 이상의 수익을 매년 평균적으로 낼 수 있다면 대출을 갚지 않고 투자를 하는 게 맞지만, 쉽지 않은 일입니다. 그 누구도 이를 보장할 수 없기에 선택의 기로에서 결정을 내리기가 어려운 것이죠.

그런데 투자 성과에 따라 달라지는 수익률과 달리 특정 계좌에 매년 돈을 넣기만 해도 세액공제라는 혜택을 받을 수 있고, 운용을 잘해서 거둬들인 수익에 대한 세금을 줄일 수 있는 계좌가 있습니다. 이 계좌를 잘 활용한다면 적극적인 운용을 통해 (높은 기대수익률을 추구하지 않더라도) 대출이자율 이상의 성과를 꾸준히 기록할 확률이 높아지는 것이죠. 다시 말해, 단순히 투자 수익률만 고려할 게 아니라 세액공제를 통해 절약할 수 있는 세금과 운용 수익에 대한 절세 혜택을 활용하여 세후 수익이 높아지는 걸 종합적으로 고려한다면, 기대수익률을 낮추더라도 충분히 조달 금리 이상의 성과를 매년 거둘 것입니다.

단, 선행되어야 할 게 있습니다. 이런 혜택이 많은 계좌를 활용해 적립식 투자를 하기 위해서는 내 집 마련 이후 크게 바뀐 현금흐름을 잘 관리하여 잉여 현금흐름을 만들어내야 합니다. 그렇다면 현금흐름을 어떻게 관리해야 내 집 마련 이후 빠른 시일 내에 잉여 현금흐름을 만들 수 있을까요?

신용대출로 현금흐름의 관리 부담을 줄인다

이 책의 흐름대로 잘 따라왔다면, 내 집 마련 과정에서 연간 총소득과 각종 고정비와 변동비를 합친 총지출 등을 감안하여 월 현금흐름으로 감당 가능한 수준의 대출을 받았을 것입니다. 하지만 일이 항상 계획대로 흘러가는 것은 아니기에 생각지도 못한 지출 이벤트가 발생할 수도 있고, 성과급이 예상보다 훨씬 낮은 수준으로 들어올 수도 있습니다.

매달 대출 원리금을 납부하느라 가뜩이나 현금흐름이 빡빡한 상황에서, 예상치 못한 큰 지출이 발생하는 것만큼 당황스러운 일도 없습니다. 그렇다고 당면하지도 않은 최악의 상황을 우려하여 집을 사지 않거나, 능력 이상의 대출을 활용하는 것은 비효율적인 결정입니다. 그러므로 이런 최악의 상황이 우려된다면 다음과 같이 대출을 좀 더 현명하게 활용하는 방법을 고려하길 바랍니다.

내 집 마련 과정에서 주택담보대출을 신청할 때 맞벌이 부부라면 두 사람의 소득과 부채를 합산하여 DSR의 허들을 낮출 수 있는데, 이 경우 주택담보대출 신청 금액을 부부가 각각 나눠서 받는 게 아니라 둘 중 한 명을 지정하여 대출을 받게 됩니다. 이때 두 사람 중 소득이 상대적으로 낮은 사람 앞으로 주택담보대출을 받는 게 좋습니다. 그러면 주택담보대출을 받지 않은 소득이 높은 배우자가 신용대출을 신청할 경우, 주택담보대출을 받은 배우자의 소득과 부채는 고려하지 않고 신청자 본인의 소득과 부채, 신용도와 직장 정보, 거래 수준 등을 종합적으로 심사하여 신용대출 가능 한도와 금리가 산출됩니다.

이때 입출금 통장에 마이너스 한도를 부여하여 쓰는 만큼 이자를 내는 방식인 유동성 한도대출(마이너스 통장) 방식으로 신용대출을 신청한다면 긴급하게 큰돈이 필요할 때 자금을 빠르게 마련할 수 있고, 사용한 기간을 계산하여 이자를 납부하면 되기 때문에 이자 부담도 상대적으로 덜합니다. 이렇게 활용할 신용대출은 소득이 높은 사람일수록 좋은 조건으로 받을 확률이 높기에 부부가 각각 따로 주택담보대출과 신용대출을 받아야 한다면 소득이 낮은 사람은 주택담보대출을, 소득이 상대적으로 높은 사람은 신용대출을 신청해야 하는 것이죠.

신용대출을 활용해 예상치 못한 현금흐름의 타격을 최소화하는 것도 좋지만, 이렇게 추가로 일으킨 대출은 해당 이슈가 해결되어 자금이 회수될 때 바로 상환하거나 앞으로 벌어들일 소득으로 시간을 두고 갚아나가며 대출 잔액을 관리하는 데 신경 써야 한다는 점도 반드시 기억해야 합니다. 그렇지 않을 경우 만성적으로 이자만 내며 버티다가, 대출 잔액이 줄지 않고 쌓여만 가는 악순환의 고리에 빠질 수 있습니다.

1인 가구, 현금흐름 상황별 대비책은 필수

맞벌이 부부에 비해 일반적인 1인 가구는 상대적으로 모아둔 자산과 소득이 적을 수밖에 없기에 내 집 마련을 하는 데 있어 한계가 명확합니다. 감당 가능한 대출로 집을 마련했더라도 맞벌이 부부라면 앞서 소개한 것처럼 신용대출을 활용하여 현금흐름의 예상치 못한 이슈에 대응할 수 있겠지만, 1인 가구의 경우 이런 노하우를 활용하기 어렵습니다. 집을 매수하며 주택담보대출을 최대한 활용했을 경우 DSR로 인해 신용대출 한도가 나오지 않기에, 신용대출을 활용하여 유사시 현금흐름을 관리한다는 전략을 펼칠 수 없지요.

그렇기에 집을 매수하는 의사 결정 단계에서, 예상치 못한 지출 이벤트가 발생하거나 어떤 이유로든 소득이 감소하거나 끊길 경우까지 감안하여 적정 대출 규모는 물론 현금흐름 역시 보수적으로

계산해야 합니다. 즉, 부정적인 상황의 시나리오별 대비책을 마련해
두어야 합니다.

평소 일정 금액의 예비비를 편성해두거나 유사시 가족들의 도움
을 받을 수 있는지, DSR 산출 대상이 아닌 보험약관대출이나 수신
담보대출, 우리사주 담보대출, 사내 임직원 대출과 같은 활용 가능
한 대출을 미리 알아두면 좋습니다. 현금흐름이 좋지 않은 기간이
지속될 경우 주거비가 낮은 곳으로 임차를 얻어 이사를 가고, 거주
하던 집을 전세로 돌려 보증금을 받아 대출을 상환하여 금융 비용
을 줄이는 방법도 있습니다. 그러므로 현금흐름의 악화로 인해 집을
파는 선택은 가장 최후에 해야 합니다.

대출 갈아타기로 현금흐름 개선하기

현금흐름을 개선하는 일차적인 방법은 소득을 높이는 것이겠지
만, 이는 정해진 범위 내에서 월급을 받는 일반 직장인에게는 어려
운 일입니다. 그러므로 결국 허리띠를 꽉 졸라매고 매달 지출해야
하는 생활비나 변동비를 줄이는 한편, 보유 중인 대출을 더 나은
조건으로 갈아탈 기회를 찾아 고정적으로 나가는 금융 비용을 줄
여 현금흐름을 개선해야 합니다.

집을 마련할 때 활용한 대출은 저마다 다릅니다. 누구는 주택담

보대출만 받았을 것이고, 또 누구는 주택담보대출에 신용대출을 함께 받았을 수도 있습니다. 그런데 이런 대출은 한 번 받으면 만기까지 반드시 이어가야만 하는 것이 아니라 언제든 더 나은 조건으로 대출을 갈아탈 수 있습니다. 즉, 기존에 이용하고 있던 대출보다 금리가 더 낮거나, 혹은 금리는 비슷하지만 상환 기간을 더 길게 설정할 수 있어 매달 납입해야 하는 원리금이 줄어드는 경우, 더 좋은 조건을 적용받을 수 있는 다른 금융기관으로 대출 잔액을 그대로 옮김으로써 잉여 현금흐름을 개선하는 것입니다.

다만, 처음 대출을 받은 날로부터 3년 이내에 상환하는 경우 중도상환 해약금이 발생할 수 있고, 새로 대출을 받으며 채권할인료나 인지세 등의 부대 비용도 발생하게 됩니다. 따라서 대출을 갈아타며 얻을 수 있는 금리 인하 및 납입 원리금 감소 효과 등을 꼼꼼히 따져보고 대출을 갈아타는 게 확실히 이득이라는 판단이 설 때 대출 갈아타기를 실행하는 게 좋습니다.

저의 경우에도 대출을 활용하여 상급지 갈아타기를 하며 신용대출을 적극적으로 활용했습니다. 2021년 3퍼센트 초반대로 받았던 신용대출의 금리가 2021년 하반기부터 빠르게 올라가기 시작한 기준금리에 영향을 받아 두 배 넘게 오르는 바람에 월 이자 납입에 큰 부담이 가기 시작했는데요. 대출 금액이 적지 않았기에 높아진 대출이자로 매달 잉여 현금흐름에 큰 타격을 입게 되었습니다.

그러던 중 2022년 11월 제가 보유하고 있던 부동산이 소재한 지역이 규제 지역에서 해제되면서, 50퍼센트였던 LTV가 70퍼센트로 늘어남에 따라 주택담보대출을 받을 수 있게 되었습니다. 규제 해제의 혼란 속에서도 여러 금융기관에 대출 가능 여부를 알아봤고, 신용대출 잔액만큼 생활안정자금 목적의 주택담보대출을 받아 신용대출을 갚았는데요. 매달 이자만 내는 신용대출에 비해 주택담보대출은 매달 이자는 물론 원금을 대출 기간만큼 분할 상환하게 됩니다. 하지만 통상적으로 신용대출에 비해 주택담보대출은 금리가 더 낮고, 분할 상환 기간도 제 경우에는 40년이었기에 매달 이자와 원금을 같이 상환하더라도 금리 인상으로 높아진 신용대출의 월 상환 이자보다 덜 부담스러웠습니다. 저는 이렇게 신용대출을 주택담보대출로 대환함으로써 잉여 현금흐름을 개선할 수 있었습니다.

대출이란 이처럼 시시각각 변하는 상황에서 나에게 유리한 조건을 찾아 적극적으로 활용하면, 같은 대출 금액이라도 월 부담 수준에 차이가 생겨납니다. 따라서 한 번 받으면 끝이라는 생각보다는 대출을 받은 후에도 수시로 가계대출 및 부동산 시장 상황과 변화에 관심을 갖고, 현재보다 더 유리한 조건으로 대출받을 기회를 찾아야 합니다.

투자에 뛰어들기 전, 챙겨야 할 몇 가지 전제 조건

투자의 전설이라고 불리는 워런 버핏과 피터 린치가 서로 비슷한 이야기를 한 바 있습니다. 바로 "투자를 하기 전 거주할 집부터 마련하라"는 것이었습니다. 투자는 항상 생각한 대로 흘러가지 않기에 주거 안정을 바탕으로 시간을 내 편으로 만들어야 성공 확률이 높아진다는 의미입니다. 저 또한 매우 공감하는 바이고, 직접 경험을 통해 깨닫기도 했습니다. 그래서 이 책에서도 내 집 마련에 대한 내용을 먼저 소개하고, 그다음 순서로 금융자산을 형성하는 내용을 담았습니다.

현 시점에서 가장 만족할 만한 보금자리를 마련했다면, 이제부터는 본격적으로 금융자산을 마련합니다. 금융자산은 향후 더 나은 조건을 갖춘 집으로 갈아타기를 하는 데 쓰일 수도 있고, 자녀의 교육과 결혼을 위한 자금이 될 수도 있으며, 은퇴 후 노후를 위한 대비책으로 활용할 수도 있습니다. 집이라는 큰 숙제를 해결했지만 여전히 우리에게는 풀어야 할 숙제가 남아있으니까요.

금융자산을 쌓기 시작하는 초기에는 어떤 주식, 어떤 ETF로 어떻게 투자하여 돈을 불릴지에 대한 궁금증이 가장 먼저 떠오릅니다. 하지만 그보다 선행되어야 할 것이 있으니 바로 마인드셋입니다. 여러분이 투자를 하며 겪을 다양한 변수 앞에서 중심을 잃지 않고 목표까지 나아가기 위한 '투자 마인드셋'을 말합니다.

투자의 첫 번째 전제 조건, 자기 성찰과 투자 목적성

사람들은 투자할 때 높은 수익을 거두는 것에 집중합니다. 하지만 그보다는 먼저 '어떤 목적'으로 '왜' 투자를 하는지 스스로에게 질문을 던져야 합니다. 그래야만 내가 투자를 통해 진정 얻고자 하는 것이 무엇이며, 왜 손실 위험과 변동성을 감내하면서까지 투자하려고 하는지에 대한 자기 이해도가 높아지기 때문입니다.

이런 자기 성찰을 바탕으로 투자를 시작한 사람은 자기 성향에 대한 이해도가 높고, 투자의 목적이 분명하며, 목적을 달성하기 위한 전략과 기대수익률을 현실적으로 설정함에 따라 목표를 성공적으로 달성할 확률이 높습니다.

반면 자기 성찰이 결여된 상태에서 투자를 한 사람들은 누가 어

　　　　　　　　　　　　　　　　　　　　　　[내 집 마련 후]

떤 전략 혹은 특정 종목으로 얼마를 벌었는지, 외부의 소음에 민감하게 반응하여 자기 중심을 잃고 분위기나 시류에 휩쓸려 실패할 가능성이 높습니다. 따라서 우리는 본격적인 투자의 첫발을 내딛기 전에 무작정 투자로 돈을 불리겠다는 생각보다는 자신과의 많은 대화를 통해 나에 대한 이해도를 높이고, 투자 목적성을 구체적이고 명확히 해야 합니다.

한편 투자 목표를 설정하고 이를 달성하기 위해 정해야 할 여러 가지 변수 중 기대수익률을 너무 낙관적으로 가정한 건 아닌지 수시로 점검해야 합니다. 더불어 투자 초기 넘치는 의욕과 자신감으로 자기 과신에 빠져 객관성을 잃지 않도록 주의해야 하는 것도 잊지 말아야 합니다. 투자 시장은 항상 우리가 생각하고 계획한 대로 움직여주지 않기에 원하는 결과를 얻지 못할 수도 있음을 받아들여야 하며, 객관적이고 보수적인 관점을 유지해야 합니다.

시간에 쫓기지 말고, 시간을 내 편으로 만들어라

투자의 성공 확률을 높이기 위해서는 다방면으로 시간과 노력을 쏟아야 하지만, 수많은 변수가 복합적으로 작용하는 투자의 영역에서 내 의지대로 통제할 수 있는 요소는 그리 많지 않습니다.

하지만 한 가지 확실하게 스스로 통제할 수 있는 요소가 있으니 바로 '시간'입니다. 우리는 누군가의 돈을 맡아서 잘 굴리고 불려줘야 하는 펀드매니저도 아니고, 언제까지 얼마의 수익을 내야 하는 의무도 없습니다. 다시 말해 큰 지출이 예정된 이벤트를 계획적으로 준비하고, 평소 소득과 지출의 현금흐름을 잘 관리한다면, 투자금을 원치 않는 시점에 회수하는 일 없이 시간을 내 편으로 만드는 투자를 할 수 있습니다.

시간에 쫓기지 않는 투자를 한다는 건 투자 세계에서 굉장한 강점입니다. 산업과 기업에 대해 공부하며 투자 아이디어를 선별하고 투자를 진행하더라도 예상대로 흘러가지 않는 게 일반적입니다. 갑자기 신종 전염병이 발발해 전 세계를 집어삼킬 수도 있고, 어디선가 전쟁이 터질 수도 있습니다. 기준금리가 요동치거나 환율이 급격하게 변할 수도 있지요. 예상했던 시점에 투자 아이디어가 실현되어 수익으로 이어져야 하는데, 이런 변수들은 수익으로 이어지는 시점을 지연시킵니다.

하지만 그렇게 투자 아이디어의 실현이 지연되더라도 투자를 계속 이어나갈 수 있는 것이 바로 시간을 내 편으로 만드는 투자 환경을 조성한 사람들이 누릴 수 있는 특권입니다. 최초의 투자 아이디어가 훼손되었는지 점검한 뒤, 해당 아이디어가 여전히 유효하다면 주가가 하락했을 때 추가 매수를 통해 투자금을 늘릴 수도 있고, 아니면 계속 기다렸다가 결국 아이디어가 실현되었을 때 오른 주가에서 수익을 실현하면 됩니다.

이렇듯 투자를 시작하며 시간을 내 편으로 만드는 투자 환경을 조성하는 것도 중요하지만, 시간이 흐르며 내가 처한 환경이나 상황도 변하기에 여전히 시간을 내 편으로 만들고 있는지에 대한 점검을 수시로 하는 것 또한 잊지 말아야 합니다. 그래야 시간이 흘러도 여러 다양한 변수에 흔들리지 않는 투자를 이어갈 수 있기 때문입니다.

오랜 시간 갈고닦아야 할, 나만의 투자 철학과 원칙

손가락 몇 번의 움직임만으로 원하는 정보를 찾을 수 있는 세상입니다. 여기에 우리는 이미 인공지능을 활용하여 정보를 수집하고 정리하는 걸 넘어 기대 이상의 결과물을 인공지능이 알아서 만들어내는 세상에서 살고 있지요. 그러다 보니 놓치고 있는 데이터는 없는지, 지금보다 더 효율적인 방법이나 전략은 없는지, 끊임없이 외부에서 지식과 정보를 구합니다. 하지만 그럴수록 정작 자신에 대한 이해도는 떨어지고, 자기만의 기준을 찾지 못하게 됩니다. 문제의 해답은 저 바깥이 아닌, 내 안에서 먼저 찾아야 하는데 말이죠.

투자에서 수익과 손실을 직접 경험하면, 투자를 하기 전에 생각했던 나의 성향과 실제 투자를 경험한 후에 발견하게 된 나의 성향이 다름을 느끼게 됩니다. 충분한 학습을 바탕으로 이 정도는 감내할 수 있을 줄 알았던 손실 수준을 실제로 겪어보니 불안한 마음과 불편한 감정을 이겨내지 못할 수도 있고, 반대로 투자를 시작하기 전에는 손실을 극도로 두려워했지만 막상 경험하니 시장이 요동쳐도 우직하게 버텨내는 뚝심이 있다는 걸 알게 될 수도 있습니다.

이렇듯 투자하기 전에 알았던 나와 투자를 직접 해보며 알게 된 나는 다를 수 있습니다. 그렇게 투자를 통해 다양한 경험을 하다 보면 점점 더 나 자신에 대해 깊이 알아가게 됩니다. 이런 과정들이 하나씩 쌓여 자신만의 기준이 만들어지고, 기준들이 모이면 하나의 투자 철학과 원칙으로 자리 잡게 됩니다.

이런 자신만의 투자 철학과 원칙은 단기간에 형성되는 것이 아니며, 투자의 영역에서 강제로 퇴장당하지 않고 계속 남아있을수록 점점 더 굳건하고 정교해지며 끊임없이 발전하는 속성을 갖고 있습니다. 외부가 아닌 내부의 자신과 대화를 많이 하고, 스스로를 깊이 알아가는 수양을 게을리하지 않는 사람들은 확고한 자신만의 기준을 바탕으로 외부의 충격에 흔들리지 않고 오랫동안 시장에서 살아남을 것입니다.

투자 성과를 극대화하는 '절세계좌' 3종 세트

금융자산에 투자하여 수익을 내는 방법으로는 크게 매매 차익과 배당, 이자 수익을 들 수 있습니다. 그런데 이처럼 종목이나 섹터를 잘 선정하여 수익을 내는 직접적인 방법 외에도, 세금을 절세하여 이미 얻은 수익을 극대화하는 방법도 있습니다. 대표적인 절세 방법으로는 세액을 직접 줄여주는 '세액공제', 세금 납부를 나중으로 미루는 '과세이연', 세금을 내지 않아도 되는 '비과세', 그리고 종합과세와 분리해 낮은 세율로 과세하는 '저율과세'와 별도의 세율로 과세하고 납세 의무를 종결하는 '분리과세' 등이 있습니다.

이번 장에서는 장기간 직접적인 수익을 꾸준히 낼 수 있는 효율적인 투자 방법과 함께 절세계좌를 활용하여 세금과 건강보험료를 최소화함으로써 투자 성과를 극대화하는 방법을 소개합니다. 절세계좌별 특징에 더해 세금과 건강보험료에 대한 내용까지 등장하다 보니 처음에는 어렵게 느껴질 수 있지만, 뒤에서 다시 한번 자세히 설명할 예정이니 여기서는 이런 계좌와 혜택이 있다는 정도만 이해해도 충분합니다. 그러니 마음 편히 따라와주세요.

돈을 넣기만 해도 세액공제 혜택이 있는 '개인형 IRP'와 '연금저축펀드'

우리의 잉여 현금흐름은 얼마든지 개선될 가능성이 있습니다. 연봉이 인상되며 소득이 증가할 수도 있고, 보유 대출을 더 유리한 조건으로 갈아탐으로써 금융 비용이 감소할 수도 있으니까요. 그러니 이제 이렇게 발생할 잉여 현금흐름을 어떻게 관리하고 굴릴 것인지에 대한 계획을 세워 실행해야 합니다.

일반적으로 투자를 한다고 하면 수익을 얻는 것만 생각하지만, 투자 성과와 상관없이 특정 계좌에 자금을 넣기만 해도 세제 혜택을 받을 수 있는 계좌가 있습니다. 바로 '개인형 IRP' 또는 '연금저축펀드'와 같은 연금계좌인데요. 이런 연금계좌에는 매년 납입 금액의 최대 900만 원까지는 총급여 5,500만 원을 기준(근로소득 외 다른 소득이 있다면 종합소득 4,500만 원이 기준)으로 초과일 경우 13.2퍼센트, 이하일 경우 16.5퍼센트의 세액공제율을 적용하여 해당 금액만큼 연말정산을 통해 세액공제를 받을 수 있습니다.

예를 들어 총급여가 5,000만 원인 근로자가 개인형 IRP에 600만 원을 넣었다면 연간 납입액에 16.5퍼센트의 세액공제율을 곱한 99만 원(=600만 원×16.5%)을 세액공제 받을 수 있습니다. 이는 연말정산을 통해 최종적으로 세액을 산출할 때 99만 원의 세금을 공제해주는 것으로, 기존에 이미 납부했던 세금에서 해당 금액만큼을 환급받는 것입니다. 같은 원리로, 총급여가 5,500만 원 이하인 근로자가 개인형 IRP에 세액공제를 최대로 받을 수 있는 납입액인 900만 원을 넣었을 경우에는 최대 세액공제액인 148만 5,000원의 세금을 환급받을 수 있는 것이죠.

다만 이렇게 연금계좌에 자기부담금을 넣으면서 세액공제 혜택을 받은 금액은 향후 만 55세 이후에 연금으로 수령해야 5.5~3.3퍼센트의 낮은 세율로 연금소득세를 낼 수 있습니다. 만약 연금으로 받지 않고 계좌를 해지하여 일시금으로 찾을 경우에는 16.5퍼센트의 기타소득세를 제외한 금액을 받게 됨을 기억해야 합니다. 즉, 연금계좌에 납입한 자기부담금에 대해 세액공제 혜택을 주는 건 만 55세 이후 연금으로 수령하여 개인의 노후를 준비하라는 취지이기에 연금이 아닌 방식으로 수령할 경우 그동안 받은 세액공제 혜택을 뱉어내야 하는 것이죠.

총급여가 5,500만 원이 넘는 개인이 13.2퍼센트의 세액공제 혜택을 매년 받았지만 갑자기 자금이 필요해 연금계좌를 해지한다면 그동안 세액공제 혜택을 받으며 납입한 금액의 16.5퍼센트를 제외한 금액을 받게 됩니다. 세액공제로 받은 혜택보다 더 높은 세율로 기타소득세를 내니 결과적으로는 손해를 보는 것인데요. 그렇기에 전체 보유 자산에서 연금계좌의 돈이 내 자산에서 어느 정도 비중을 차지하는지 확인하여 너무 과한 금액이 들어있지 않은지 수시로 점검해야 합니다.

예를 들어 상급지 또는 더 큰 평형으로 실거주 갈아타기를 한다든가, 자녀 교육비로 큰 지출이 예정되어 있다면, 따로 해당 자금이 없을 경우 결국 연금계좌를 해지할 가능성이 높습니다. 따라서 큰 자금이 들어갈 이벤트의 종류와 시기, 필요 자금을 파악하고, 해당 목적 자금을 계획적으로 준비하여 연금 자산을 은퇴 전에 헐게 되는 상황을 최대한 피해야 합니다. 다시 말해 연금 자산을 장기간 유지할 수 있도록 환경을 조성하고 유지해야 한다는 것입니다.

한편 이렇게 납부한 자기부담금은 누군가 대신 운용해주는 게 아닙니다. 자신이 직접 운용해야 합니다. 증권사에서 주로 계좌를 개설하는 '연금저축펀드'의 경우 원리금 보장상품으로 운용이 불가능하다 보니 펀드나 ETF 중심의 투자 상품으로만 운용해야 합니다. 반면 '개인형 IRP'는 시중은행 및 저축은행 정기예금이나 증권사에서 발행하는 ELB, 보험사에서 발행하는 GIC와 같은 원리금 보장상품과 투자 상품을 모두 운용할 수 있기에 상품 선택의 폭이 더 넓습니다.

종종 연금계좌에 납입만 하면 세액공제 혜택을 받는다는 생각에

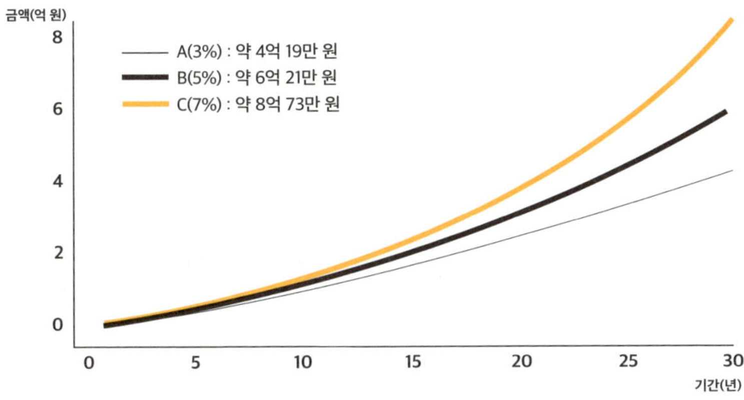

운용 성과에 따라 커지는 연금 자산의 차이

연 3%, 5%, 7%의 기대수익률로 30년 동안 매년 900만 원씩 적립식 투자를 했을 때의 자산 성장 곡선

연금 자산 운용을 등한시하는 분이 많습니다. 그런데 개인이 운용하는 금융 상품이나 계좌 중 가장 긴 기간 동안 운용하고 관리해야 하는 계좌가 바로 연금계좌인 만큼, 운용에 신경을 쓴 사람과 그렇지 않은 사람의 격차는 시간이 흐를수록 굉장히 크게 벌어집니다. 따라서 연금계좌에 매년 세액공제 혜택을 받을 수 있는 금액만큼 꼬박꼬박 납입하는 것도 중요하지만, 이렇게 납입을 통해 계좌에 쌓인 자금을 적극적으로 운용하는 것 또한 중요합니다.

연금저축펀드와 개인형 IRP, 나에게 더 유리한 상품은?

개인형 IRP와 연금저축펀드는 둘 다 개인의 노후 자금을 모으기 위한 목적으로 굉장히 긴 기간 동안 납입 및 운용하는 계좌인데요. 두 계좌는 그 외에도 공통점이 많습니다. 우선 1인당 연금계좌에 납입할 수 있는 연간 최대 납입 한도인 1,800만 원을 공유하며 자기부담금에 대해 매년 세액공제를 받을 수 있다는 점, 그리고 운용 기간 동안 발생하는 매매 차익이나 이자, 배당과 같은 수익에 대해 과세이연 혜택이 적용된다는 점입니다. 여기에 잘 운용하며 연금 자산을 불리다가 계좌를 개설한 지 5년이 지났고 만 55세 이후라면 언제라도 연금으로 개시하여 장기 분할 수령할 수 있는 점도 같습니다. 또한 연금 개시 후 연간 1,500만 원 이하의 연금을 10년 이상의 기간 동안 분할 수령할 경우에는 그동안 연금 자산을 운용하며 과세이연된 세금을 5.5~3.3퍼센트 세율의 연금소득세로 납부하고, 연 1,500만 원을 초과하여 수령할 경우에는 종합과세와 16.5퍼센트 세율의 분리과세 중 자신에게 유리한 방식을 선택해 납부할 수 있는 점 또한 동일합니다. 더불어 사적연금이기에 연금 수령액이 건강보험료에 영향을 미치지 않는다는 점도 여러 공통점 중 하나입니다.

반대로 두 계좌는 다음과 같은 차이점도 있습니다. 가입 조건에 있어 연금저축펀드는 누구나 가입이 가능하기에 미성년 자녀도, 소득이 없는 60대 이상의 시니어도 가입할 수 있는 반면, 개인형 IRP는 소득이 있는 근로자나 자영업자만 가입이 가능합니다. 자기부담금에 대한 세액공제 혜택도 연금저축펀드는 연간 납입액의 600만 원까지만 인정되지만, 개인형 IRP는 연간 900만 원까지 인정됩니다. 따라서 연금저축펀드를 활용할 때는 연간 최대로 세액공제를 받기 위해 연금저축펀드에 600만 원을 넣고, 나머지 300만 원은 개인형 IRP에 넣어두어야 각 계좌에 납입한 금액을 합산한 900만 원을 세액공제 받을 수 있습니다.

한편 운용 가능한 상품에도 차이가 있습니다. 연금저축펀드는 펀드나 국내 상장 ETF, 리츠 주식의 투자 상품으로 운용할 수 있는 반면, 개인형 IRP는 펀드와 국내 상장 ETF 및 리츠 주식은 물론 정기예금이나 ELB, GIC와 같은 원리금 보장 상품으로도 운용이 가능합니다. 또 한 가지 유념할 차이점은 연금저축펀드는 위험자산으로 분류되어 있는 상품에도 계좌 잔액의 100퍼센트를 투자할 수 있지만, 개인형 IRP는 금융기관에서 안전자산으로 분류해놓은 원리금 보장 상품이나 채권형 상품 등에 최소 30퍼센트는 투자하도록 정해져 있다는 것입니다. 따라서 개인형 IRP는 주식형 펀드나 주식 비중이 높은 ETF와 같은 위험자산으로 계좌 평가액의 70퍼센트 이상을 운용할 수 없습니다.

마지막으로 초장기로 운용해야 하는 연금 자산들을 상황에 따라 연금 개시 전에 유동화가 가능한지 알아두는 것이 중요합니다.

연금저축펀드의 경우 자기부담금을 세액공제 받은 자기부담금(세제 적격)과 세액공제를 받지 않은 자기부담금(세제 비적격)으로 나눌 수 있는데요. 연금저축펀드의 자기부담금 중 세액공제 혜택을 받지 않은 자기부담금은 언제든 횟수나 금액에 제한 없이 연금 개시 전에 중도 인출이 가능한 반면, 개인형 IRP는 무주택자의 주택 구입이나 전세보증금 마련, 요양 의료비 등 법에서 정한 사유에 해당하는 경우에만 중도 인출이 가능하다는 차이가 있습니다. 더불어 연금저축펀드는 담보대출이 가능하지만 개인형 IRP는 담보대출이 불가능하다는 부분도 유동성 관점에서 큰 차이 중 하나죠.

연금저축펀드와 개인형 IRP의 차이점을 생각하면 연간 1,800만 원이라는 최대 납입 한도를 두 계좌가 공유하는 이상 둘 중 무엇을 주력으로 활용할지 결정을 해야 합니다. 이 선택에 있어선 정답이 있다기보다는 어느 정도의 운용 성과를 기대하며 어떤 상품으로 연금 자산을 운용할 것인지, 연금 자산을 모으고 굴리는 과정에서 유동화의 가능 여부를 얼마나 중요하게 생각하는지에 따라 주력 계좌에 대한 선택이 달라진다고 볼 수 있습니다.

긴 운용 기간을 최대한 활용하여 위험자산의 비중을 높게 유지하고 싶거나 중간에 부동산을 위해 연금 자산을 유동화하고자 하는 니즈가 있는 사람은 연금저축펀드에 주력하는 게 효율적입니다. 반대로 전체 자산의 일정 비중은 이자율이 낮더라도 확실성을 보장해주는 원리금 보장 상품으로 운용하고, 연금 자산은 노후 대비 목적이므로 유동화는 고려하지 않는 사람에게는 개인형 IRP가 더 나은 선택이 될 수 있습니다.

연금저축신탁이나 연금저축보험이 아닌 연금저축펀드인 이유

3층 연금 제도 중 개인이 스스로 노후를 준비하는 개인연금에 해당하는 계좌들이 바로 연금저축 계좌입니다. 연금저축 계좌는 세부적으로 연금저축펀드와 연금저축신탁 그리고 연금저축보험으로 나뉘는데, 연금저축신탁의 경우 2018년 이후부터는 신규 가입이 금지되었기에 현재는 기존 가입자들만 계좌를 유지할 수 있습니다.

선진국형 3층 연금 제도

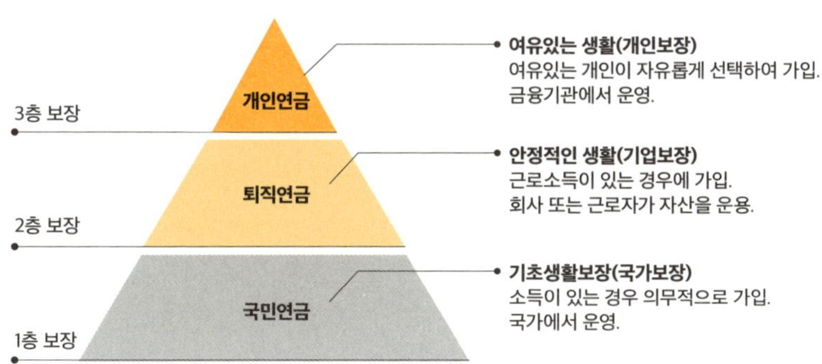

연금저축신탁은 가입자가 상품을 선택해 운용하는 것이 아니라 금융회사가 직접 운용하는 계좌로, 대부분의 자금은 채권형이나 안정형 상품으로 운용되며, 주식이나 주식 관련 상품에 투자되는 비중은 굉장히 낮습니다. 그렇기에 연금저축신탁의 기대수익률 또한 낮은데, 이는 원금을 보존해주는 특성으로 인해 금융기관이 운용을 최대한 보수적으로 할 수밖에 없기 때문입니다.

그러다 보니 대부분의 연금저축신탁 가입자는 다양한 투자 상품으로 직접 운용을 할 수 있는 연금저축펀드로 계좌를 이전하여 직접 운용을 통한 운용 수익을 높이고자 했고, 정해진 이자를 받지만 이자율이 낮고 사업비와 수수료까지 내는 연금저축보험의 가입자 역시 연금저축펀드로 이전하여 직접 운용하려는 움직임이 빠르게 증가하는 추세입니다. 과거에 비해 가입자가 직접 운용할 수 있는 상품들이 다양해졌고, 직관적이며 비용이 낮은 ETF 상품들이 대폭 늘어나면서 연금 자산을 직접 운용하는 데 최적화된 연금저축펀드가 연금저축계좌 중 가장 각광받게 된 것입니다.

참고로 연금저축계좌들은 서로 자유롭게 이전이 가능합니다. 따라서 연금저축보험이나 연금저축신탁 계좌를 보유하고 있다면 계좌를 해지하지 않고도 연금저축펀드로 평가 잔액을 옮겨 직접 ETF나 펀드 상품으로 운용하고 향후 연금으로 수령할 수 있습니다.

우리 회사의 퇴직연금 제도가
DC형(확정기여형)이라면

근로자퇴직급여보장법에 의거하여 많은 기업들이 퇴직급여 제도를 도입하고 있습니다. 이는 일정 기간 이상 재직 중인 근로자들에게 사용자인 회사가 퇴직급여를 적립해주는 제도인데요. 현재 본인이 재직 중인 회사가 퇴직급여 제도를 도입하고 있는데 세부 유형이 DC형(확정기여형)이라면, 여러분의 이름으로 퇴직연금계좌가 연금 사업자인 금융기관에 개설되어 있고, 해당 계좌에 퇴직급여가 적립되어 있을 것입니다.

DC형 퇴직연금은 적립은 회사가 해주지만 적립된 금액은 근로자가 직접 운용해야 합니다. 그런데 대부분의 근로자가 이런 DC형 퇴직연금의 적립금을 방치하곤 합니다. 하지만 운용에 얼마나 신경을 쓰느냐에 따라 퇴직 시점에 받게 될 퇴직금 규모가 크게 달라짐을 기억해야 합니다. 다시 말해, 여러분의 퇴직급여 제도가 DC형일 경우 반드시 적극적인 운용을 통해 퇴직금을 불어나게 만들어야 합니다.

DC형 퇴직연금은 개인형 IRP처럼 최대 70퍼센트까지 주식 비중이 절반 이상인 위험자산으로 운용할 수 있고, 활용할 수 있는 상품으로는 ETF나 TDF가 대표적입니다. 복잡한 게 싫고 단순하게 딱 정해주는 상품으로만 꾸준히 사서 모으는 전략으로 운용하고자 한다면 미국 S&P500이나 나스닥100과 같은 인덱스를 추종하는 ETF를 꾸준히 모아가기를 추천합니다.

만능 절세계좌 ISA의 모든 것

연금계좌는 자금을 넣어두기만 해도 세액공제 혜택을 받는다는 이점이 있지만, 만 55세까지 장기간 계좌에 돈이 묶이기 때문에 연금계좌 활용을 망설이는 사람도 많습니다. 이런 사람들에게는 '만능 절세계좌'로 불리는 ISAIndividual Savings Account(개인종합자산관리 계좌)가 제격입니다.

ISA는 개설한 지 만 3년이라는 의무 가입 기간만 지나면, 계좌 유지 기간 동안 발생한 운용 수익과 손실을 합친 순이익에 대해 200만 원(서민형·농어민 ISA◆는 400만 원)까지 비과세 혜택을 받으며 언제든지 해지할 수 있습니다. 또한 해당 금액을 초과하는 이익에 대해서도 15.4퍼센트의 이자 및 배당소득세가 아닌 9.9퍼센트의 낮은 세율로 분리과세 혜택을 받을 수 있습니다. 즉, ISA로 투자를 할 경우 수익이 얼마가 나더라도 만 3년이라는 의무 가입 기간만 지나면 계좌에서 발생한 순이익에 대해 일부는 비과세를 해주며, 나머지 금액에 대해서도 종합과세 대상 소득과 합산하여 과세하지 않고 분리하여 9.9퍼센트의 세금만 내면 됩니다.

또한 ISA는 유지 기간 동안 발생한 매매 차익, 이자 및 배당, 손실 등을 모두 쌓아놨다가 계좌를 해지할 때 수익과 손실을 통산한 순

◆ 직전 연도 총급여 5,000만 원 또는 종합소득 3,800만 원 이하 거주자는 서민형·직전 연도 종합소득 3,800만 원 이하 농어민 거주자는 농어민 ISA로 가입이 가능함(가입 시기에 따라 상반기는 전전년도, 하반기는 전년도 기준)

이익에 대해서만 세금을 부과합니다. 그러다 보니 계좌를 유지하는 동안 발생하는 수익이나 배당은 세금을 정산하지 않은 세전 금액으로 수령하게 됩니다. 예를 들어 같은 ETF에 투자한 두 사람이 있는데, 한 명은 ISA에서, 다른 한 명은 일반 계좌에서 투자한 경우를 봅시다. 배당에 해당하는 분배금을 수령할 때 ISA에서 투자한 사람은 세전으로 분배금을 받고, 일반 계좌에서 투자한 사람은 15.4퍼센트의 배당소득세를 제외한 세후 분배금을 받게 됩니다. 이렇듯 ISA는 당장 수익이 발생하더라도 이에 대한 세금을 미래의 계좌 해지 시점에 정산하는 과세이연 혜택이 적용되다 보니 복리 효과를 극대화할 수 있고, 수익이 얼마가 나더라도 건강보험료에 영향을 미치지 않는다는 장점도 있습니다.

한편 ISA는 손익통산 방식이 적용되는데, 이는 계좌 내에서 발생한 모든 수익과 손실을 합쳐 순이익에 대해서만 세금을 정산하는 방식을 말합니다. A라는 ETF로 1,000만 원의 이익을 실현했고, B라는 ETF로 400만 원의 손실을 확정했다면, 각각의 이익과 손실을 합친 600만 원의 순이익에 대해서만 세금을 정산하는 것입니다. 따라서 손실이 난 투자 상품이나 종목을 손절하더라도 마냥 손해라기보다는 수익이 난 부분을 상쇄시켜 줄여주니 세금을 아끼는 효과를 볼 수 있습니다.

이렇게 좋은 세제 혜택을 주는 ISA를 여러 개 만들고 많은 돈을 넣어서 투자하는 데 활용하면 좋겠지만 아쉽게도 ISA는 개설 조건이 있고, 납입 한도도 제한되어 있습니다. 먼저 ISA는 모든 금융기관 중 딱 한 곳에서만 계좌를 개설할 수 있고, 다음과 같은 2가지 조건이 동시에 충족되어야 합니다.

ISA 개설 조건

① 만 19세 이상 또는 직전 연도 근로소득이 있는 만 15~19세 미만 대한민국 거주자

② 직전 3개년 중 1회 이상 금융소득 종합과세 대상이 아닌 자

여기서 조금 낯설게 느껴질 ②번 조건에 대해 조금 더 설명하겠습니다. 이자 및 배당소득이 연간 2,000만 원을 넘으면 금융소득 종합과세 대상이 됩니다. 예를 들어 2023년부터 2025년까지 이자 및 배당소득이 2,000만 원을 넘었던 이력이 없다면 2026년인 올해 기준으로 ②번 조건도 충족하는 것입니다.

다음으로 연간 납입 한도는 매년 2,000만 원씩 생성되어 5년간 최대 1억 원의 원금을 납입하고 운용할 수 있습니다. 예를 들어 2026년에 2,000만 원이라는 납입 한도 중 600만 원만 납입했다고 가정하면, 2027년에는 3,400만 원까지 납입할 수 있습니다. 2026년에 남은 납입 한도 1,400만 원에 2027년에 새로 생성되는 납입 한도 2,000만 원이 추가되기 때문입니다.

매년 계좌에서 납입 한도가 자동으로 늘어나는 구조이기 때문에

　　　　　　　　　　　　　　　　　　　　　[내 집 마련 후]

반드시 해당 연도에 한도를 모두 채워야만 하는 건 아닙니다. 그래서 일단 당장 활용할 게 아니더라도 ISA는 만기를 길게 설정하여 미리 만들어두라고들 합니다. 그 이유는 해가 거듭될수록 납입 한도가 늘어나고, 의무 가입 기간인 3년도 미리 만들수록 빨리 충족되기 때문입니다. 혹시나 만기를 3년 내지 5년으로 짧게 만들었더라도 만기일 3개월 전부터 만기일 전일까지 만기를 연장할 수 있는데, 이때는 신규 개설과 동일하게 직전 3개년도 중 1회 이상 금융소득 종합과세 대상자가 아니어야 연장할 수 있습니다.

한편 ISA는 다음과 같이 3가지 세부 유형으로 나뉩니다.

ISA의 3가지 유형

- **중개형 ISA**: 주식, ETF 및 펀드 상품에 투자가 가능하며, 증권사에서 개설해야 함
- **신탁형 ISA**: 예금과 같은 원리금 보장 상품 위주로 운용할 수 있음
- **일임형 ISA**: 전문가가 대신 운용해주는 상품

ISA의 3가지 유형 중 중개형과 신탁형은 고객이 직접 운용 상품을 선택하는 반면, 일임형은 고객에게 일임받은 투자 전문가의 전략으로 운용된다는 차이가 있습니다. 보수 및 수수료 역시 금융기관마다 상이하기에 이 부분은 계좌를 개설하고자 하는 금융기관에 문의하는 것이 좋습니다. 직접 ETF나 주식 등에 투자하고자 한다

면, 중개형 ISA를 개설해 투자금을 이체한 뒤 일반 주식 계좌처럼 사용하면 됩니다.

한편 ISA의 특징 중 하나는 납입 원금 내에서 언제든 중도 인출이 가능하다는 것입니다. 따라서 ISA를 개설한 지 만 3년이 되지 않았을 때 돈이 필요하더라도 걱정할 필요가 없습니다. 예를 들어 ISA에 2년간 4,000만 원을 넣어 투자하고 있었다고 해봅시다. 아직 세제 혜택을 받기 위한 의무 가입 기간인 3년을 채우지 못했지만, 급히 자금이 필요한 상황이라면 4,000만 원 이내의 금액은 언제든지 인출이 가능합니다. 즉, 투자 중인 자산을 현금화해 4,000만 원까지는 인출할 수 있습니다.

이처럼 납입 원금을 인출하고 운용 수익만 ISA에 남아있을 경우, 만 3년이 될 때까지 추가 운용을 하다가 만기 해지를 하면 ISA의 장점인 비과세 및 9.9퍼센트 분리과세 혜택을 그대로 받을 수 있습니다. 세제 혜택을 받기 위해 계좌를 유지해야 하는 만 3년이라는 기간이 제약 사항처럼 보이지만, 언제든 납입 원금 내에서 중도 인출할 수 있기 때문에 실질적으로 자금이 묶이는 단점을 최소화할 수 있습니다.

혹시나 3년을 채우지 못한 시점에 원금과 함께 운용 수익까지 필요한 상황이라면 어쩔 수 없이 계좌를 해지해야 하는데, 이때는 그동안 과세이연 혜택을 받으며 쌓인 운용 수익에 대해 원래 내야 하는 15.4퍼센트의 금융소득세가 원천징수되도록 되어있습니다. 의무

　　　　　　　　　　　　　　　　[내 집 마련 후]

	01 **일반형**	**02** **서민형**	**03** **농어민형**
가입 대상	19세 이상 거주자 (소득 제한 없음), 15세 이상 19세 미만 근로 소득자(직전년도 근로소득)	총급여액 5,000만 원 이하 근로자, 종합소득 3,800만 원 이하 사업자	농어민 (소득금액 3,800만 원 이하)
납입 한도	연 2,000만 원씩(5년 납입 기준, 최대 총 1억 원, 납입 한도 이월 가능) ※ 재형저축, 소득공제장기펀드 보유 고객은 총 한도에서 해당 상품의 잔여 한도를 차감		
의무 가입 기간	3년		
가입 기간 연장	가능(만기일 3개월 전부터 만기일 전일까지)		
비과세 한도	**200만 원**	**400만 원**	**400만 원**

※ ISA 관련 세제는 소득세법 등 관련 법령의 개정 등에 따라 변경될 수 있음

가입 기간을 채우지 못하고 ISA를 해지했다고 해서 세금을 더 내거나 하는 패널티가 있는 건 아니니 의무 가입 기간을 채우지 못하면 어쩌나 하는 걱정은 하지 않아도 됩니다(단, 해지 시 발생하게 될 운용 수익이 2,000만 원을 넘을 경우 금융소득 종합과세 대상자가 될 수 있습니다).

과세이연으로 복리 효과 극대화하는 ISA 활용법

일반적인 ISA의 활용법으로 의무 가입 기간인 만 3년이 되는 시점마다 계좌를 해지한 뒤 다시 만들어 200만 원(서민형·농어민형의 경우 400만 원)의 비과세 혜택을 꼬박꼬박 챙기는 내용을 주로 이야기하곤 합니다. 하지만 이 활용법은 비과세 혜택은 최대한 챙길 수 있지만, 해지 후 다시 계좌를 만들면 납입 한도가 2,000만 원이 되므로 나머지 자금은 해가 바뀌어 계좌에 납입 한도가 추가로 생길 때까지 운용 수익에 대한 과세이연 효과를 볼 수 없는 일반 계좌에서 운용해야 하는 번거로움이 있습니다. 또한 3년마다 계좌 해지 후 재신규를 반복해야 하므로, 투자금의 운용 기간을 길게 가져가 시간을 내 편으로 만드는 데도 한계가 있습니다.

그런데 이런 단점들을 보완하는 더 좋은 ISA 활용법이 있습니다. 바로 계좌 개설 단계에서 만기를 길게 설정하거나, 기존에 ISA를 갖고 있다면 만기 연장 시점에 만기를 길게 재설정하여, 최대한 장기간 운용하며 과세이연 혜택을 통한 복리 효과를 극대화하는 전략입니다. ISA의 최대 납입 한도인 1억 원을 전부 채워 넣는 것을 목표로 하여 해당 금액을 다 넣은 뒤에는, 계좌를 계속 운용하며 복리로 금액을 불려가다가 자녀 대학 교육비나 실거주 주택 갈아타기 같은 지출 이벤트가 발생했을 때 ISA에 쌓인 자금을 활용하는 것입니다.

이때 자금의 일부만 필요하다면 필요한 금액만큼을 계좌 내에서 보유 상품의 매도를 통해 현금화한 후 원금 내 인출 기능을 활용하여 목적 자금을 빼면 되고, 나머지 원금과 그동안 쌓인 운용 수익은 계속 복리 효과를 이어가면 됩니다. 원금 내 인출은 말 그대로 원금 내에서 내 돈을 빼내는 것이기에 별도의 세금이 발생하거나 건강보험료에 영향을 미치지 않습니다. 그리고 최종적으로 ISA에 있는 자금을 전부 꺼내 써야 한다면, 만 3년이 지난 후 언제라도 ISA를 해지하면 계좌 내에서 발생한 수익과 손실을 통산하여 산출된 순수익의 200만 원(서민형·농어민형은 400만 원)까지는 비과세, 나머지는 9.9퍼센트의 세율로 분리과세가 되어 납세 의무가 종결되므로 오랜 기간 ISA를 운용하며 발생한 누적 수익 규모가 크더라도 세금과 건강보험료에 부담을 최소화할 수 있습니다.

연금계좌 납입 속도를 대폭 향상시키는
ISA 만기 해지 전략

연금계좌의 납입 속도를 대폭 향상시키기 위해 ISA를 활용하는 전략도 있습니다. ISA를 통해 비과세와 분리과세 혜택을 받기 위해서는 계좌 개설 후 만 3년이 지나야 하며, 이렇게 의무 가입 기간을 충족한 이후에 세제 혜택을 받으며 해지하는 것을 만기 해지라고 합니다. 이때 ISA를 만기 해지한 금액(원금과 이자의 합계액 전부 또는 일부)은 60일 이내에 연금저축펀드나 개인형 IRP에 넣으면, 연간 납입 한도와 상관없이 추가 납입이 가능합니다.

즉, 본래 연금계좌의 연간 최대 납입 한도는 1,800만 원이지만, ISA 만기 해지 금액은 연금계좌의 기존 납입 한도와는 별개로 납입이 가능합니다. 따라서 소득이 높아 현금흐름이 좋은 경우, 혹은 보유 현금성 자산이 많은 경우에는 ISA에 3년마다 납입 한도를 최대한 채워 넣은 뒤 해지하여 연금계좌로 납입하고, 다시 새로 ISA를 만드는 방식을 반복하여 연금계좌에 자기부담금을 빠르게 채워 넣을 수 있습니다.

이렇게 ISA 만기 해지 자금을 연금계좌로 옮기면 납입 금액의 10퍼센트를 최대 300만 원까지 추가로 세액공제 받을 수 있습니다. 예를 들어 ISA를 해지해 원금과 이자를 합쳐 8,000만 원을 받았다면, 이 중 2,000만 원은 새 ISA에 넣고, 나머지 6,000만 원을 연금저축펀드로 옮길 수 있습니다. 이 경우 연금저축펀드로 옮긴 금액의 10퍼센트는 600만 원이지만, 최대로 받을 수 있는 추가 세액공제 한도가 300만 원이므로 실제로는 300만 원에 대해 16.5퍼센트 또는 13.2퍼센트의 세율로 세액공제를 받게 됩니다. 나머지 5,700만 원은 연금저축펀드 계좌 내에서 세액공제를 받지 않은 자기부담금으로 분류됩니다.

다시 말해, 연금계좌의 연간 최대 납입 한도인 1,800만 원은 매년 그대로 납입하면서 만 3년마다 만기 해지한 ISA 자금을 연금계좌에 추가 납입하면 연금계좌 잔고를 빠르게 늘릴 수 있습니다. 이렇게 쌓인 계좌 안에서 발생한 운용 수익은 과세이연 혜택 덕분에 당장의 세금이나 건강보험료에 영향을 주지 않으므로 복리 효과를 극대화할 수 있습니다.

한편 이 전략은 연금계좌에 납입 원금은 빠르게 불어나지만 자기부담금 중 세액공제를 받지 않은 금액이 세액공제를 받은 금액보다 더 큰 비중을 차지하는 결과로 이어집니다. 세액공제 받지 않은 자기부담금은 연금을 개시하지 않더라도 언제든 수시로 중도 인출이 가능하므로(단, 개인형IRP는 중도 인출 불가능) 자금이 필요할 때 꺼내 쓰면 됩니다. 즉, 연금저축펀드를 활용한다면 연금계좌에 너무 많은 돈을 넣어서 장기간 자금이 묶이는 게 아닌가 하는 걱정에서 상당 부분 자유로울 수 있는 것이죠.

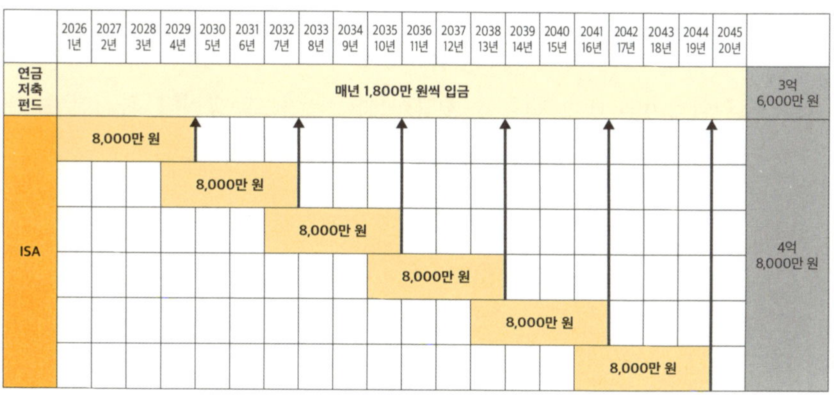

참고로 ISA 의무 가입 기간인 만 3년이라는 기간은 연차로 따지면 4년 차에 해당하므로, 연간 납입 한도가 2,000만 원씩 생기는 ISA에 8,000만 원까지 납입이 가능합니다. 예를 들어 2026년 6월에 가입한 ISA의 경우 만 3년이 되는 시점은 2029년 6월인데, 2029년이면 4년 차에 해당하므로 총 8,000만 원까지 납입할 수 있습니다. 이 금액을 납입한 뒤 만기 해지하면 ISA 해지 자금을 연금저축펀드로 그대로 옮길 수 있습니다. 만약 연금계좌에 매년 납입 한도인 1,800만 원을 채우면서 ISA 만기 해지 자금까지 더한다면, 한 해에 약 1억 원에 가까운 원금(=1,800만 원+8,000만 원+ISA 운용 수익)을 연금저축펀드에 넣을 수 있게 되는 것이죠.

연금계좌와 ISA 핵심 정리

지금까지 연금계좌인 연금저축펀드와 개인형 IRP, 그리고 절세계좌인 ISA에 대한 내용을 종합적으로 알아보았습니다. 하지만 이 내용들을 한 번에 명쾌하게 이해하기는 쉽지 않습니다. 그도 그럴 것이 각 계좌들의 장단점이 다르고 특징 등 내용 자체가 다양한데, 계좌마다 비슷한 부분도 많고 여기에 세금 관련 내용까지 더해지다 보니 헷갈리기 마련입니다. 그래서 이해를 돕기 위해 지금까지의 내용을 핵심만 다시 정리해보겠습니다.

　　　　　　　　　　　　　　　　　　　　　　　　　　[내 집 마련 후]

● 세액공제 혜택

연금계좌인 연금저축계좌 와 개인형 IRP는 계좌에 자기부담금을 넣기만 해도 연말정산 시 세액공제 혜택을 받을 수 있습니다. 반면 절세계좌인 ISA에 납입한 금액은 세액공제 대상이 아닙니다.

참고로 개인연금에 해당하는 연금저축계좌는 연간 최대 600만 원까지, 개인형 IRP는 연간 최대 900만 원까지 세액공제를 받을 수 있습니다. 다만 연금저축계좌와 개인형 IRP는 연간 최대 납입 한도인 1,800만 원이라는 한도를 공유하며, 세액공제 역시 어느 계좌에 얼마를 넣었든 연간 900만 원이 개인이 받을 수 있는 최대 세액공제 한도입니다. 참고로 여러 연금 계좌에 자기부담금을 넣었다면 연말정산 시 본인이 세액공제 받을 계좌를 선택할 수 있습니다.

● 과세이연 혜택

과세이연이란 세금을 부과하는 것을 미룬다는 뜻입니다. 연금저축계좌와 개인형 IRP, 그리고 ISA 모두 과세이연 혜택을 제공합니다. 즉, 이들 계좌에서 보유하고 있던 투자 상품을 매도하여 수익이 발생하거나 배당이나 이자 수익이 생기더라도, 그 즉시 세금이 부과되는 것이 아니라 향후 계좌에서 돈을 인출할 때 세금이 부과됩니다. 즉, 과세이연 혜택은 세전 수익으로 계속 운용을 해나가며 복리 효과를 극대화할 수 있고, 종합과세도 피할 수 있으며, 건강보험료에도 영향을 미치지 않는 것을 말합니다.

● **저율과세 혜택**

연금계좌인 연금저축계좌와 개인형 IRP는 계좌 내 자금을 연금으로 수령할 수 있습니다. 연금계좌에 직접 납입한 자기부담금 중 세액공제를 받은 금액과 연금계좌 내에서 오랜 기간 쌓인 운용 수익은 만 55세 이후 연금이 개시될 때, 연 1,500만 원 이하로 수령할 경우 5.5~3.3퍼센트의 저율과세 혜택을 받게 됩니다.

이런 5.5~3.3퍼센트의 저율과세 혜택은 연금 수령 시 연금소득세라는 항목으로 원천징수되고, 사적연금에 해당하기에 건강보험료에도 영향을 미치지 않습니다. 만약 부득이하게 연간 1,500만 원을 초과하여 받게 될 경우, 연금 수령액 전액을 다른 소득과 합산해 종합과세(6.6~49.5%)하거나, 16.5퍼센트 세율의 분리과세를 선택할 수 있습니다.

반면 절세계좌인 ISA는 연금으로 수령할 수 없기에 이 내용과는 무관합니다.

● **중도 인출 가능 여부**

연금저축계좌 중 연금저축펀드와 ISA는 납입 원금 내에서 일정 조건에 해당할 경우 계좌를 해지하지 않더라도 중도 인출이 가능합니다. 연금저축펀드는 납입한 금액 중 세액공제를 받지 않은 자기부담금에 대해 횟수나 금액에 제한 없이 수시로 원금을 인출할 수 있으며, ISA는 다른 조건 없이 납입 원금 내에서 수시로 중도 인출이 가능합니다.

다만 ISA는 연간 2,000만 원씩 납입 한도가 생성되어 5년 동안 최대 1억 원을 계좌에 넣을 수 있는데, 가입 기간 중간에 일부 금액을 인출할 경우 해당 인출 금액이 다시 납입 한도로 생성되는 건 아닙니다. 다시 말해 1억을 채워 넣은 ISA에서 3,000만 원을 중도 인출할 경우 다시 3,000만 원을 넣을 수 있는 게 아니라는 뜻입니다.

● 구분해야 할 '연금계좌'와 '절세계좌'의 특징

연금계좌인 연금저축계좌와 개인형 IRP는 자기부담금을 넣기만 해도 '세액공제 혜택'을 받을 수 있고, 운용하는 동안 발생한 수익에 대해 당장 세금이 부과되는 것이 아니라 훗날 연금 혹은 기타 방식으로 수령할 때 정산하는 '과세이연 혜택'을 받을 수 있습니다. 또한 만 55세 이후 세액공제 받은 자기부담금과 운용 수익을 연간 1,500만 원 이하로 연금 수령할 경우 5.5~3.3퍼센트의 연금소득세를 내는 '저율과세 혜택'이 적용된다는 것도 특징 중 하나입니다.

한편 개인종합자산관리 계좌인 ISA는 '절세계좌'입니다. 좀 더 정확히 설명하자면, 운용 수익에 대해서는 연금계좌와 마찬가지로 당장 세금을 부과하지 않고 향후 계좌를 해지할 때 정산하는 '과세이연 혜택'이 적용됩니다. 더불어 만 3년이라는 의무 가입 기간이 경과한 이후에 언제라도 해지할 경우 계좌 내에서 발생한 순이익(계좌 내에서 발생한 전체 이익과 전체 손실의 합)에 대해 200만 원(서민형·농어민형의 경우 400만 원)까지는 비과세, 이를 초과하는 이익에 대해서는 9.9퍼센트의 세율로 분리과세한다는 게 ISA의 핵심 장점입니다. 연금계좌처럼 납입한 금액에 대해 세액공제나 소득공제 혜택은 없으며, 연금으로 수령하는 게 아니라 계좌를 해지해야 비과세와 9.9퍼센트의 저율 분리과세라는 세제 혜택을 볼 수 있습니다.

절세계좌 투자금 납입 순서

① 연금저축펀드(연 600만 원): 세액공제(16.5% 또는 13.2%) 및 과세이연

② 개인형 IRP(연 300만 원): 세액공제(16.5% 또는 13.2%) 및 과세이연

③ ISA(최대 1억 원): 과세이연 및 해지 시 비과세(일반형 200만 원, 서민형·농어민형 400만 원) 및 분리과세(9.9%), 중도 인출 가능

④ 연금저축펀드(연 900만 원): 과세이연 및 세액공제 받지 않은 자기부담금 중도 인출 가능

목적	은퇴준비자금 마련 및 관리		자산증식
구분	연금저축 계좌(연금저축펀드)	IRP(개인형 퇴직연금)	중개형 ISA (개인종합자산관리 계좌)
가입 대상	누구나 가능(미성년 포함)	소득 활동을 하는 사람 누구나(퇴직금, 퇴직연금 수령자)	19세 이상 누구나 (소득이 있다면 15세부터 가능)
납입 한도	연간 최대 1800만 원(IRP 납입 포함) * 세액공제 한도: 600만 원	연간 최대 1800만 원(연금저축 납입 포함) * 세액공제 한도: 900만 원	연간 2,000만 원, 최대 1억 원 (이전 한도 이월 가능)
세액공제 혜택	최대 900만 원, 연금저축+IRP 연간 납입액의 13.2~16.5% 세액공제(총급여 5500만 원 초과 또는 종합소득금액 4500만 원 초과 시 13.2%, 이하는 16.5%)		만기 시 연금계좌 전환 금액의 10% 세액공제 (최대 300만 원 한도)
절세 혜택	연 1500만 원 이하 연금으로 10년 이상 분할 수령 시 연금소득세 3.3~5.5% 적용(55~69세 5.5%, 70~79세 4.4%, 80세 이상 3.3%)		순이익 200만 원(서민형·농어민형 400만 원)까지 비과세, 초과분 9.9% 분리과세
투자 가능 상품	펀드, 국내 상장 ETF (해외 자산 ETF 포함), 리츠	펀드, 국내 상장 ETF(해외 자산 ETF 포함), 리츠, 원리금 보장형 상품(예금 등)	국내 개별 주식, 국내 상장 ETF, 펀드, 리츠, 환매조건부채권 등
투자 불가 상품	국내외 주식, 해외 상장 ETF, 인버스/레버리지 ETF	국내외 주식, 해외 상장 ETF, 인버스/레버리지 ETF	해외 주식, 해외 상장 ETF
의무 유지 기간	계좌 개설 후 최소 5년 유지, 55세 이후 연금 수령 * 이 외 해지 시 기타소득세 과세		최소 3년 유지
중도 인출	세액공제 받지 않은 원금 인출 가능	중도 인출 사유에 해당하는 경우 가능, 그 외 계좌 해지만 가능	원금은 자유롭게 출금 가능, 수익 부분 인출 시 절세 혜택 불가
담보대출	가능	불가	중개형 불가, 신탁형 가능 (계좌 평가금액 40%까지)

※ 2026년 3월 말 기준

시간을
내 편으로 만드는
적립식 투자법

절세 혜택이 있는 계좌들을 적극 활용해야 하는 이유와 방법에 대해 알아보았으니, 이제는 어떤 상품으로 어떻게 운용할지 살펴볼 차례입니다. 시중에는 굉장히 다양한 금융 상품이 있지만, 그 모든 상품을 알 필요는 없습니다. 단기간에 큰 수익을 노리기보다, 적립식으로 우량한 기업들의 지분을 차곡차곡 모아나가며 시간을 내 편으로 만드는 투자를 하고자 한다면 다음과 같은 내용을 기억해야 합니다.

투자에 쏟을 시간과 에너지는 영원하지 않다

시간이 허락한다면 투자에 많은 시간과 노력을 쏟을 수 있겠지만, 우리는 삶의 여러 변화에 적응하기에도 시간이 부족합니다. 연애나 결혼을 하면 혼자 온전히 보내던 시간이 연인이나 배우자와 함께하는 시간으로 변하고, 아이가 생기면 육아에 많은 시간과 에너지를 쓸 수밖에 없습니다. 회사에서 승진을 하거나 새로운 곳으로 이직을 하며 본업에 더 집중해야 할 수도 있고, 갑자기 자신이나 가족의 건강에 이상이라도 생기면 투자에 신경 쓸 겨를도 없게 됩니다. 이런 삶의 변화는 누구에게나 예기치 않게 찾아옵니다. 따라서 지금 투자에 충분한 시간을 들일 수 있다고 해서, 그것이 영원히 지속되리라 생각해선 안 됩니다.

게다가 투자에 많은 시간과 에너지를 쏟더라도 그것이 반드시 투자 성과로 이어지는 것도 아닙니다. 물론 호기심과 열정이 샘솟는 투자 초기에는 많은 시간을 들여 투자에 대한 기초부터 차근차근 공부하는 게 맞고, 공부하면 할수록 투자 성과가 좋아질 수도 있지만, 이는 영원히 지속되기 어려운 일임을 이해하고 받아들여야 합니다.

따라서 투자에 시간과 노력을 쏟을 시기에는 최대한 투자에 대한 공부를 다양하게 하여 지식을 쌓고, 여기에 투자 과정에서 겪게 되는 경험을 더해 나만의 투자 원칙과 철학을 견고하게 만들어가야 합니다. 그렇게 형성된 투자 원칙과 철학은 투자에 신경을 쓸 수 없는 시기에도 내 금융자산을 불려줄 나만의 투자 시스템의 토대가 됩니다.

시간이 흐를수록 성공률이 높아지는 패시브 투자

'액티브 투자'는 투자자가 거시적인 시장 상황부터 산업 및 기업의 세세한 부분까지 분석해 개별 종목이나 특정 ETF를 선정하고, 적절한 매매 타이밍을 판단해 매매하는 방식입니다. 즉, 시장을 능동적으로 분석하고 예측하여 수익을 추구하는 전략으로, 시장 평균 이상의 성과를 얻기 위해 적극적으로 자산을 매매하는 투자를 말합니다.

반면 '패시브 투자'는 시장의 평균적인 성과를 추구하는 전략입니다. 주로 미국의 S&P500이나 나스닥100, 국내의 경우 코스피200 등의 시장 대표 지수를 추종하는 ETF나 인덱스펀드에 투자하는 방식입니다. 패시브 투자자는 시장이 전체적으로 상승할 때 장기적으로 꾸준한 수익을 얻는 것을 목표로 하며, 매매를 자주 하지 않고, 기업과 산업의 분산 투자를 통해 리스크를 줄이는 데 집중합니다.

액티브 투자와 패시브 투자는 저마다 장단점이 있고 추구하는 방향이 다르기에 무엇이 더 나은 방법이라는 정답이 있는 건 아닙니다. 하지만 일반적인 투자자라면 극소수의 액티브 투자로 성과를 거둔 투자자들의 영웅담에 혹하기보다는 장기적인 패시브 투자를 지향해야 합니다. 단기간에 큰 수익을 거두는 건 불가능하지만 투자 기간이 쌓여갈수록 손실 확률이 줄고, 과거 수십 년 동안의 역사가 증명해주는 연평균 수익률을 기대할 수 있기 때문입니다.

패시브 투자의 장점은 여러 가지가 있습니다. 우선 투자자의 감정이나 판단이 개입될 여지가 적어 투자 실수를 줄일 수 있습니다. 또한 대표 지수는 시장의 변화에 맞춰 정기적으로 구성 종목이 자동으로 리밸런싱rebalancing(재조정)되기 때문에 투자자가 개별 기업의 변화를 일일이 신경 쓰지 않아도 됩니다. 그리고 펀드매니저가 종목을 선정하는 게 아니라 지수를 그대로 추종하기에 보수나 수수료가 굉장히 낮아 장기간 보유하기에 적합합니다.

마지막으로 또 하나의 장점은 단순함입니다. 인덱스는 경쟁력 있고 성장성 높은 우량 기업들로 계속 교체되도록 설계되어 있기 때문에 매매 타이밍을 고민할 필요가 거의 없습니다. 투자자는 그냥 꾸준히 비용이 낮은 인덱스 ETF를 절세계좌에서 적립식으로 매수하다가 돈이 필요할 때 인덱스 ETF를 매도하여 필요한 자금을 마련하면 됩니다.

이런 여러 가지 측면들을 종합적으로 고려했을 때 투입하는 리소스 대비 시간이 지날수록 얻을 수 있는 성과 측면에서 굉장히 효율적이고 성공 확률이 높은 투자가 바로 인덱스 중심의 패시브 투자입니다.

시장의 평균 수익률을 따라가는 인덱스 투자

인덱스는 특정 시장의 전반적인 흐름을 보여주는 지수나 지표를 뜻합니다. 한국 주식시장의 대표 인덱스로는 코스피KOSPI 지수가 있고, 미국 주식시장의 대표 인덱스로는 미국의 대형 우량 기업 500개로 구성된 S&P500과 기술주 중심의 나스닥NASDAQ이 있습니다. 이런 지수에 투자하기 위해서는 해당 인덱스를 추종하는 펀드나 ETF 상품을 활용하면 됩니다.

통상적으로 패시브한 인덱스 투자라고 하면 미국의 대표 인덱스인 S&P500이나 나스닥100 지수를 추종하는 상품에 투자하는 것을 의미합니다. 다른 여러 종류의 인덱스가 있음에도 미국의 S&P500과 나스닥100이 인덱스 투자의 대표성을 지니게 된 이유는 두 지수가 장기간 우상향해온 긴 역사를 갖고 있기 때문입니다.

S&P500 지수의 경우 지난 30년 동안 약 20배 가까이 성장했는데, 배당을 재투자했다고 가정하면 연평균 수익률이 약 10퍼센트라는 계산이 나옵니다. 기술주 중심으로 구성된 나스닥100 지수의 경우 S&P500에 비해 변동성이 큰 만큼 동일한 기간 동안 약 39배 성장했고, 연평균 14퍼센트 정도의 수익률을 기록했습니다. 물론 평균 수익률은 어디까지나 과거 데이터 기준이며, 미래의 수익을 보장하는 것은 아닙니다. 그러나 짧은 기간도 아니고 무려 30년이라는 기간 동안 이 정도 연평균 수익률을 기록했다면, 앞으로도 이와 같은

성과를 이어갈 가능성이 높은 것이지요. 이 같은 시장의 기대감이 '인덱스 투자는 S&P500 또는 나스닥100 지수에 투자하는 것'이라는 공식을 만들어낸 것입니다.

세상에서 가장 마음 편한 S&P500, 나스닥100 지수 투자

지난 몇 년간 투자자들 사이에서 큰 주목을 받은 기업들이 있습니다. 1년도 안 되는 기간에 10배 이상 주가 상승을 보인 테슬라나 엔비디아, 팔란티어 같은 기업들이 그 주인공입니다. 많은 사람이 이 주식들을 미리 사두지 못한 것을 아쉬워합니다. 그런데 분명한 것은, 앞으로도 이처럼 단기간에 주가가 폭등하는 기업들이 또 등장할 거라는 사실입니다.

여기서 우리는 2가지를 생각해야 합니다. 첫째, 과연 여러분은 앞으로 제2의 테슬라나 제2의 엔비디아처럼 단기간에 급등할 기업을 미리 알아보고 유의미한 규모로 투자할 수 있을까요? 둘째, 그런 주식을 운 좋게 미리 사뒀더라도 과연 10배 이상으로 주가가 상승하는 동안 흔들림 없이 잘 쥐고 있을 수 있을까요?

요즘처럼 양질의 정보가 풍부한 세상에서 이런 주가가 폭등할 가능성이 높은 기업들을 찾을 수는 있지만 아직 불확실성이 큰 시기에 해당 기업 주식을 유의미한 금액으로 투자하는 건 또 다른 이야기이기에 섣불리 많은 투자금을 넣지 못하는 게 일반적입니다. 행여나 그런 기업의 주식을 미리 사뒀더라도 주가가 크게 오르는 시점까지 기다리지 못하거나, 조금만 올라도 단기간 너무 과하게 올랐다며 상승 초입에서 대부분 보유 수량을 팔아버리는 게 일반적인 투자자들의 행동 패턴이기도 합니다.

하지만 S&P500이나 나스닥100 지수에 투자한다면, 이런 기업들이 10배 이상 상승한 성과를 자연스럽게 함께 누릴 수 있습니다. 예를 들어, 1993년 4월 설립되어 1999년 1월 나스닥에 상장한 엔비디아는 현재 미국 주식시장에서는 물론 전 세계에서 가장 큰 시가총액 규모까지 성장했습니다. 과거 S&P500이나 나스닥100에 턱걸이로 편입되었던 엔비디아가 현재의 시가총액 규모까지 수천 배 가까운 상승을 이루는 과정에서 그 성과는 고스란히 지수 상승에 반영되었습니다. 물론 초기에는 지수 상승에 미치는 기여도가 미미했겠지만 주가가 상승하며 시가총액이 커짐에 따라 점점 지수 내에서 차지하는 비중이 확대되었고, 이후 주가가 계속 상승하며 지수 구성 종목의 주요 10개 기업 안에 포함된 순간부터는 지수 상승에 지대한 영향을 미치게 되었습니다.

투자자 입장에서는 앞으로 이런 라이징스타와 같은 기업이 계속 나올 텐데 굳이 내가 그런 기업을 선별하고 오랫동안 쥐고 있어야 하는 시험에 응하지 않아도 됩니다. 그냥 S&P500이나 나스닥100 지수를 추종하는 ETF를 사둔다면 알아서 그런 기업들을 지수의 수많은 보유 종목 중 하나로 간접적으로 보유하게 되고, 주가가 오르더라도 내 맘대로 지수에서 편출할 수 없기에 지수에 편입된 이후부터 주가가 상승하는 전체 기간 동안 쭉 보유하며 온전히 그 수익을 간접적으로 누릴 수 있는 것입니다.

정리하자면 S&P500이나 나스닥100에 투자하면 정기적으로 우량한 기업들로 리밸런싱을 알아서 해주기에 특별히 고민하거나 신경 쓸 것 없이 마음 편한 투자를 할 수 있고, 어떤 섹터나 기업이든 우열을 가릴 게 아니라 아무나 이기라고 응원할 수 있는 긍정적인 투자를 지속할 수 있습니다.

펀드와 주식의 장점을 더한 ETF

S&P500이나 나스닥100에 투자하는 방법으로는 크게 펀드와 ETFExchange Traded Fund(상장지수펀드)가 있습니다. 그중에서도 ETF로 투자할 경우, 펀드와 주식의 장점을 모두 누릴 수 있어 투자자 입장에서는 여러모로 유리합니다.

ETF의 장점들을 하나씩 살펴보자면, 먼저 특정 지수를 추종하는 패시브 ETF는 운용 보수나 기타 비용 등을 종합적으로 고려할 때 총보수 측면에서 펀드에 비해 더 유리합니다. 즉, 장기간 투자하는 데 있어 운용 상품에서 발생하는 비용은 수익률을 갉아먹는 요인이 되는데, 펀드보다는 ETF가 상대적으로 운용 비용이 더 낮기 때문입니다.

다음으로 거래 방식에 있어 매수 또는 환매 시 주문이 처리되기까지 몇 영업일 가량의 소요 시간이 필요한 펀드에 비해 ETF는 주식처럼 증권거래소에서 실시간 시세로 즉시 매매가 가능하기 때문에 환금성이 높습니다. 또한 ETF는 매도 주문이 체결된 후 매도한 자금으로 바로 다른 ETF를 매수할 수 있다는 장점이 있다 보니 계좌 내에서 보유 종목들을 리밸런싱하거나 변동성이 큰 시기에 대응할 때도 펀드에 비해 상대적으로 용이합니다.

한편 ETF는 상품 이름이 규칙적이면서 직관적이어서 상품 구조를 이해하기도 쉽습니다. 펀드의 경우 투자 전략이나 핵심 투자 대상, 자산시장법상 분류, 모자형 펀드 여부, 펀드의 법적 형태, 시리즈 번호 등을 종합하여 상품명을 만들다 보니 이름만으로는 어디에 어떻게 투자되는 상품인지 이해하기가 어렵습니다. 반면 ETF는 상품명이 정해진 규칙에 따라 지어지기에 이름만 봐도 어디에 투자되는 상품인지 직관적으로 알 수 있습니다.

운용의 투명성도 ETF의 강점입니다. 펀드는 자산운용보고서 등을 통해서만 투자 내역을 확인할 수 있는 반면, ETF는 자산 구성과 비중, 성과 등이 운용사 홈페이지에 매일 업데이트되어 투자자가 투자 내역을 쉽게 확인할 수 있습니다.

최근에는 금융회사들이 펀드에서만 가능했던 적립식 자동 투자

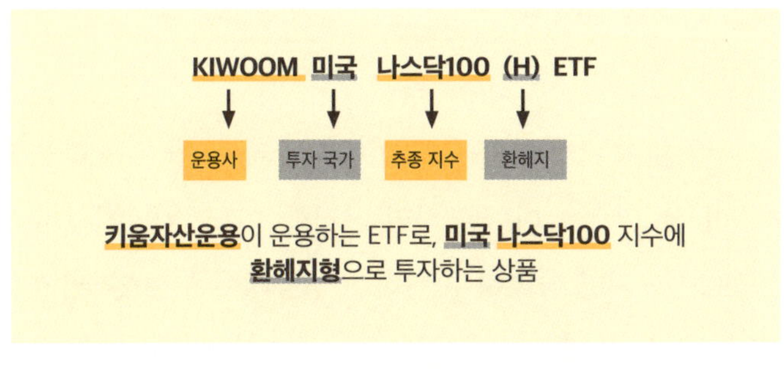

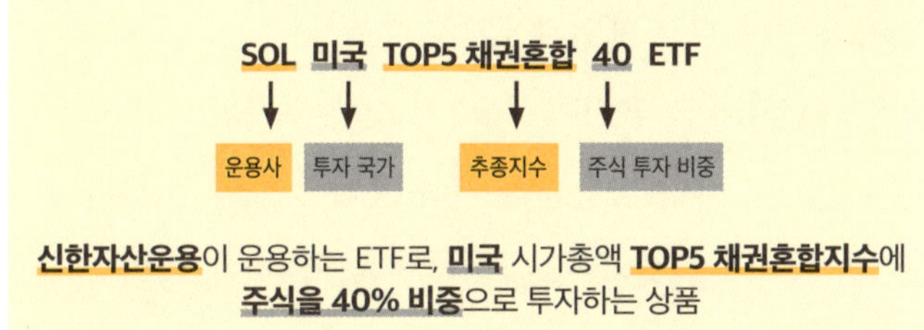

방법을 ETF까지 가능하도록 서비스를 개선했습니다. 예를 들어, 매달 15일에 50만 원씩 특정 운용사의 S&P500 ETF를 24개월 동안 자동으로 매수하는 내용으로 주식 모으기 서비스를 신청하면 내가 굳이 신경 쓰지 않아도 알아서 자동으로 내가 원하는 ETF를 적립식으로 매수할 수 있습니다.

이처럼 낮은 비용, 편리한 거래, 높은 투명성, 자동 투자까지 가능한 점을 고려하면 ETF는 장기 투자에 가장 실용적인 투자 수단이라고 할 수 있습니다. 따라서 다른 상품보다 ETF를 우선적으로 활용하는 것이 좋습니다.

인덱스 ETF와 함께 투자하면 좋은 채권과 금 ETF

적립식 투자 초기에는 S&P500이나 나스닥100을 추종하는 ETF 만 꾸준히 사 모으는 데 집중하면 되지만, 어느 정도 시간이 흘러 운용 규모가 커지면 하루하루 변하는 변동성이 부담스러워지기 시작합니다. 이럴 때 계좌 내에서 인덱스 ETF와 함께 보유하면 좋은 자산들이 있으니, 바로 채권과 금입니다.

요즘은 채권과 금도 ETF를 통해 손쉽게 투자할 수 있습니다. 채권 ETF에는 우리나라 국공채나 미국 국채, 회사채 등 다양한 종류가 있는데, 여기에 환헤지換hedge◆ 여부, 단기·중기·장기의 채권 만기 등 여러 가지 조건이 더해진 다양한 종류의 채권 ETF들이 거래소에 상장되어 있습니다. 통상적으로 주식과 채권은 음의 상관관계를 갖고 있어서 서로 반대 방향으로 움직이는 경향이 강합니다. 따라서 여러 산업과 기업에 분산 투자된 인덱스 ETF라 하더라도 결국은 주식에만 투자하는 셈이므로, 같은 계좌 안에 채권 ETF를 함께 보유한다면 전체적인 계좌의 변동성을 줄이는 데 도움이 됩니다.

채권만큼 강한 음의 상관관계를 보이지는 않지만, 금 ETF 역시 주식과 함께 보유할 경우 계좌의 변동성을 낮추고 장기 수익률 개선에 일정 부분 기여할 수 있는 자산입니다. 따라서 포트폴리오의

◆   환율 변동에 따른 위험을 없애기 위해 현재 수준의 환율로 수출이나 수입, 투자의 거래액을 고정시키는 것을 말한다. 환율이 오를 경우의 이익을 포기하는 대신 환율이 내릴 경우의 손해를 막는 것이 목적이다.

일부를 금 ETF로 구성하는 것도 고려해볼 만합니다. 참고로 현재 국내 주식시장에 상장된 금 ETF는 국제 금 시세를 추종하는 ETF와 국내 금 시세를 추종하는 ETF로 나뉘어 있으므로 같은 금 시세를 추종하는 ETF라도 가격 변화에 차이가 있을 수 있습니다. 2025년 2월과 10월, 2026년 1월에는 국내 금 시세가 과하게 오르다 보니 일정 기간 동안은 국제 금 시세보다 10퍼센트 이상 높은 가격으로 거래되기도 했습니다.

매월 생활비 받는 월배당 ETF

여러 종류의 ETF 중 최근 투자자에게 각광받는 것이 바로 '월배당 ETF'입니다. 월배당 ETF는 말 그대로 매월 분배금을 지급하는 ETF로, 자산운용사가 ETF에 편입된 기업들로부터 받은 배당금을 모아 지급 주기를 월 단위로 나누어 투자자에게 매달 분배금을 지급하는 상품입니다.

투자 규모가 크지 않을 때는 월배당 ETF를 보유하더라도 분배금을 12개월로 나눠 받기 때문에 실제 월 수령액이 적어 매력적으로 느껴지지 않을 수 있습니다. 그러나 오랜 기간 적립식으로 S&P500이나 나스닥100을 추종하는 ETF에 투자해 자산 규모를 충분히 키웠다면, 이후 인덱스 ETF 비중을 줄이고 월배당 ETF의 비중을 늘리는 전략을 통해 매달 받는 분배금을 생활비에 보탬이 되는 수준으로 키울 수 있습니다.

일부 투자자들은 인덱스 ETF의 연평균 수익률이 높으니 인덱스 ETF로만 운용하다 인출을 해야 하는 시점에 ETF를 분할 매도하여 해당 자금을 인출해서 쓰면 된다고 이야기합니다. 하지만 막상 인출 시점에 변동성을 수반한 인덱스 ETF를 팔아서 필요한 자금을 인출하는 건 심리적으로 굉장히 부담되는 일입니다. 당장 필요한 생활비를 꺼내 써야 하는데 주식시장 분위기가 좋으면 좋은 대로 ETF 가격이 더 오를까 봐 팔기 어려워하고, 반대로 시장 분위기가 좋지 않거나 크게 하락하는 시기에는 떨어진 ETF 가격으로 팔기가 아까워서 못 팔게 되는 이러지도 저러지도 못하는 상황에 마주하게 될 가능성이 큽니다.

하지만 월배당 ETF를 의미 있는 규모로 보유한다면 매달 분배금으로 현금흐름이 만들어지기에, 굳이 ETF를 팔아서 인출할 자금을 만들지 않아도 됩니다.

정리하자면, 월배당을 적어도 2~3년 이상 꾸준히 지급해온 ETF 같은 경우에는 안정성이 높은 만큼 기대 수익이 높진 않습니다. 따라서 한창 경제활동을 하는 시기에는 매달 안정적으로 들어오는 소득이 있으니 변동성을 감내하고 기대수익률이 높은 인덱스 ETF 위주로 계좌를 운용하는 게 좋습니다. 그러다가 은퇴 시점이 가까워질수록 계좌 내에서 인덱스 ETF의 비중을 줄이고 월배당 ETF의 비중을 높여 안정적인 현금흐름을 만들어 은퇴 후 노후 자금을 인출하는 데 무리가 없도록 준비하시기 바랍니다.

적립식 투자를 위한 2가지 전략, DCA와 대기 자금 활용법

적립식 투자라고 하면 정해진 종목을 매달 꼬박꼬박 사기만 하면 된다고 생각하기 쉽습니다. 하지만 실제로는 투자금을 계좌에 넣고 매수 버튼을 누르기 직전, 망설이는 자신과 마주하는 경우가 생각보다 많습니다. 수익에 대한 기대만큼 원금 손실에 대한 걱정이 앞서기도 하고, 며칠만 기다렸다가 주가가 좀 더 내려가면 사는 것이 낫지 않을까 하는 욕심이 생기기 때문입니다.

이런 심리적 허들은 투자를 처음 시작하는 단계에서는 지극히 당연한 반응입니다. 그러나 장기간 꾸준히 적립식 투자를 해나갈 생각이라면, 매수 시점마다 가격을 고민하는 것은 큰 의미가 없음을 빨리 깨달아야 합니다.

적립식 매수 단계에서 심리적 허들을 뛰어넘는 가장 좋은 방법은 DCADollar Cost Averaging라는 매수 방법을 활용하는 것입니다. DCA는 매수하고자 하는 종목의 가격 등락과 상관없이 일정 간격을 두고 일정한 금액을 꾸준히 매수하는 방식을 말합니다. 이렇게 꾸준

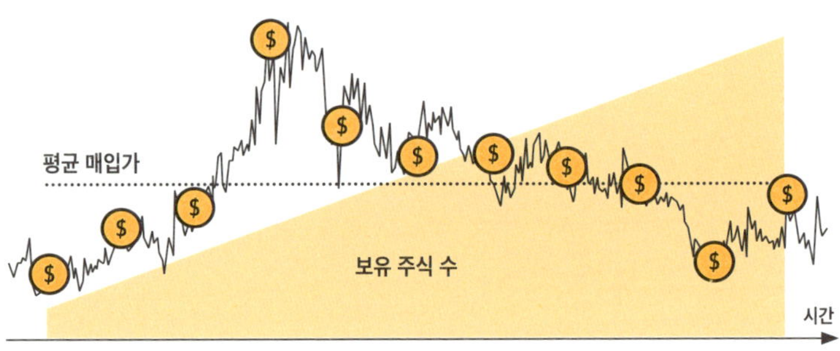

정액 분할 매수는 자산 가격이 과도하게 높을 때 매수하는 위험을 줄여줌

히 적립식으로 매수할 경우 자연스럽게 가격이 높아질 때는 적게 사고, 낮아질 때는 많이 사게 됨으로써 평균 매입 단가를 평탄화하며 수량을 늘려나갈 수 있습니다.

뿐만 아니라 정해진 주기에 따라 매수하다 보면 심리적으로도 한결 편해집니다. 다음 매수 시점에 가격이 오르면 이전에 더 싸게 산 셈이 되어 좋고, 가격이 내리면 더 낮은 가격에 추가 매수를 할 수 있어 좋다는 생각으로 시장 변동에 일희일비하지 않게 됩니다. 여기에 최적의 매수 타이밍을 찾으려 애쓰지 않아도 되기 때문에 시간과 에너지를 절약할 수 있다는 점도 장점입니다.

적정 매수 주기는 정답이 있는 게 아니라 내가 관심과 시간을 얼마나 쏟을 수 있느냐로 결정하면 됩니다. 한 달에 한 번씩 매수해도 되고, 매주 혹은 격주로 정해진 요일에 매수해도 괜찮습니다. 그리고 연간 투자할 수 있는 투자금이 얼마인지를 정하고, 해당 금액을 매수 횟수로 나눠 회당 적립식 투자금으로 얼마를 사용할지를 정하면 됩니다. 예를 들어, 연간 1,200만 원을 한 달에 한 번씩 투자하고자 자금 계획을 세웠다면 매달 100만 원씩 적립식 투자를 할 수 있는 것이고, 100만 원으로 어떤 ETF를 어떤 비중으로 매수할지를 정한 후 기계처럼 감정과 심리를 배제하고 매수하는 게 바로 DCA 방식으로 적립식 투자를 하는 전략입니다.

다만 DCA 방식의 단점도 있습니다. 시장에 어떤 이슈로 인해 변동성이 커지며 큰 폭의 하락이 발생했을 때, 주기적으로 매수하는 자금 외에 추가 자금이 없다면 낮은 가격에 많은 수량을 확보할 기회를 놓칠 수 있다는 점입니다. 하지만 이런 단점은 다음과 같은 전략을 활용하여 일부 보완이 가능합니다. 바로 연금계좌나 ISA의 연간 납입 한도에서 일정 금액은 DCA 방식으로 정기적인 적립식 매수를 진행하고, 나머지 금액은 대기 자금으로 남겨놓았다가 변동성이 확대되는 시점에 활용하는 전략을 구사하는 것이죠.

예를 들어, 연간 납입 한도가 1,800만 원인 연금계좌에서 1,200만 원은 DCA 방식으로 매월 100만 원씩 적립식 투자를 합니다. 그리고 나머지 600만 원은 대기 자금으로 뒀다가 1년에 한두 번씩 큰 폭의 하락이 있을 때 비정기적인 추가 매수 자금으로 활용하는 것이죠. 이 정기적 매수 방식과 비정기적 매수 방식을 함께 사용하는 전략은 혹시 모를 하락이라는 기회를 활용할 준비를 해뒀다는 심리적 안정감을 확보할 수 있습니다. 또한 투자 성과의 측면에서도 하락이 심한 시기에 평소보다 싼 가격으로 많은 수량을 추가로 모을 수 있기에 DCA 방식으로만 투자하는 것보다 좀 더 나은 성과를 기대해볼 수도 있습니다. 하지만 이는 어디까지나 시장 상황이 맞아떨어졌을 때의 이야기이므로 장기간 상승을 이어가는 장세에서는 투자금을 전부 투자하는 게 일부 자금을 대기 자금으로 두는 것보다 나을 수도 있다는 사실 또한 기억해야 합니다.

환헤지와 환노출, 무엇이 더 유리할까?

해외 주식형 ETF는 주가 외에도 환율이라는 변수가 수익률에 영향을 미칩니다. 이에 일부 ETF는 환율이라는 변수를 파생상품을 통해 고정함으로써 환율 변동에 따른 가격 변화을 차단하기도 합니다. 다만 이런 환헤지 상품은 환율을 고정하는 데 드는 헤지 비용이 운용 보수 외에 추가로 발생하기 때문에, 장기간 보유하기보다는 환율이 과도하게 높다고 판단될 때 일정 기간 활용하는 것이 바람직합니다. 이는 환헤지 비용이 장기적으로는 환노출 ETF 대비 수익률을 낮추는 부담 요인으로 작용할 수 있기 때문입니다.

또한 원·달러 환율의 장기 추이를 보면, 환율은 점진적으로 상승해왔음을 알 수 있습니다. 이 같은 특성을 고려할 때, 환헤지 상품

　　　　　　　　　　　　　　　　　　　　　[내 집 마련 후]

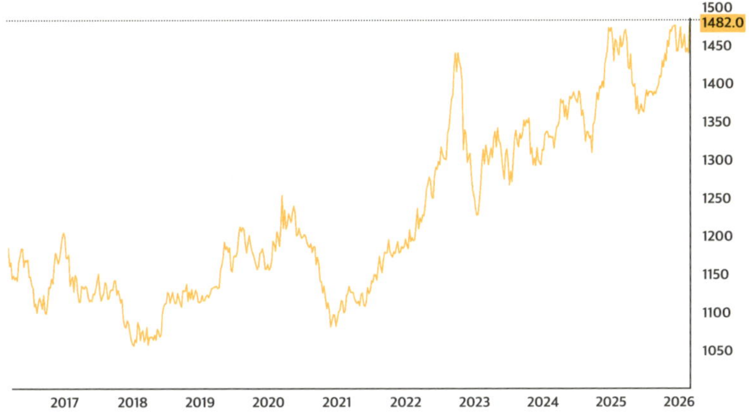

을 장기간 보유할 경우 환율 상승으로 얻을 환차익 기회를 놓칠 수 있다는 점도 감안해야 합니다. 종합하면, 연금계좌나 절세계좌에서 장기간 적립식으로 운용할 해외 주식형 ETF, 특히 인덱스 ETF는 종목명에 '(H)'가 붙은 환헤지 상품보다는 비용이 더 저렴하고 환차익까지 기대할 수 있는 환노출 상품에 투자하는 것이 장기 수익률 측면에서 유리합니다.

국내 주식형 ETF를
연금계좌에서 투자하는 것을 지양하는 이유

앞서 설명했듯이 과세이연 혜택을 받을 수 있는 연금계좌나 ISA에서는 미국 S&P500이나 나스닥100과 같은 인덱스 ETF를 중심으로 자산을 모아가는 것이 바람직합니다. 다만 글로벌 증시 환경에 따라 일시적으로 해외 주식형 ETF보다 국내 주식형 ETF의 투자 분위기가 더 좋은 시기도 있습니다. 이처럼 국내 주식형 ETF의 기대수익률이 상대적으로 높아 보이는 시기에는 반드시 함께 고려할 요소가 있는데, 바로 세금입니다.

일반 주식 계좌와 ISA에서는 국내 주식형 ETF의 매매 차익이 비과세입니다. 반면 연금저축펀드나 개인형 IRP에서는 국내 주식형 ETF로 수익이 발생할 경우, 해당 매매 차익은 운용 수익으로 분류되어 과세 대상이 됩니다. 즉, 향후 연금으로 수령 시에는 5.5~3.3퍼센트의 연금소득세가 원천징수되며, 계좌를 해지하거나 연금 외 방식으로 수령하면 16.5퍼센트의 기타소득세가 원천징수됩니다. 다시 말해 같은 국내 주식형 ETF를 일반 계좌나 ISA에서 매수했다면 매매 차익이 비과세인 데 반해, 연금저축펀드나 개인형 IRP에서는 매매 차익에 연금소득세 또는 기타소득세가 부과된다는 점에 유의해야 합니다.

따라서 국내 주식형 ETF의 기대수익이 좋을 거라 여겨지는 시기에는 세금을 내지 않아도 되는 일반 계좌나 ISA에 담아 투자하면 매매 차익에 대한 비과세를 받을 수 있습니다.

매매 차익에 대한 과세 유형	연금저축 펀드	개인형 IRP	중개형 ISA	일반 주식 계좌
해외 주식형 ETF	과세이연 후 연금소득세(5.5~3.3%) 또는 기타소득세(16.5%)		과세이연 후 만기 해지 시 비과세 & 분리과세 (9.9%)	배당소득세 (15.4%)
국내 주식형 ETF			비과세	비과세

지금까지 내 집 마련 이후의 현금흐름 관리 방법부터, 어떤 계좌에서 무엇을 어떤 방식으로 모아가야 하는지, 그리고 세금까지 함께 살펴봤습니다. 내용이 방대하고 서로 비슷해 헷갈리는 부분이 있다 보니, 한 번에 완벽히 이해되지 않는 것이 당연합니다. 그래도 걱정할 필요는 없습니다. 이 모든 과정은 단기간에 완성해야 할 목표가 아니라, 충분한 시간을 두고 이해되는 부분부터 차근차근 실행하며 장기적으로 이어가야 할 이야기이기 때문입니다.

일단 비대면으로 계좌부터 개설하기 바랍니다. 비대면의 경우 금융회사 간 경쟁으로 수수료와 비용이 대부분 최저 수준으로 비슷합니다. 이후 계좌 잔액이 커져 수수료 등이 부담스러워지면, 그때 가서 더 유리한 조건을 제시하는 곳으로 계좌를 옮겨도 됩니다. 따라서 지금 단계에서는 세부 조건에 지나치게 고민하기보다는, 평소

익숙하게 이용하던 금융회사에서 비대면으로 계좌를 개설하는 것이 우선입니다.

지금까지 설명한 내용을 바탕으로 절세계좌에서 ETF를 중심으로 운용하기 위해서는 '연금저축펀드'는 증권사에서 개설해야 하고, '개인형 IRP'는 증권사와 은행에서 모두 개설이 가능하지만 ETF 상품의 선택 폭이 증권사에서 개설한 개인형 IRP가 훨씬 넓다는 차이점이 있습니다.

한편 ISA의 경우 주식이나 ETF로 운용하기 위해서는 증권사에서 '중개형 ISA'를 개설해야 하고, 저축은행 정기예금과 같은 원리금 보장 상품을 중심으로 안정적으로 운용하기 위해서는 은행에서 '신탁형 ISA'를 개설하면 됩니다. 계좌 개설은 당장 돈이 드는 게 아니고, 만들었다고 바로 투자금을 넣고 상품으로 운용해야 하는 것도 아닙니다. 활용은 나중에 현금흐름이 나아지는 미래 시점에 해도 되기에 일단 목적에 맞게 계좌 개설부터 해두면 됩니다.

감당 가능한 대출을 활용하여 내 집 마련을 하고 난 이후에는 당연히 현금흐름이 여유롭지 못해 금융자산을 모아나갈 여력이 없지만, 시간이 지날수록 현금흐름은 개선되는 구조라는 걸 기억해야 합니다. 또한 시간이 흐르며 나아진 잉여 현금흐름이 소비가 늘어나는 데 사용되지 않도록 끊임없이 소비 패턴과 내역을 점검해야 하는 점도 잊지 말아야 합니다.

마지막으로 우리는 수익률을 의지대로 정할 수는 없지만, 시간을 내 편으로 만드는 일은 충분히 가능합니다. 그렇기에 특정 종목에서 큰 수익을 기대하기보다는, 미래의 나에게 선물을 보낸다는 마음으로 하루, 한 달, 1년이라는 시간에 꾸준히 투자해보기 바랍니다. 타인과의 비교에서 오는 조바심만 잘 다스린다면, 여러분의 경제적 미래는 분명 여유롭고 안정적일 것입니다.

4

[갈아타기]

나만의 강남을 찾고 싶다

더 좋은 동네, 더 새로운 신축,
더 큰 집으로 갈아타기

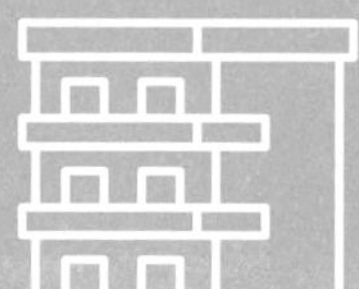

큰 용기를 갖고 막중한 부담감을 이겨내며 마련한 첫 집. 심사숙고한 끝에 선택한 만큼, 매수 초기에는 불편한 부분보다 만족스러운 부분이 더 크게 느껴집니다. 그러나 시간이 지나면서 가족 구성원이 늘거나 근무지가 바뀌는 등 다양한 변수가 생기면 상황이 달라집니다.

처음 집을 살 때는 앞으로 필요한 조건까지 모두 갖춘 집을 살 수 있다면 좋겠지만, 현실적으로 그런 집은 대단히 비쌀 수밖에 없기에 선택이 불가능합니다. 그래서 대부분은 현재 시점에 필요한 조건을 충족하는 집을 마련한 뒤, 생활 환경의 변화에 따라 새로운 조건을 갖춘 집으로 이사하게 됩니다. 이를 소위 '갈아타기'라고 합니다. 다만 한정된 자산과 현금흐름으로 최선의 선택을 해야 하는 만큼, 갈아타기 과정에서는 여러 요소를 꼼꼼히 따져봐야 합니다.

그래서 이번 장에서는 최소 한 번은 내 집 마련을 해봤던 유경험자들이 더 나은 조건을 갖춘 다음 집으로 갈아타기 할 때 고민할 내용과 알아두면 좋을 내용에 대해 소개합니다. 여러분의 갈아타기가 애매한 '옆그레이드'가 아닌 확실한 '업그레이드'가 되기 위해서는 이 장의 내용을 꼼꼼히 읽어보시기 바랍니다.

갈아타기를 고민하게 되는 상황이 반드시 온다

과거에는 한 동네에 정착해 오랫동안 거주하는 경우가 많았지만, 요즘은 일정 기간 살다가 기회를 봐서 더 나은 집으로 갈아타는 것이 선택이 아닌 필수처럼 여겨집니다. 부동산 가격이 꾸준히 오르면서 언론과 SNS, 그리고 주변 사람들로부터 갈아타기를 통해 자산을 늘렸다는 이야기를 자주 접하다 보니, 가만히 있으면 뒤처진다는 인식이 자연스럽게 자리 잡았기 때문입니다. 그래서 많은 사람이 다음과 같은 이유로 갈아타기를 고민하고 있습니다.

결혼 및 근무지의 변동

과거에는 결혼과 함께 신혼집을 마련하거나, 신혼 시절을 전세나 월세로 보내다가 몇 년 뒤 내 집 마련을 하는 경우가 일반적이었습니다. 그러나 최근에는 결혼 시기가 점점 늦어지면서, 결혼보다 내 집 마련을 먼저 하는 사람들도 흔히 볼 수 있습니다. 이 경우 결혼 이후에는 본인의 니즈뿐 아니라 함께 살아갈 배우자의 니즈까지 고려해야 하며, 혼자 결정하던 선택이 부부가 함께 고민하고 결정해야 하는 문제로 바뀝니다.

대표적인 사례가 부부 각자의 직장 거리와 출퇴근 수단을 고려한 주거지 선택입니다. 결혼 전 예비 신랑이 회사 근처에서 살고 있었더라도, 예비 신부의 직장이 지나치게 멀다면 두 사람이 모두 무리 없이 출퇴근할 수 있는 지역으로 옮기려 할 겁니다. 또한 결혼을 통해 보유 자산과 현금흐름이 늘어나면서, 이전보다 입지가 좋고 조건이 나은 상급지로 갈아타고자 하는 욕구가 자연스럽게 생기기도 합니다. 나아가 신혼집을 마련한 이후에도 이직이나 근무지 이전, 발령 등으로 출퇴근 여건이 바뀌면 다시 갈아타기를 고민하게 되는 경우도 적지 않습니다.

출산 및 교육

결혼이 혼자였던 삶을 바꾸는 중요한 전환점이라면, 출산은 그보다 더 큰 삶의 변화를 가져오는 사건입니다. 부부 둘이 살기에는 충분히 만족스러웠던 집이라도 아이를 맞이하는 순간, 세상을 바라보는 관점이 달라지며 이전에는 보이지 않던 요소들이 눈에 들어오기 시작합니다. 그렇게 부모가 되면서 자연스럽게 자녀 양육에 더 적합한 환경을 갖춘 곳으로 갈아타기를 고민하게 됩니다.

잠깐 제 이야기를 하겠습니다. 결혼 후 신혼집을 마련할 당시, 언젠가 아이를 낳을 것을 고려해 걸어갈 수 있는 거리에 초등학교가 있는 이른바 '초품아'를 선택했습니다. 단지 바로 옆에 초등학교가 있었기에 최소 10년은 무리 없이 거주할 수 있을 것이라 생각했습니다.

하지만 실제로 아이를 낳고 키워보니, 초등학교와의 거리뿐 아니라 어린이집과 유치원, 아이가 걸어서 다닐 수 있는 학원이나 어린이 전용 시설의 유무까지 보게 되었습니다. 더 나아가 당시에는 미처 몰랐지만, 해당 초등학교의 학생 수가 매년 증가하는지 감소하는지도 중요한 요소임을 깨달았습니다. 제가 살던 아파트 옆 초등학교는 학생 수가 줄고 있었고, 주변에는 학원가도 형성되어 있지 않았습니다. 결국 저는 더 늦기 전에 아이를 키우기 좋은 동네로 이사해야겠다고 결심하게 되었습니다.

다시 본론으로 돌아와 이야기를 이어가면, 자녀가 태어난 지 얼마 안 되었을 때는 현재 거주하는 집에 별다른 불편을 못 느낄 수도 있습니다. 하지만 자녀가 커가며 본격적인 교육을 시켜야 할 시기가 되면, 면학 분위기가 잘 조성된 학군지로 이사를 가고자 하는 부모의 니즈가 점점 커집니다. 즉, 더 좋은 환경에서 아이를 키워야 한다는 필요성을 강하게 느끼며 자연스럽게 갈아타기를 하게 되는 것이죠.

자녀들의 독립과 은퇴

앞선 사례들과는 달리, 은퇴 전후 시점에도 갈아타기 니즈가 생길 수 있습니다. 보통 은퇴 전후의 나이로 접어들면 자녀들이 독립하거나 결혼으로 출가하는 경우가 많아, 이를 계기로 기존 주택을 매도하고 부부 둘이 노후를 보낼 새로운 집으로 갈아타는 선택을 하기도 합니다. 이 과정에서 자녀들과 함께 살던 넓은 집에서 평수를 줄여 가거나, 상품성이 아쉬운 구축 아파트에서 최신 설비와 커뮤니티 시설을 갖춘 신축으로 옮기기도 합니다. 또한 기존 주택을 매도해 더 낮은 가격대의 주택으로 이사한 뒤, 남는 자금으로 출가한 자녀의 경제적 지원을 하는 경우도 적지 않습니다.

자산 증식 또는 부동산 자산의 비중 확대

거주 환경에 특별한 불편이나 아쉬움이 없더라도 갈아타기를 고려하는 경우가 있습니다. 실거주 주택의 가격 상승을 통한 자산 증식을 기대하거나 금융자산의 비중을 줄이고 부동산 자산의 비중을 높이고자 할 때입니다.

대출을 활용해 내 집 마련을 하고 실거주를 하다 보면, 시간이 지날수록 분할 상환으로 대출 잔액은 줄어들고 집값은 상승하는 과정을 경험하게 됩니다. 대출 잔액이 줄어들면서 이자 부담은 점차 줄어드는 반면 소득은 증가하며 잉여 현금흐름이 점차 늘어납니다. 이런 과정을 거치면 자연스럽게 현재의 잉여 현금흐름을 바탕으로 다시 대출을 활용해 더 비싼 집으로 갈아타고 싶다는 생각을 하게 됩니다.

한편 자산 증식보다는 금융자산과 부동산 자산의 비중을 조절하기 위해 갈아타기를 선택하는 경우도 있습니다. 소득이 증가하거나 사업이 잘돼서, 금융자산 투자에서 기대 이상의 수익을 거뒀거나 상속·증여 등으로 금융자산 규모가 크게 늘어나는 경우가 이에 해당합니다. 이처럼 금융자산이 과도하게 커져 관리 부담이 느껴질 때, 현재보다 더 비싼 집으로 갈아탐으로써 주거 만족도를 높이는 동시에 금융자산과 부동산 자산의 비중을 합리적으로 조정할 수 있습니다.

'옆그레이드'가 아닌 확실한 '업그레이드'를 위하여

　'갈아타기'는 당근마켓에서 물건을 사고팔듯 간단히 처리할 수 있는 일이 아닙니다. 상당한 시간과 비용, 에너지가 필요합니다. 내가 살던 집을 사는 사람과 새로 매수할 집을 파는 사람이 각각 존재하다 보니, 계약 과정은 열차처럼 서로 촘촘히 연결되어 있습니다. 여기에 임차인까지 얽혀 있다면 상황은 더욱 복잡해집니다. 이 과정에서 어느 한 부분이라도 어긋나거나 놓치게 되면 계약 이후 난감한 상황에 처할 수 있고, 더 나은 조건의 집으로 옮기기 위해 갈아타기를 진행했음에도 모든 절차를 마치고 나면 '업그레이드'가 아닌 '옆그레이드'에 그쳐 후회하게 될 수도 있습니다.

　지금부터 소개할 내용을 차분히 따라가다 보면, 갈아타기 과정에서 큰 문제 없이 성공적인 '업그레이드' 갈아타기를 해내실 수 있을 것입니다.

입지, 면적, 상품성 중 최소 하나 이상은
반드시 업그레이드하기

갈아타기를 결정할 때 기준으로 삼아야 할 핵심 요소는 크게 3가지로 꼽을 수 있습니다. 바로 입지, 면적, 상품성입니다.

'입지' 업그레이드는 기존에 살던 곳보다 더 나은 지역으로 주거지를 옮기는 것을 의미합니다. 예를 들어 3대 중심업무지구에 더 가까운 곳, 역세권, 학교와 학원이 밀집한 학군지, 편의시설과 상권이 잘 갖춰진 지역, 또는 평지이면서 강이나 공원 등 녹지 공간이 풍부한 곳으로 이동하는 것이 입지 업그레이드에 해당합니다.

'면적' 업그레이드는 말 그대로 더 넓은 평수의 집으로 옮기는 것을 의미합니다. 예를 들어 전용면적 59제곱미터에서 84제곱미터 또는 그보다 큰 면적의 주택으로 갈아타는 경우가 이에 해당합니다. 주로 자녀 출산으로 가족 구성원이 늘어나거나, 자녀 성장에 따라 살림이 많아지면서 면적 업그레이드에 대한 갈아타기 니즈가 커지곤 합니다.

'상품성' 업그레이드는 아파트의 주거 환경과 시설의 수준을 높이는 것을 의미합니다. 일반적으로 지어진 지 20년이 넘은 '구축 아파트'에서 준공된 지 10년 이내의 '신축 아파트'로 갈아타는 경우를 대표적인 상품성 업그레이드 사례로 볼 수 있습니다. 신축 아파트는 지하 주차장, 커뮤니티 시설, 단지 조경 등이 잘 갖춰져 있는 것은 물론, 효율적인 평면도로 전용면적이 구성되어 있기에 구축 아파트와 비교했을 때 상품성의 차이가 큽니다. 예를 들어, 지하 주차장이 없어 주차 난이 심각하고 세로로 긴 2베이 구식 평면의 복도식 아파트에 살다가 신축 아파트로 갈아타면 상품성 측면에서 확연한 차이를 느끼게 됩니다.

3가지 고려 요소인 입지와 면적, 상품성을 모두 업그레이드할 수 있다면 좋겠지만, 한 가지를 업그레이드할 때마다 추가로 필요한 돈을 생각하면 현실적으로 이것들을 모두 업그레이드하는 건 불가능에 가깝습니다. 따라서 이 중 어떤 요소를 우선적으로 업그레이드할지, 자금의 한계로 포기해야 한다면 어떤 요소부터 배제할지를 명확히 해야 합니다. 여기서 성공적인 갈아타기라고 평가할 수 있으려면 최소한 한두 가지 요소는 누가 봐도 확실히 업그레이드되었다고 여길 수 있어야 합니다.

한편 단순하게 집값을 기준으로 봤을 때 팔고자 하는 집의 가격에서 최소 1.5배 이상은 더 비싼 집으로 갈아타기를 해야 유의미한 갈아타기였다는 성적표를 받을 가능성이 높다는 점도 참고로 기억하시면 좋습니다.

갈아타기에 활용할 수 있는 자금 계산하기

대부분의 갈아타기는 현재 거주 중인 집을 매도한 뒤 더 비싼 집으로 이사하는 과정이므로, 갈아타기에 활용할 수 있는 자금 규모를 먼저 정확히 파악하는 것이 중요합니다.

그렇다면 갈아타기에 필요한 자금은 어디에서 마련할 수 있을까요? 가장 큰 비중을 차지하는 것은 기존에 거주하던 집을 매도하면서 확보되는 자금입니다. 여기에 그동안 잉여 현금흐름으로 모아둔 금융자산이나 투자 수익, 상황에 따라 증여·상속 자금이 더해질 수 있습니다. 또한 기존 대출보다 더 많은 대출을 활용해 갈아타기에 필요한 자금을 마련하는 경우도 있습니다.

통상적으로 대부분의 사람은 '기존 보유 주택의 매매 대금'과 '그동안 모으고 굴려왔던 금융자산', 그리고 '승진이나 이직 등 증가한 소득'을 바탕으로 감당 가능한 규모의 대출금을 더한 금액대에서 갈아탈 집의 가격대를 정하는 게 일반적입니다.

기존 주택의 매매 대금을 계산할 때는 보수적으로 계산하는 게 좋습니다. 내가 매도하고자 하는 집과 유사한 조건을 갖춘 매물들이 최근에 얼마에 거래되었는지 실거래가를 파악하는 것은 물론 인근 부동산에 문의하여 매매는 되었으나 아직 실거래가 신고가 되지 않은 건들의 내용을 파악해야 합니다. 그리고 현재 나와 있는 매물들의 조건과 호가를 살펴보고 내가 팔려는 집은 어느 정도의 가격으로 내놓아야 현 시점에서 가장 매력적일 것인가를 판단해야 합니다. 동의 위치와 층, 향, 평면, 인테리어 상태 등을 종합하여 인접한 단지들에 나온 매물까지 함께 고려해 현실적으로 거래가 될만한 매도 호가를 책정해야 계약까지 이어질 수 있는 것이죠.

종종 인테리어 비용이나 취득세라도 마련하자는 생각에 조금 더 비싸게 팔고자 욕심을 부리다가 매도가 늦어져 갈아탈 타이밍을 놓치는 사례가 생각보다 많이 발생합니다. 하지만 갈아타기를 결심했다면 이 정도 가격이면 팔겠다고 정한 기준선에 매수자가 나타났을 때 과감하게 계약을 진행하는 것이 갈아타기의 출발점임을 기억해야 합니다.

다음으로 금융자산의 경우 해외 주식 투자자들이 늘어나며 잉여현금흐름으로 사서 모아놨던 미국 주식에서 유의미한 수익을 거둔 분들이 많이 나오고 있습니다. 그런데 미국 주식의 경우 매매 차익에 대해 22퍼센트의 양도소득세를 내야 함을 잊어선 안 됩니다. 갈아타기를 위해 자금 계획을 지나치게 촘촘하게 세웠다가 미국 주식 양도소득세에 대한 부분을 간과하여 세금을 납부할 돈이 모자라거나, 세금 납부로 인해 갈아탈 자금이 부족해지는 상황이 생길 수 있기 때문입니다. 한편 국내 상장 기업에 투자해 수익이 났을 경우에는 몇 가지 예외 사항이 아닌 이상 매매 차익은 비과세이므로 국내 주식 투자로 인한 수익에 대한 세금은 크게 걱정하지 않아도 됩니다.

마지막으로 갈아타기를 하며 대출을 받는 경우에는 향후 안정적인 소득이 발생할 수 있는 기간이 어느 정도 남았는지, 더 큰 금액대의 부동산으로 갈아타며 금융자산의 비중이 너무 줄어드는 건 아닌지, 노후를 위한 금융자산은 적정하게 마련되고 있는지 등을 고려해야 합니다. 소득이 발생할 수 있는 잔여 기간이 얼마 남지 않았는데 무리한 대출을 받거나, 은퇴 후 사용할 목적의 금융자산이 얼마 없이 부동산 자산의 비중만 커진다면 향후 현금흐름의 부족으로 인해 원치 않는 시점에 부동산을 팔아야 할 수 있기 때문입니다.

갈아타기 과정에서
기존 주택을 매도할 때 반드시 신경 써야 할 '중도금'

갈아타기 과정에서 많은 사람이 놓치는 부분 중 하나가 기존 주택 매도 계약 시의 '중도금'입니다. 갈아탈 집을 먼저 매수하는 경우도 있지만, 일반적으로는 기존 집을 먼저 매도한 뒤 새 집을 매수하게 됩니다. 이때 매도 계약에서 관례대로 매매가의 10퍼센트만 계약금으로 받고, 중도금을 거의 받지 않거나 아예 받지 않는 경우가 있습니다. 하지만 이런 방식으로 매도 계약을 체결하면, 새로 매수하려는 집의 계약에서 중도금을 요구받을 경우 자금 운용이 막혀 난감한 상황에 처할 수 있습니다.

갈아탈 집의 잔금은 보통 주택담보대출로 마련하지만, 소유권 이전 전에 지급해야 하는 중도금은 자력으로 준비해야 하는 경우가 많습니다. 이때 기존 주택 매도 계약에서 받은 계약금 10퍼센트와 보유 금융자산을 합한 금액이 매수 계약에서 요구되는 중도금보다 부족하면 계약은 성사되기 어렵습니다. 특히 갈아탈 집이 기존 집보다 더 비싼 경우가 대부분이어서, 매도자가 중도금으로 20~30퍼센트만 요구해도 절대 금액이 상당합니다.

따라서 갈아탈 집의 매수 계약에서 중도금이 필요할 수 있음을 고려해, 기존 주택을 매도할 때는 매수 계약 조건에 맞춰 중도금을 언제, 얼마를 받을지 미리 계산하고 그 내용을 매도 계약서에 최대한 반영해야 합니다. 쉽게 말해, 살던 집을 팔면서 중도금을 받아 이 돈을 갈아타려는 집의 중도금으로 줘야 한다는 것입니다. 이 내용은 갈아타기 과정의 핵심 중 하나이니 반드시 기억하시기 바랍니다.

놓치기 쉬운 갈아타기 부대 비용

갈아타기 과정에서는 생각보다 다양한 부대 비용이 발생합니다. 그중 가장 먼저 고려할 항목이 바로 '양도소득세'와 '취득세'입니다.

양도소득세는 1가구 1주택 기준으로 기존 주택의 매도 금액이 12억 원 이하일 경우에는 발생하지 않지만, 매도 금액이 12억 원을 초과하면 고가주택으로 분류되어 초과분에 대해 양도소득세를 신고 및 납부해야 합니다. 구체적인 세액은 보유 주택 수, 취득 시점, 보유·거주 기간 등에 따라 달라져 일률적으로 정할 수는 없지만, 12억 원을 초과한 주택의 양도차익에는 양도소득세가 부과된다는 점을 반드시 인지해야 합니다.

또한 갈아탈 집을 취득하는 과정에서 취득세도 발생합니다. 취득세는 취득가액과 조정 대상 지역 여부, 주택 면적 등에 따라 세율이 달라지므로, 매수하려는 주택의 취득세를 사전에 꼼꼼히 계산해봐야 합니다.

다음으로 고려할 부대 비용은 '중개 수수료'와 '법무사 보수'입니다. 갈아타기는 매도와 매수가 동시에 진행되기 때문에 경우에 따라 계약마다 중개 수수료를 지불해야 해서 비용 부담이 커질 수 있습니다. 이를 줄이기 위해서는 기존 주택 매도 계약을 진행한 부동산 중개인에게 갈아탈 집의 매수 중개까지 함께 요청하는 방법이 있습니다. 지역과 매물에 따라 차이는 있지만, 공동 중개 방식으로 매도·매수 계약을 연계해 진행하는 경우도 많습니다.

매도와 매수 계약을 한 명의 중개인이 함께 진행할 경우 중개 수수료에 대한 협상 여지도 생깁니다. 기존 주택 매도를 성사시킨 중개인에게 갈아탈 집의 매수까지 맡기고, 두 계약의 중개 수수료를 합리적인 수준으로 협의한다면, 중개인과 매수·매도자 모두에게 윈윈이 되는 결과를 만들 수 있습니다.

한편 소유권 이전 등기 업무 처리에 대한 법무사 보수는 법무통 앱을 통해 최저 보수를 제시하는 법무사 사무실에 소유권 이전 등기를 의뢰할 수 있고, 주택담보대출에 대한 근저당권 설정 등기를 할 은행 측 법무사와 협의하여 보수를 최소화할 수도 있습니다.

마지막으로 인테리어 비용도 중요한 고려 사항입니다. 매수하는 집이 완전 신축이라면 필요 없을 수 있지만, 지어진 지 오래된 집일수록 인테리어 공사가 필요한 경우가 많습니다. 인테리어 비용은 공사 범위와 자재에 따라 크게 달라지므로 먼저 공사의 범위를 정해야 합니다. 이때 큰 비용을 차지하는 항목인 시스템 에어컨 설치 또는 교체, 창호 교체, 발코니 확장 공사 여부 등을 먼저 정하는 게 좋습니다.

굵직한 공사의 유무를 정하고 난 후 확정된 공사 범위에 따라 자재 선정까지 어느 정도 마무리되었다면 인테리어 비용 계산이 가능해집니다. 상황에 따라서는 인테리어 비용 외에 가구나 가전제품을 새 집에 맞게 새로 장만할 수 있으니 이 부분도 함께 고려하는 것이 좋습니다.

상승장과 하락장 중
최적의 갈아타기 시점은 언제일까

갈아타기를 준비하다 보면 부동산 사이클에서의 상승장과 하락장 중 어느 시점이 유리한지 고민하게 됩니다. 가격만 놓고 보면 하락장에서는 내 집보다 갈아타려는 더 비싼 집의 가격 하락 폭이 절대 금액 기준으로 더 크게 나타납니다. 예를 들어 10억 원짜리 집과 15억 원짜리 집이 각각 30퍼센트 하락할 경우, 가격은 각각 7억 원(-3억 원)과 10.5억 원(-4.5억 원)이 됩니다. 그 결과 두 집의 가격 차이는 5억 원에서 3.5억 원으로 줄어듭니다.

하지만 문제는 가격이 하락하는 시기에는 추가 하락에 대한 경계심과 부담감으로 매수자들이 급격히 줄기 때문에, 기존 주택을 매도하기가 굉장히 어려워질 수 있다는 점입니다. 따라서 가격만 보고 하락기를 기다렸다가 그 시점에 맞춰 갈아타겠다는 계획은, 실제 시장 상황과 어긋날 가능성이 있다는 점을 염두에 두어야 합니다.

반대로 상승장에는 하락장에 비해 거래가 활발하여 내 집을 매도하는 게 덜 어렵지만 갈아타려고 하는 상급지 집값은 더 많이 올랐기에 필요한 자금이 더 늘어납니다. 앞서 예시로 들었던 10억짜리 집과 15억짜리 집이 30퍼센트가량 올랐다고 했을 때 각각 3억과 4.5억이 올라 두 집의 차이는 5억에서 6.5억으로 금액 차이가 더 벌어지는 것이죠. 갈아타는 데 필요한 자금은 물론 그만큼 취득세나 중개 수수료 등의 부대 비용도 늘어나기 때문에 자금 계획에 차질이 생겨 내 집을 팔고 한정된 자금에 맞춰 갈아타기를 하다 보니 애매하게 옆그레이드할 가능성도 배제할 수 없습니다.

정리하자면, 상승장과 하락장 중 언제 갈아타는 게 유리한지는 여러 가지 요소들과 상황을 종합적으로 고려해야 합니다. 내 집이 팔리고 갈아탈 집을 찾는 상황에 대출이나 부동산 시장에 규제 정도에 따라서 유불리가 달라지기도 합니다. 따라서 이론적인 최적의 타이밍을 찾으려 하기보다는 갈아타기에 대한 필요성이 생긴 시점에 자금 계획 및 규제에 대한 상황 파악이 어느 정도 되었다면 그냥 갈아타기 프로세스에 맞춰 실행하는 게 더 좋은 결과로 이어질 확률이 높습니다.

갈아타기 프로세스 총정리

첫 집을 마련할 때는 보유 자금과 대출을 활용해 매수에만 집중하면 되지만, 갈아타기를 할 때는 기존 주택 매도와 새로운 집 매수를 동시에 진행해야 합니다. 그만큼 이해관계자도 많아지고, 고려할 변수와 상황 역시 첫 집 마련과는 비교할 수 없을 정도로 늘어납니다. 이 과정에서 예상치 못한 이슈에 대응하다 보면 불필요한 비용이 발생하거나 자칫 계약 이행에 차질이 생길 수도 있습니다.

이런 상황을 미연에 방지하기 위해, 지금부터 갈아타기 과정을 순서대로 소개하겠습니다. 이 내용을 바탕으로 계획과 전략을 세운다면, 큰 변수나 돌발 상황 없이 물 흐르듯 자연스럽게 성공적인 갈아타기를 할 수 있을 것입니다.

갈아타기 자금 계산하기

갈아타기는 정확한 자금 계산에서부터 시작됩니다. 현재 보유한 금융자산과 부동산 자산을 현금화하는 데 걸리는 시간, 매도 시 상환할 부채와 납부할 세금을 제외한 순수 조달 가능 금액, 감당 가능한 대출 규모, 그리고 갈아타기 과정에서 발생할 각종 부대 비용까지 종합적으로 정리해 계산해야 합니다.

갈아타기는 단순히 총금액만 계산해서는 부족합니다. 매도와 매수 계약 과정에서 자금의 유입과 유출이 여러 단계로 나뉘기 때문에, 일정 기간 자금 공백이 발생할 수 있습니다. 따라서 타임라인에 맞춰 언제, 어디에서, 얼마의 자금이 들어오고 나가는지를 촘촘히 파악해야 합니다. 이런 자금 흐름을 정리한 뒤에야, 어느 가격대와 어떤 지역으로 갈아탈지에 대한 후보군을 설정하고 본격적인 갈아타기 여정을 시작할 수 있습니다.

이렇게 갈아타기를 위한 자금을 계산하다 보면 확실히 업그레이드되는 갈아타기를 위해서는 추가로 필요한 자금이 꽤 많다는 걸 깨닫게 되는데요. 그래서 많은 이들이 부족한 자금을 대출로 메우려 합니다. 그런데 계약서에 도장을 찍고 난 뒤, 당연히 나올 줄 알았던 대출에 문제가 생길 경우 계약을 취소하거나 조건을 변경하기는 불가능에 가깝습니다.

따라서 갈아타기 자금을 계산하는 시점부터 규제 지역 및 대출 규제 현황과 DSR, DTI, LTV 등에 대한 기준과 내용을 꼼꼼히 점검하여 최근 바뀐 내용이 있는지를 사전에 파악하고, 활용하고자 하는 대출을 계획대로 잘 받을 수 있도록 준비해야 합니다.

팔 집과 살 집의 현장 상황 파악하기

갈아타기를 위해서는 내가 팔아야 할 동네의 현장 분위기와 대기 수요자들의 상황, 그리고 갈아타고자 하는 동네의 시장 분위기와 매도자들의 상황을 동시에 파악해야 합니다. 매도 이후 일정 시차를 두고 매수하는 것이 아니라 두 과정이 동시에 진행되기 때문에, 팔려는 지역과 사려는 지역의 시장 상황을 병행해 살펴보는 것이 중요합니다.

특히 요즘은 SNS를 통해 정보가 빠르게 퍼지기 때문에, 시장의 반응 속도가 굉장히 빨라졌습니다. 그래서 느긋하게 준비하다 보면 실시간 현장 상황이 아닌 몇 달 전의 정보에 근거해 판단할 위험이 큽니다. 부동산 앱이나 웹사이트, 블로그, 카페 등 다양한 정보 채널이 있더라도, 반드시 직접 발품을 팔아 현장의 현재 분위기와 수급 상황을 확인해야 합니다.

매도 계약, 매수 계약 동시에 진행하기

갈아타기를 할 때는 항상 매도 계약에 앞서, 갈아탈 집의 계약 가능 여부를 먼저 확인해야 합니다. 많은 사람이 기존 집을 먼저 팔고 나서 새 집을 계약하면 된다고 생각하지만, 매수 가능성을 명확히 파악하지 않은 채 매도 계약부터 진행할 경우 문제가 생길 수 있습니다. 이 경우 집은 팔았지만 갈아탈 집을 구하지 못해 일시적으로 무주택자가 되거나, 급변하는 시장 상황에 쫓겨 서둘러 매수하다가 업그레이드가 아닌 '옆그레이드'에 그칠 위험도 있습니다.

따라서 기존 주택 매도 계약에서 계약금을 받기 전에 갈아탈 집의 계약금 입금이 가능한지부터 반드시 확인해야 하며, 매도·매수 계약금은 가급적 동시에 주고받는 것이 바람직합니다. 이와 함께 갈아탈 집 매도자가 요구하는 중도금의 규모와 지급 시기를 명확히 파악해야 합니다. 그래야 기존 주택 매도 계약에서도 이에 맞춰 중도금 규모와 시기를 조정할 수 있고, 자금 집행에 차질 없이 계약을 원활하게 이행할 수 있습니다.

한편 가계약금 혹은 계약금을 주고받기 전에 부동산 중개 수수료도 미리 협의하는 게 좋습니다. 계약서에 도장을 찍고 난 뒤에 중개 수수료를 협의하려 하면 원만하게 일을 진행하기 어려울 수 있습니다. 따라서 매매 계약에서 가계약금을 넣거나 계좌번호를 주고받기 전에 중개 수수료를 부가세 포함 금액 기준으로 명확히 합의

한 뒤 계약을 진행하는 것이 가장 깔끔한 방법입니다.

인테리어와 이사 준비하기

매매 계약서를 작성하면 보통 잔금일은 계약일로부터 약 3개월 전후로 정해집니다. 계약이 체결되었다는 것은 기존 집에서 나와야 하는 날짜와 새 집으로 입주할 수 있는 날짜가 확정되었다는 의미이므로, 이 일정에 맞춰 인테리어와 이사를 준비하면 됩니다. 특히 인테리어 공사는 갈아탈 집의 잔금을 납부하고 기존 거주자가 퇴거한 이후에야 진행할 수 있다는 점을 유의해야 합니다.

이때 갈아탈 집의 잔금은 기존 주택 매도 시 받은 잔금에 추가 자금을 더해 치르는 경우가 일반적입니다. 이 경우 인테리어 공사 기간에는 보관이사와 함께 1~2개월 정도 임시 거주할 공간을 마련해 생활하고, 공사가 마무리되면 보관해두었던 이삿짐과 임시 거주지의 짐을 인테리어가 마무리된 새 집으로 옮기는 방식이 일반적입니다. 상황에 따라서는 기존에 사용하던 가전·가구를 중고로 판매하거나 처분하고, 가전과 가구가 옵션으로 갖춰진 임시 거주지에서 지낸 뒤 새 집 입주 시점에 맞춰 새 가구와 가전을 구입하는 것이 비용과 효율 측면에서 더 합리적인 선택이 될 수도 있습니다.

이사의 경우 수많은 업체가 있지만 반드시 가격과 서비스가 비례하는 건 아닙니다. 아무래도 사람이 하는 일이다 보니 사고가 일어날 수도 있는데요. 따라서 이삿짐 업체에만 전적으로 맡기기보다는 사고를 예방할 수 있는 준비를 미리 해두는 것이 좋습니다. 예를 들어 중요한 물품이나 분실, 파손의 위험이 있는 물건은 가급적 직접 옮기는 것입니다. 또 모든 걸 그대로 가져가기보다는 새로운 공간에서 새로 채우면 된다는 마음으로 이사하는 날 전까지 최대한 짐을 줄이는 것 또한 사고를 예방할 수 있는 하나의 방법입니다.

한편 이삿짐 업체들의 견적을 받을 때는 가격 부분보다는 세부적인 내용을 더 확실히 해둬야 합니다. 예를 들어, 이사 당일에 인부가 몇 명이 오는지, 점심 식대가 포함인지, 대금 지급 방식은 어떠하고 부가세 포함 가격인지, 사다리차 또는 추가 트럭에 대한 비용은 어떻게 되는지 등 세세한 부분까지 명확히 하는 게 향후 문제의 소지를 사전에 차단하는 방법입니다.

대출 조건 비교하기

대출은 잔금일 기준으로 약 한 달 전후로 알아보는 것이 가장 적절합니다. 너무 일찍 신청하면 금융기관에서 접수를 받아주지 않는 경우가 있고, 반대로 잔금일에 임박해 신청하면 준비 기간이 부족해 대출이 거절될 수 있기 때문입니다.

또한 금융기관의 가계대출 취급 현황이나 금융당국의 규제 여부에 따라 대출 상품의 조건은 수시로 달라질 수 있습니다. 따라서 대출을 신청할 때는 여러 금융기관의 상품을 비교한 뒤, 금리와 조건이 가장 유리한 곳을 선택하는 것이 좋습니다. 요즘은 금융기관을 직접 방문해 대면으로 문의하기보다, 금융기관별 대출 금리와 조건을 한눈에 비교해주는 사이트나 대출 중개 서비스, 대출 모집인 등을 활용하면 보다 효율적으로 대출을 알아볼 수 있습니다.

주택담보대출의 경우 인터넷전문은행이나 지방은행, 보험사, 새마을금고 등 2금융권에서 더 좋은 조건을 제시하는 경우도 적지 않습니다. 따라서 대출을 알아볼 때는 시중은행만 고집하기보다 다양한 제도권 금융기관의 상품을 폭넓게 비교해보는 것이 바람직합니다.

새로운 잉여 현금흐름 만들기

갈아타기 프로젝트가 마무리되어 새로운 집에 무사히 입주했다고 해서 모든 과정이 끝나는 것은 아닙니다. 갈아타기는 인생의 한 단계일 뿐이므로, 이후에는 재무 상태를 다시 점검하고 노후를 위한 금융자산 마련에 다시 집중해야 합니다.

갈아타기 과정에서 그동안 모아두었던 금융자산은 줄고, 대출 잔액은 늘었을 가능성이 큽니다. 부담스러운 취득세를 신용카드 할부로 납부하고 인테리어까지 마치고 나면 모든 지출이 끝날 줄 알았는데, 막상 입주를 앞두고 예상치 못한 추가 지출이 계속 발생하기도 합니다.

이처럼 갈아타기 전과 비교해 지출이 늘고 잉여 현금흐름 관리가 어려운 기간이 짧게는 6개월, 길게는 1년 이상 이어질 수 있습니다. 하지만 허리띠를 졸라매는 심정으로 소비를 통제하며 이 시기를 잘 이겨내고, 조금씩 늘어나는 잉여 현금흐름을 활용해 금융자산을 적립식으로 쌓아가야 한다는 걸 꼭 기억하시기 바랍니다.

'모두의 강남'이 아닌 '나만의 강남'을 찾아서

갈아타기는 고려할 사항이 많고, 투입할 시간과 비용 역시 만만치 않습니다. 자금 계획과 전반적인 재무 상황을 고려해 대출 규모를 정하고, 갈아탈 지역과 아파트 평수까지 결정을 마쳤어도, 원하는 시점에 기존 주택이 팔리지 않을 수도 있습니다. 또한 갈아타려는 주택의 매매 가격이 자금 계획 범위 안에 들어오더라도, 잔금 일정이나 중도금 조건 등 매도자가 요구하는 조건을 맞추기 어려워 계약이 성사되지 못하는 경우도 적지 않습니다.

멀리서 보면 갈아타기는 집을 팔고 새 집을 사서 이사하면 되는 단순한 과정처럼 보입니다. 그러나 실제로는 수많은 변수가 얽혀 있고, 일정 부분 운도 따라줘야 합니다. 상황에 따라 서로 양보하고 배려하며 여러 차례 조율을 거쳐야 비로소 갈아타기를 성공적으로 마무리할 수 있습니다.

하지만 너무 복잡하고 어렵다고 생각하며 미루기만 하기에는 성공적인 갈아타기를 통해 얻을 수 있는 것들이 생각보다 많습니다. 편도 한 시간 이상 걸리던 출퇴근 시간이 지하철 한 번 타는 것으로 반 이상 줄어드는 직주근접성의 개선, 오래된 아파트에서는 누리지 못했던 신축 아파트의 커뮤니티 시설과 쾌적한 지하 주차장, 더 넓어진 집에서 각자 자기 방도 생기고 여유롭게 살아가는 가족들, 수준에 맞는 과목별 맞춤 학원들이 많고 대다수가 공부하는 동네 분위기 등등. 여기에 장기간으로 보면 집값은 화폐가치 하락을 방어하며 꾸준히 오르고, 이렇게 집값이 오를 때는 비싼 집이 더 비싸지는 부동산의 속성을 생각했을 때 갈아타기는 자산 증식 측면에서도 갈아타지 않고 기존 집에 계속 사는 것에 비해 향후 더 큰 시세 차익을 기대할 수 있기도 합니다.

다만 갈아타기를 고민할 때는 주변의 성공담에 혹하거나 조바심을 자극하는 분위기에 휩쓸려 무리한 결정을 내려서는 안 됩니다. 냉정한 분석과 판단 없이 막연한 기대감만으로 갈아타기를 추진해서도 안 됩니다. '집'에 대한 의미와 가치는 사람마다 다를 수 있습니다. 하지만 본질적으로 나와 가족들이 살아가는 공간이라는 걸 기억하고, 주거의 핵심 요소는 '안정성'이라는 것 또한 잊어선 안 됩니다.

갈아타기 자금을 마련하기 위해 무리하게 투자했다가 힘들어하는 분, 부동산 시장이나 금리 상황을 지나치게 낙관한 나머지 가격

하락이나 금리 인상에 대비하지 못해 어렵게 갈아탄 집을 어쩔 수 없이 되파는 분도 많습니다. 항상 결과가 좋았던 사람들이 본인의 성공담을 전파하지, 결과가 좋지 못한 사람들은 말이 없기 때문에 우리는 이런 갈아타기의 어두운 면도 있음을 알아야 합니다.

지금까지 소개한 내용 이외에 소유와 거주를 분리하거나 재건축이나 재개발 입주권에 투자하는 방식의 갈아타기도 있긴 합니다. 하지만 그 내용을 굳이 다루지 않은 이유는 그런 방식이 자산 증식 측면에서는 큰 기회가 될 수 있지만, 다른 측면에서 잃는 부분이 더 클 수 있기 때문입니다. 잦은 이사나 불편한 환경에서 소위 말하는 '몸테크'를 하며 가족들이 고생해야 할 수도 있고, 갈아타기를 통해 기대했던 결과에 못 미칠 수도 있으며, 과도한 대출이나 부담스러운 보유세로 인해 현금흐름이 망가져 생활이 빈곤해질 수도 있습니다. 가족 구성원 중 누군가는 그런 결정을 원치 않을 수도 있고, 불편하고 불안정한 주거 환경으로 인해 구성원 간의 갈등이 가정의 불행으로 이어질 수 있는 것이죠.

어떤 이들은 큰 수익을 위해서는 그런 부담을 감수해야 한다고 말합니다. 하지만 집이란 본질적으로 투자의 대상이 아니라 나와 가족 구성원이 안정적으로 거주하는 공간입니다. 그래서 이 책에서는 실거주 주택에서 더 나은 조건의 실거주 주택으로 옮겨 가는 갈아타기 내용만을 다루었습니다.

자산 증식은 부동산을 통해서도 이룰 수 있지만, 우리에게는 금융자산이라는 또 다른 선택지도 있습니다. 쾌적한 공간에서 안정적으로 거주하며 가족과 행복하고 즐거운 추억을 많이 쌓아가고, 그런 긍정적인 요인들을 동력으로 미래를 위한 금융자산을 불려간다면 오히려 부동산이라는 하나의 영역에서만 승부를 보는 것보다 더 높은 확률로 성공이라는 문턱에 다다를 거라 생각합니다. 우리는 부동산과 금융자산 중 하나의 자산만 선택할 이유가 없습니다. 두 자산은 상호 보완의 성격을 갖고 있으니 시장 상황에 맞춰 나에게 유리하고 더 높은 기대 수익을 가져다줄 자산을 선택하면 됩니다.

많은 사람들이 갈아타기의 최종 목적지를 강남이라고 말하지만, 그것이 반드시 나와 우리 가족의 종착지일 필요는 없습니다. 이 장의 내용을 바탕으로 '모두의 강남'이 아니라 '나만의 강남'을 찾길 바랍니다. 나와 가족이 행복하고 건강하게 살아갈 수 있는 진짜 보금자리를 말입니다.

5

[노후 대비]

은퇴를
걱정하는 사람들

수익보다 중요한
절세와 현금흐름 세팅하기

'모두의 강남'이 아닌 '나만의 강남'에 부합하는 곳으로 부동산 자산 갈아타기를 마쳤다면, 이제는 금융자산과 세금 관리에 집중할 시점입니다. 아직 나이가 어리거나 정년이 평균보다 긴 직종에 종사하고 있다면, 인생에서 한두 차례 정도 추가적인 부동산 갈아타기를 시도할 여력이 있을 수도 있습니다. 그러나 일반적인 대다수의 직장인들은 40대 전후부터 자녀 교육비 지출이 본격화되고, 50대 중반 전후로 퇴직을 맞이할 가능성이 높기 때문에, 제한된 잉여 현금흐름을 어디에 어떻게 사용할지가 무엇보다 중요해집니다.

상급지 갈아타기에 과도하게 매몰되면 전체 자산의 대부분이 부동산에 집중되고, 노후를 위해 마련해야 할 금융자산 대신 갈아타기 과정에서 발생한 대출 이자 비용에 잉여 현금흐름이 소진될 수 있습니다. 은퇴 시점이 다가오면 갈아타기로 가치가 상승한 부동산을 활용해 노후 자금을 마련하면 된다고 생각할 수도 있지만, 실제로는 거주 중인 주택을 매도해 현금화하는 일이 생각만큼 쉽지 않을 수도 있습니다. 그 결과 총자산은 많더라도 그 자산의 대부분이 거주하고 있는 부동산(주택)에 묶여 현금흐름이 부족한 노후를 맞는 경우도 적지 않습니다. 따라서 40대 이후에는 특정 자산에 대한 쏠림을 경계하고, 세금 문제까지 충분히 고려하여 부동산 자산과 금융자산을 고루 갖추어야 합니다.

이번 장에서는 자녀가 독립할 때까지, 혹은 그 이후까지도 오랜 기간 안정적으로 거주할 수 있는 '똑똑한 한 채'로 갈아타기를 마친 이후, 절세계좌를 활용해 금융자산을 모으고 운용하는 방법을 소개합니다. 효율적이면서도 장기적으로 지속 가능한 금융자산 형성 및 운용 전략, 은퇴 후 자산을 인출하는 방법까지 차근차근 살펴보겠습니다.

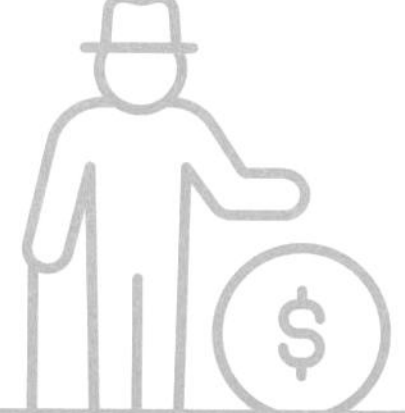

수익보다 중요한 절세, 반드시 알아야 할 세금 지식

금융자산의 완성도를 높이자는 장의 첫 주제가 '세금'이라 다소 의아하게 느껴질 수도 있습니다. 하지만 자산의 규모가 커질수록 수익 못지않게, 때로는 수익보다 더 중요해지는 것이 바로 세금입니다. 높은 위험을 감내하며 큰 수익을 올렸더라도, 이를 실현하는 순간 반드시 세금이 뒤따르기 때문에 세후 수익을 기준으로 자산을 관리해야 합니다. 흔히 세금을 내더라도 일단 수익을 많이 내는 게 중요하다고 하지만, 투자 수익은 개인의 의지대로 조절할 수 있는 영역이 아닙니다.

반면 세금은 제도를 정확히 이해하고 합법적으로 활용한다면, 탈세가 아닌 절세를 통해 세후 수익을 충분히 극대화할 수 있습니다. 수익에 대해 부담할 세금이 줄면 무리하게 높은 수익을 좇지 않아도 되므로, 오히려 투자 과정에서의 안정성이 높아지고 성공 가능성 또한 커집니다.

그러므로 우리는 특정 자산에 투자하기 전에, 해당 자산에서 발생하는 수익에 어떤 세금이 부과되고, 그 세금은 다른 세금이나 건강보험료와 같은 준조세에 어떤 영향을 미치는지, 그리고 절세를 위해 활용할 수 있는 계좌나 제도는 무엇인지를 반드시 알아야 합니다. 세금 이야기는 처음에는 복잡하고 어렵게 느껴지지만, 알면 알수록 내 편이 되어주는 지식입니다. 그럼, 이제부터 하나씩 차근차근 살펴보겠습니다.

소득의 종류별로 나뉘는 세금, 분류과세

우리가 살아가는 세상에는 다양한 형태의 소득이 존재합니다. 따라서 각각의 소득이 어떤 카테고리에 속하는지를 알아두면 세금에 대한 이해가 한결 수월해집니다. 소득의 종류는 크게 종합소득, 양도소득, 퇴직소득의 3가지로 나눌 수 있습니다.

● 종합소득과 종합소득세

우리에게 가장 익숙한 종합소득은 이자·배당·사업·근로·연금·기타소득의 6가지 세부 소득으로 구성됩니다. 종합소득은 연 단위로 합산해 매년 세금이 부과된다는 점이 특징입니다. 또한 각 하위

 　　　　　　　　　　　　　　　　　　　　[노후 대비]

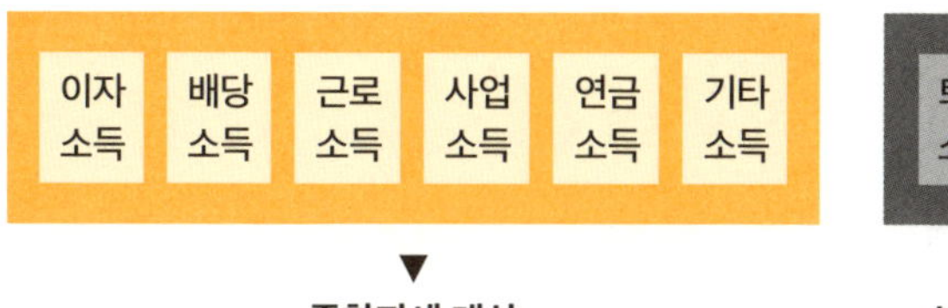

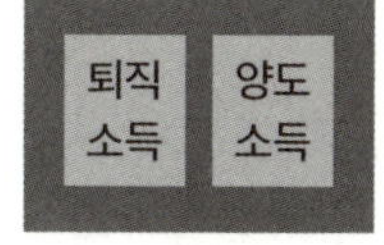

소득별로 일정 기준을 초과한 금액은 다른 종합소득과 합산되어 누진세율이 적용됩니다. 대표적인 예가 바로 '금융소득 종합과세'로, 이자와 배당소득이 연간 2,000만 원을 초과할 경우 초과분을 근로소득이나 사업소득 등과 합산해 누진세율로 과세합니다.

이해를 돕기 위해 예를 들어보겠습니다. 근로소득이 있는 직장인이 이자소득과 배당소득으로 연간 5,000만 원의 금융소득을 얻었다고 가정하겠습니다. 이자와 배당을 받을 때는 금융기관이 15.4퍼센트의 금융소득세를 미리 원천징수한 뒤 세후 금액을 지급합니다. 그러나 이 경우 이자 및 배당소득이 연간 2,000만 원을 초과했으므로 2,000만 원까지는 15.4퍼센트 세율이 적용되는 분리과세(다른 소득과 합산하지 않고 별도의 세율에 의한 원천징수로써 납세 의무가 종결되는 것) 대상이 됩니다.

반면 초과분인 3,000만 원은 다음 해 5월에 근로소득과 합산해 종합소득세를 신고·납부해야 합니다. 이때 초과한 3,000만 원의 금융소득은 근로소득과 합산하여 과세표준 구간에 따른 누진세율로 세액을 계산하고, 이미 원천징수로 납부한 15.4퍼센트의 기납부세액을 차감한 나머지 금액을 종합소득세로 추가 납부합니다.

　종합소득의 경우 과세표준 구간에 따라 세율이 높아지는 누진 구조인데 종합과세 대상 소득을 합산하여 각종 소득공제 금액을 차감한 후 과세표준이 얼마냐에 따라 세율이 정해지므로 종합과세가 무조건 세금을 더 내는 건 아닙니다. 금융소득이 2,000만 원을 넘었더라도 다른 소득이 없거나 적다면, 합산한 종합소득에서 각종 소득공제 금액을 차감한 과세표준이 낮은 세율 구간에 해당할 것입니다. 이에 따라 종합소득세 신고는 하지만 세금을 추가로 내지 않아도 되거나, 크게 부담되지 않는 수준으로 납부할 수 있습니다.

(A) 근로소득자의 세금 계산 예시

총 급여액
- 근로소득공제
= 근로소득금액
- 소득공제
= 과세표준
× 세율
= 산출세액
- 세액감면 및 공제
= 결정세액

(B) 종합소득세율

과세표준	세율	누진공제
1,400만 원 이하	6%	-
1,400만 원 초과 ~ 5,000만 원 이하	15%	126만 원
5,000만 원 초과 ~ 8,800만 원 이하	24%	576만 원
8,800만 원 초과 ~ 1억 5,000만 원 이하	35%	1,544만 원
1억 5,000만 원 초과 ~ 3억 원 이하	38%	1,944만 원
3억 원 초과 ~ 5억 원 이하	40%	2,594만 원
5억 원 초과 ~ 10억 원 이하	42%	3,594만 원
10억 원 초과	45%	6,594만 원

[노후 대비]

● 퇴직소득과 퇴직소득세

퇴직소득세는 이름 그대로 재직하던 회사에서 퇴직할 때 받는 퇴직금이나 퇴직연금에 대해 부과되는 세금을 말합니다. 퇴직소득은 오랜 기간 근무하며 누적된 소득이라는 특성상, 근속 연수를 반영해 세액을 계산합니다. 이는 퇴직 시 계산된 상세 내역을 확인할 수 있으므로, 당장 복잡한 계산 공식을 모두 이해하려 하기보다는 퇴직소득세의 몇 가지 핵심적인 특징을 알아두는 것이 더 유익합니다.

첫 번째 특징은 퇴직소득이 종합과세 대상이 아닌 분류과세 대상이라는 점입니다. 6가지 종합과세 대상 소득과 퇴직소득, 양도소득은 각각 별도의 과세 체계를 적용받기 때문에, 서로 간에 합산되지 않습니다.

두 번째 특징은 퇴직소득을 개인형 IRP로 수령할 수 있다는 점입니다. 퇴직 시 세금을 떼지 않은 세전 퇴직소득(이연 퇴직소득)을 개인형 IRP 계좌로 수령하여 만 55세 이후 연금으로 장기간 나눠 받거나, 개인형 IRP 계좌를 해지하여 일시금으로 받을 수 있습니다. 이때 연금으로 받을 경우 매달 지급되는 연금에서 이연된 퇴직소득세가 원천징수되는데, 연금 수령 10년 차까지는 원래 납부해야 할 퇴직소득세의 30퍼센트를 감면해주고, 11년 차 이후부터는 40퍼센트, 21년 차 이후부터는 50퍼센트를 감면받는 절세 효과도 누릴 수 있습니다.

퇴직소득을 연금으로 받을 경우에는 세금 감면 외에도 몇 가지 장점이 있습니다. 이연된 세금까지 개인형 IRP 계좌 내에서 운용할 수 있다는 점과 연금으로 나눠 받는 동안 원래 내야 할 퇴직소득세를 장기간 분할로 납부하다 보니 화폐가치 하락에 따른 실질 세부담이 줄어든다는 추가적인 장점도 있습니다. 하지만 개인형 IRP를 해지하여 일시금으로 찾을 경우, 별도의 세금 감면 없이 원래 납부해야 할 퇴직소득세를 차감한 세후 퇴직소득을 받게 됩니다.

한편 퇴직연금 제도를 도입하지 않은 회사에서 근무하다가 퇴직했다면 퇴직소득세를 제외한 퇴직금을 급여 계좌 혹은 본인이 제출한 입출금 계좌로 수령하게 됩니다. 이렇게 수령한 세후 퇴직금은 60일 이내에 개인형 IRP나 연금저축계좌로 다시 넣을 수 있는데요. 그러면 퇴직금을 수령할 때 납부했던 퇴직소득세를 개인형 IRP나 연금저축계좌로 다시 환급받아 납부해야 할 세금까지 운용할 수 있고, 향후 연금으로 수령 시 퇴직소득세의 30~50퍼센트를 감면받을 수 있습니다.

세 번째 특징은 퇴직소득의 경우 건강보험료 산정에 영향을 미치지 않는다는 점입니다. 퇴직소득은 장기간에 걸쳐 형성된 소득으로 보기 때문에, 일시금으로 받든 연금으로 받든 연 단위로 계산되는 건강보험료에는 반영되지 않습니다.

● 양도소득과 양도소득세

양도소득은 크게 부동산 매매 차익에 대한 양도소득과, 해외 주

　　　　　　　　　　　　　　　　　　　　　　　　[노후 대비]

식이나 증권시장 밖에서 양도하는 상장·비상장주식, 파생상품 등 금융자산의 매매 차익에 대한 양도소득으로 나뉩니다. 일반적인 사람에게 해당되는 양도소득으로는 부동산 양도소득과 해외 주식 양도소득이 대표적인데요. 이런 양도소득 역시 퇴직소득과 마찬가지로 종합과세 대상이 아니라, 양도소득 자체에 대해서만 과세하는 분류과세 대상입니다. 따라서 특정 시점에 양도소득이 발생하더라도 종합소득이나 퇴직소득과 합산되어 서로 영향을 미치지 않습니다.

다만 양도소득에서는 주의할 점이 있습니다. 부동산 양도차익은 연 단위로 합산해 양도소득세가 부과된다는 점입니다. 예를 들어, 차익이 발생하는 부동산이 여러 채 있음에도 특정 연도에 이를 한꺼번에 매도하면 양도차익이 크게 늘어나고, 종합소득세와 동일한 누진 구조를 가진 양도소득세율 특성상 부담해야 하는 세금도 크게 증가합니다. 따라서 양도차익이 예상되는 부동산이 여러 개라면, 매도 시점을 연도별로 분산함으로써 양도소득세 부담을 조절하는 것이 좋습니다. 반대로 손실을 보며 매도할 부동산이 있다면, 차익이 발생하는 부동산과 같은 해에 매도하는 것이 유리합니다. 왜나하면 양도차익과 손실을 통산하면 순양도차익에 대해서만 세금이 부과되므로, 결과적으로 납부할 양도소득세를 줄일 수 있기 때문입니다.

한편 해외 주식의 경우 연간 실현한 수익과 손실을 합산한 순양도차익에서 기본공제인 250만 원을 차감한 뒤, 남은 금액에 22퍼센트의 단일 세율을 곱하여 세액을 계산합니다. 해외 주식 양도소득의 경우 올해 발생한 양도차익에 대해 내년 5월에 신고 및 납부하면 됩니다.

마지막으로 이자나 배당소득의 경우 연간 2,000만 원을 초과할 경우 종합과세 대상 소득이 되고 건강보험료에도 영향을 미치지만 양도소득은 퇴직소득과 마찬가지로 종합과세 대상 소득도 아니고 건강보험료에도 영향을 미치지 않습니다. 그래서 일정 규모 이상의 자산을 보유하고 있는 분 중에는 단일 세율로 22퍼센트의 양도소득세만 내면 되고 건강보험료에 영향을 주지 않는 해외 주식 직접 투자를 선호하기도 합니다.

	종합소득	퇴직소득	양도소득
종류	이자, 배당, 사업, 근로, 연금, 기타	퇴직금, 퇴직급여 (DB, DC)	부동산, 해외 주식 등
종합과세 여부	○	×	×
건강보험료 영향 여부	○	×	×
특징	•소득별 분리과세 조건 있음 •누진 구조	•개인형 IRP로 수령 시 퇴직소득세 이연 가능 •연금 수령 시 30~50% 세금 감면	•부동산: 연간 합산, 장기보유특별공제 가능 •해외 주식: 양도소득 세율 22%

원천징수로 납세 의무가 종결되는 분리과세

분리과세란, 조세 정책 목적에 따라 일부 소득에 한해 종합소득에 합산하지 않고, 소득을 지급하는 자가 소득세를 원천징수해 납부함으로써 소득을 지급받는 자의 납세 의무가 종결되는 과세 방식을 말합니다.

이를 쉽게 풀어 설명하면, 종합소득 항목 중 일정 금액 이하의 소득에 대해서는 다른 소득과 합산해 종합과세하지 않고, 각 소득별로 세금을 따로 매긴다는 의미입니다. 이자나 배당소득처럼 15.4퍼센트의 세율로 원천징수되는 소득의 경우, 원천징수 과정에서 이미 납부한 세금만으로 납세 의무가 종료되며 연간 2,000만 원을 초과하지 않는다면 추가로 부담할 세금은 발생하지 않습니다.

분리과세가 적용되는 소득 유형별 기준

① 연간 이자·배당소득 합계가 2,000만 원 이하인 경우

② 일급, 시급 형태로 받는 일용근로소득

③ 연간 기타소득 금액(=수입금액-필요경비)이 300만 원 이하인 경우

④ 연간 사적연금소득이 1,500만 원 이하인 경우

⑤ 연간 주택임대소득 총수입이 2,000만 원 이하인 경우

이 가운데 기타소득, 사적연금소득, 주택임대소득은 종합과세와

분리과세 중 납세자에게 유리한 방식을 선택할 수 있습니다.

한편 종합소득에 해당하지 않는 소득 중에서도 분리과세 혹은 분류과세가 적용되는 항목들이 있는데, 대표적인 3가지 경우는 다음과 같습니다.

① 퇴직금 또는 퇴직연금을 수령한 개인형 IRP에서 연금으로 수령하는 경우
② ISA를 의무 가입 기간인 만 3년을 충족하여 만기 해지 시 순수익에 대해 비과세 한도를 초과한 수익의 경우
③ 세액공제 받은 자기부담금과 운용 수익을 재원으로 한 연금계좌 자금을 연금 외 방식으로 수령하는 경우(계좌를 해지하여 일시금으로 수령하거나 연간 1,500만 원을 초과해 연금을 수령하는 경우)

소득이 생겼지만 세금을 미뤄주는 과세이연

'과세이연'이란 소득에 대한 세금을 당장 부과하지 않고, 미래 시점으로 미뤄주는 제도를 말합니다. 과세이연 혜택이 적용되는 계좌를 활용하면 소득은 발생하더라도 세금 정산은 나중에 이루어지기 때문에, 소득 규모와 관계없이 종합과세나 건강보험료 산정에 영향

을 미치지 않습니다. 예를 들어 과세이연이 적용되는 계좌에서 연간 5,000만 원의 배당금을 받더라도, 해당 배당금은 배당소득세가 원천징수되지 않은 세전 금액으로 계좌에 입금됩니다. 세금은 미래 시점에 정산하도록 되어 있으므로 이 배당금은 당장의 종합과세 대상 소득에 포함되지 않고 건강보험료에도 영향을 주지 않습니다.

이런 과세이연 혜택을 누릴 수 있는 대표적인 계좌로는 ISA, 개인형 IRP, 연금저축계좌가 있습니다. 이들 계좌에서 발생한 운용 수익은 모두 과세가 이연되며, 이자를 받더라도 이자소득세가 원천징수되지 않고 세전 금액 그대로 계좌에 쌓이고, 배당소득도 동일하게 과세가 이연됩니다. 또한 해외 주식형 ETF에 투자해 실현한 매도 차익은 일반 계좌에서는 15.4퍼센트의 배당소득세가 원천징수되지만, ISA·개인형 IRP·연금저축계좌를 통해 투자해 차익을 실현할 경우 이 역시 과세가 이연되어 세전 수익이 그대로 운용 수익으로 누적됩니다.

단기간에는 차이가 크게 느껴지지 않을 수 있지만, 투자 기간이 길어질수록 과세이연 효과는 점점 커집니다. 세금으로 납부해야 할 금액까지 투자금으로 활용할 수 있기 때문에 복리 효과를 극대화할 수 있다는 것이 가장 큰 장점입니다.

그럼 이렇게 과세가 이연된 수익은 언제 어떻게 세금이 부과될까요? ISA의 경우 의무 가입 기간인 만 3년이라는 기간을 충족한 이후에 해지할 경우 계좌 내에서 발생한 수익과 손실을 통산하여 순수익에 대해서 200만 원(서민형·농어민형은 400만 원)까지는 비과세, 초과하는 수익은 9.9퍼센트의 단일 세율로 분리과세됩니다. ISA의 최대 납입 원금인 1억 원을 꽉 채워 장기간 운용하며 과세이연 효과를 극대화한 투자자라면 엄청나게 불어난 수익에 대해 9.9퍼센트의 세율로 분리과세까지 되니 다른 소득과 합산되어 종합과세가 될 일도 없고, 건강보험료에도 영향을 미치지 않게 되는 것이죠.

개인형 IRP나 연금저축펀드와 같은 연금계좌에서는 과세이연된 운용 수익을 연금으로 수령할 경우, 연간 1,500만 원 이하 수령 시 연령에 따라 5.5~3.3퍼센트의 연금소득세가 원천징수됩니다. 연간 수령액이 1,500만 원을 초과하면 종합과세 또는 16.5퍼센트 분리과세 중 유리한 방식을 선택할 수 있습니다. 만약 연금으로 받지 않고 계좌를 해지해 일시금으로 수령하는 연금 외 수령의 경우에는 16.5퍼센트의 기타소득세가 원천징수 및 분리과세되므로 종합과세 대상이 되지 않으며 건강보험료에도 영향을 미치지 않습니다.

가입 유형에 따라 달라지는 건강보험료 부과 기준

건강보험료는 세금은 아니지만 평생 납부해야 하는 의무가 있는 준조세에 해당합니다. 따라서 미리 구조를 이해하고 준비하지 않으면 훗날 큰 부담으로 다가올 수 있습니다.

건강보험료의 가입 유형은 직장가입자, 지역가입자, 그리고 직장가입자의 피부양자로 나뉩니다. 가입 유형에 따라 산정 기준은 서로 다르지만, 공통적으로 금융자산에서 발생하는 이자소득이나 배당소득이 일정 기준을 초과할 경우 건강보험료에 영향을 미친다는 점은 동일합니다.

이제 가입 유형별로 어떤 기준에 따라, 그리고 어떤 방식으로 건강보험료에 영향을 미치는지 살펴보겠습니다.

🟠 직장가입자

일반적으로 직장가입자는 회사에서 받는 급여를 기준으로 건강보험료를 납부하는데, 이를 '보수월액 보험료'라고 합니다. 다만 급여 외 소득이 연간 2,000만 원을 초과할 경우에는, 초과분에 대해 소득월액의 약 8.13퍼센트(2026년 기준 건강보험료율 7.19% + 장기요양보험료율 0.9448%)에 해당하는 건강보험료를 추가로 납부해야 합니다. 이때 부과되는 보험료를 '소득월액 보험료'라고 합니다.

예를 들어 직장인 A씨가 고배당주 ETF에 투자해 연간 3,000만 원의 배당소득이 발생했다고 가정하겠습니다. 이 경우 연간 2,000만 원을 초과한 1,000만 원에 대해 약 8.13퍼센트의 건강보험료가 부과되며, 이는 연간 813,480원에 해당합니다. 해당 금액은 12개월로 나누어 매월 약 67,790원을, 급여에서 자동으로 공제되는 보수월액 보험료와는 별도로 소득월액 보험료로 추가 납부해야 합니다.

　여기서 한 가지 알아둬야 할 세부 내용은 건강보험에 영향을 미치는 급여 외 소득은 이자 및 배당소득과 같은 금융소득만 있는 게 아니라 사업소득이나 기타소득, 공적연금소득도 포함된다는 것입니다. 따라서 이자 및 배당소득이 2,000만 원이 넘지 않더라도 종합소득에 속하는 다른 소득과 합산하여 2,000만 원을 초과한다면 건강보험료가 추가로 발생하는 것이죠. 단, 이자 및 배당소득이 1,000만 원을 초과할 경우 소득에 합산되지만 1,000만 원 이하인 경우에는 소득에 합산되지 않습니다.

　내용이 다소 복잡할 수 있어 예시로 설명하겠습니다. 직장인 A씨에게 이자·배당소득 1,500만 원과 기타소득 1,000만 원이 발생했다면, 급여 외 소득은 두 소득을 합친 2,500만 원이 됩니다. 이 경우 급여 외 소득이 2,000만 원을 초과하므로, 초과분인 500만 원에 대해 소득월액 보험료가 산정되어 추가 건강보험료를 납부해야 합니다. 반대로 이자·배당소득이 1,000만 원이고 기타소득이 1,500만 원이라면, 연간 1,000만 원 이하의 금융소득은 소득에 합산되지 않기 때문에 급여 외 소득은 기타소득 1500만 원만 계산됩니다. 이 경우 급여 외 소득이 2,000만 원을 넘지 않으므로 추가로 부담할 건강보험료는 발생하지 않습니다.

<h2 align="center">소득월액 보험료 계산 공식</h2>

- **소득월액** = 〔(연간 보수 외 소득 - 2,000만 원) ÷ 12월〕 × 소득평가율
- **소득월액 보험료** = 소득월액 × 8.1348%(2026년 기준 건강보험료율 7.19% + 장기요양보험료율 0.9448%))

● 지역가입자

자영업자이거나 퇴직 후 회사에 소속되지 않은 경우에는 대부분 지역가입자에 해당합니다. 지역가입자의 건강보험료는 연간 소득과 보유 재산을 기준으로 산정됩니다. 회사와 보험료를 절반씩 부담하는 직장가입자와 달리, 지역가입자는 소득과 재산을 기준으로 산출된 보험료를 전액 본인이 부담해야 합니다. 이 때문에 은퇴를 앞둔 많은 사람에게 건강보험료는 가장 큰 걱정거리 중 하나로 꼽히기도 합니다.

지역가입자의 경우 이자소득과 배당소득이 연간 1,000만 원을 초과하면, 해당 소득을 다른 소득과 합산해 소득별 평가율을 적용한 뒤 건강보험료 부과를 위한 소득으로 환산합니다. 이렇게 산출된 소득에 약 8.13퍼센트(건강보험료율 7.19% + 장기요양보험료율 0.9448%)를 곱해 연간 건강보험료를 계산하고, 이를 12개월로 나누어 매월 납부합니다.

따라서 지역가입자라면 이자 및 배당소득이 발생하는 금융자산을 운용할 때 과세가 이연되는 ISA, 연금저축펀드, 개인형 IRP와 비과세 및 분리과세 혜택을 받을 수 있는 상품을 최대한 활용하여 건강보험료에 대한 부담을 최소화해야 합니다.

지역가입자 소득 및 평가율 기준

구분	평가율
이자·배당소득(1,000만 원 초과 시)	100%
사업소득(2,000만 원 이하 분리과세 주택임대소득 포함)	100%
기타소득	100%
근로소득	100%
연금소득(국민연금 등 공적연금만 포함)	50%

● 직장가입자의 피부양자

직장가입자의 가족 가운데 피부양자 범위에 해당하고 재산 및 소득 기준을 충족하면 건강보험료를 별도로 납부하지 않아도 됩니다. 그러나 피부양자 자격 요건을 충족하지 못하면 지역가입자로 전환되어 건강보험료가 부과되므로, 직장가입자의 피부양자에 해당하는 경우에는 자격 상실 기준을 미리 정확히 알아둬야 합니다.

   [노후 대비]

직장가입자의 피부양자 자격 상실 기준

- 소득 합산 연간 2,000만 원을 초과하는 경우(이자·배당·공적연금·사업·근로·기타소득 포함. 단, 이자 및 배당소득은 1,000만 원 초과 시에만 다른 소득과 합산됨)
- 사업자등록이 있는 사업자로 사업소득이 있는 경우(단, 주택임대소득은 사업자등록 유무에 관계 없음)
- 사업자등록이 없는 프리랜서 등으로서 사업소득이 500만 원을 초과하는 경우
- 재산세 과세표준이 9억 원을 초과하는 경우
- 재산세 과세표준이 5.4억 원 초과 9억 원 이하면서 소득 합산 1,000만 원을 초과하는 경우

직장가입자의 피부양자가 금융투자를 통해 발생한 이자·배당소득이 연간 1,000만 원을 초과할 경우, 해당 소득이 다른 소득과 합산되어 피부양자 자격을 상실하고 지역가입자로 전환될 수 있습니다. 따라서 피부양자 자격을 유지하기 위해서는 과세이연, 비과세, 분리과세 제도를 적극적으로 활용해 이자·배당소득이 기준을 초과하지 않도록 관리하는 데 각별히 신경 써야 합니다.

연도별 건강보험료율 현황

연도	2011	2012	2013	2014	2015	2016	2017	2018
보험료율 (인상률)	5.64% (5.9%)	5.80% (2.8%)	5.89% (1.6%)	5.99% (1.7%)	6.07% (1.35%)	6.12% (0.9%)	6.12% (동결)	6.24% (2.04%)
연도	2019	2020	2021	2022	2023	2024	2025	2026
보험료율 (인상률)	6.46% (3.49%)	6.67% (3.2%)	6.86% (2.89%)	6.99% (1.89%)	7.09% (1.49%)*	7.09% (동결)	7.09% (동결)	7.19% (1.48%)

* 지역가입자의 보험료 부과점수당 금액: 211.5원

지난 15년간 연도별 건강보험료율을 살펴보면 전반적으로 꾸준한 인상 추세를 보여왔습니다. 비록 2023년부터 2025년까지 3년간 7.09퍼센트로 동결되었지만, 우리나라의 인구구조가 심각한 역삼각형 형태라는 점을 감안하면 향후 건강보험료율이 다시 상승할 가능성은 충분히 예상할 수 있습니다.

따라서 건강보험료가 가입 유형별로 어떻게 부과되는지, 어떤 소득이 건강보험료에 영향을 미치지 않는지를 미리 이해하고 그 기준에 맞춰 준비해야 합니다. 그래야 수시로 바뀌는 제도 변화에도 유연하게 대응하며, 건강보험료 부담을 최소화할 수 있습니다.

같은 ETF라도 담는 계좌에 따라 세금이 달라진다

앞서 세 번째 장에서 설명했듯, 금융자산을 운용할 때는 코어 자산으로 미국의 S&P500이나 나스닥100과 같은 인덱스 ETF를 꾸준히 매수해 모아가는 전략이 중요합니다. ETF는 취득세나 보유세가 없는 금융자산이기 때문에 장기간 적립식으로 모으는 동안에는 세금 부담이 크지 않지만, 매도 시점에는 세금과 건강보험료 문제가 발생할 수 있습니다.

오랜 기간에 걸쳐 매수해온 ETF를 어떤 이유로 현금화하면서 수익을 실현하게 되면, 그에 따른 세금을 납부할 의무가 생깁니다. 이때 어떤 ETF를 어떤 계좌에서 보유하다 매도했는지에 따라 세금과 건강보험료에 미치는 영향이 달라집니다.

미국 S&P500 지수를 추종하는 ETF는 크게 2가지로 나눌 수 있습니다. 하나는 원화를 미국 달러로 환전해 미국 주식시장에 상장된 S&P500 추종 ETF에 투자하는 방식입니다. 이런 해외 상장 ETF는 일반 주식 계좌에서만 매수할 수 있으며, 매매 차익에 대해서는 22퍼센트의 양도소득세가 부과됩니다. 이 양도소득세는 분류과세에 해당해 종합과세 대상 소득이 아니고, 건강보험료에도 영향을 미치지 않는다는 특징이 있습니다.

다른 하나는 국내 주식시장에 상장되어 있는 국내 운용사가 운용하는 국내 상장 해외 주식형 ETF 상품입니다. 국내 상장 해외 주식형 ETF는 연금저축펀드나 개인형 IRP, ISA 및 일반 주식 계좌에서 국내 주식시장이 열리는 정규장 시간(평일 오전 9시 ~ 오후 3시 30분)에 매수가 가능하다 보니 많은 사람이 미국 상장 ETF보다 손쉽게 투자한다는 특징이 있습니다.

다만 국내 상장 해외 주식형 ETF를 일반 주식 계좌에서 투자할 경우 주의할 점이 있습니다. 절세계좌가 아닌 일반 주식 계좌에서 해외 주식형 ETF를 모으다가 수익을 실현할 경우, 매매 차익에 대해 부과되는 세금이 '배당소득세'라는 점입니다. 오랜 기간 꾸준히 적립식으로 사서 모으다 보니 매매 차익이 커질 수 있는데, 일반 주식 계좌에서는 이런 기간을 고려하지 않고 매매 차익에 대해 배당소득세를 부과하는 것이죠. 이때 만약 매매 차익이 2,000만 원을 초과할 경우에는 금융소득 종합과세 대상이 되고, 건강보험료도 오르며, 직장인 피부양자 자격을 상실하는 등의 영향을 받습니다. 그렇기에 국내 상장 해외 주식형 ETF를 매수할 때는 과세이연 혜택이 있고, 자금 인출 시 절세 혜택도 있으며 건강보험료에도 영향을 미치지 않는 연금계좌나 ISA에서 투자하는 것이 유리합니다.

앞서 설명했듯이 연금저축펀드나 개인형 IRP, ISA는 해외 주식형 ETF를 매도하여 수익을 실현했더라도 과세이연 혜택이 있기에 당장 세금이 발생하지 않습니다. 각각의 계좌에서 자금을 인출할 때 연금저축펀드나 개인형 IRP는 연금으로 수령 시 5.5~3.3퍼센트의 연금소득세를 내고, 연금 외 방식으로 수령할 때는 16.5퍼센트의 기

타소득세를 원천징수로 납부합니다. 개인종합자산관리 계좌인 ISA
는 계좌 해지 시 그동안 쌓인 순수익에 대해 200만 원(서민형·농민형
은 400만 원)까지 비과세를, 그리고 초과하는 순수익에 대해서는 9.9
퍼센트의 세율로 분리과세를 하게 됩니다.

국내 상장 해외 주식형 ETF 투자 시 계좌별 내용 정리

	일반 주식 계좌	연금계좌 (연금저축펀드, 개인형 IRP)		ISA
과세이연	×	○		○
세금	배당소득세 (15.4%)	연금 수령 연금소득세 (5.5~3.3%)	연금 외 수령 기타소득세 (16.5%)	비과세 및 저율과세 (9.9%)**
종합과세 대상	○	△*	×	×
건강보험료 영향	○	×	×	×

* 연금계좌의 연금 수령 시 연간 1,500만 원을 초과하여 수령할 경우 분리과세 또는 종합과세 중 선택 가능

** ISA는 의무 가입 기간인 3년을 충족시켜 만기 해지했을 경우를 가정

금융자산에 반드시 필요한 6가지 계좌 활용법

앞서 세 번째 장에서 첫 집 마련 이후 잉여 현금흐름으로 금융자산을 형성하는 방법을 다뤘습니다. 이번 장에서는 그 내용을 조금 더 구체적으로 정리해보려 합니다. 다소 중복되는 내용이 있지만 이를 다시 짚는 이유는, 계좌별 특징이 서로 비슷하면서도 미묘하게 다르고, 여기에 세금과 건강보험료까지 함께 고려해야 하기에 누구에게나 어렵고 복잡하게 느껴질 수 있기 때문입니다.

처음에는 내용이 잘 와닿지 않았더라도, 같은 내용을 반복해 읽다 보면 머릿속에 배경지식이 차곡차곡 쌓이면서 이해도가 점점 높아지는 것을 느낄 수 있을 것입니다. 그렇게 지식이 정리될수록 전체 구조도 자연스럽게 보이기 시작합니다. 그럼 이제 금융자산을 형성할 때 반드시 활용할 계좌들의 특징과 효과적인 활용 노하우를 본격적으로 살펴보겠습니다.

[노후 대비]

① 연금저축펀드(세액공제용, 납입 한도 600만 원)

연금저축계좌 중 하나인 연금저축펀드는 증권사에서 주로 개설하는 투자에 특화된 개인연금 계좌로 잉여 현금흐름이 생겼을 때 가장 먼저 납입을 고려할 계좌입니다. 연간 600만 원까지 납입하면 매년 연말정산 시 16.5퍼센트 또는 13.2퍼센트의 세액공제 혜택을 받을 수 있습니다. 여기에 과세이연 효과까지 더해져 장기적인 복리 수익을 추구하기에 적합한 계좌입니다. 또한 주요 운용 상품으로 ETF를 선택할 수 있어 평가 잔액의 100퍼센트를 공격적인 자산으로 운용할 수 있으며, S&P500이나 나스닥100 지수를 추종하는 ETF에 투자금 전부를 운용하는 것도 가능합니다.

납입액은 자기부담금으로 세액공제를 받은 금액이기 때문에, 연금 개시 전에는 원칙적으로 중도 인출이 불가능합니다. 다만 담보대출은 가능하며, 3개월 이상 요양이 필요한 의료비 지출, 개인회생·파산, 천재지변, 연금 가입자의 사망, 해외 이주, 연금 사업자의 영업정지 또는 인가 취소 등 부득이한 사유가 있는 경우에는 예외적으로 중도 인출이 허용됩니다. 이때 중도 인출 금액에 대해서는 연금소득세가 분리과세로 부과됩니다.

한편 55세 이후 연금으로 수령 시 연 1,500만 원 이하로 수령할 경우 5.5~3.3퍼센트 저율로 연금소득세가 원천징수되고, 연 1,500만 원 초과 수령 시 16.5퍼센트로 분리과세 또는 종합과세 중 유리한 방식으로 납세자가 선택할 수 있습니다. 반대로 연금으로 수령하지 않고 계좌를 해지할 경우, 납입 원금과 운용 수익을 합친 평가 잔액에 대해 16.5퍼센트 기타소득세가 원천징수되며 이는 무조건 분리과세로 다른 소득과 합산하지 않고 기타소득세의 원천징수로 납세 의무를 종결합니다. 마지막으로 연금저축펀드에서 연 1,500만 원 이하의 연금으로 수령하거나 연 1,500만 원을 초과하는 연금 외 방식으로 수령 또는 일시금으로 해지하더라도 건강보험료에는 영향을 미치지 않습니다.

② 개인형 IRP(세액공제용, 납입 한도 300만 원)

개인형 IRP는 연금저축펀드 다음 단계로 납입을 고려할 계좌로, 연간 300만 원까지 납입하면 연금저축펀드 납입액 600만 원과 합산해 연간 최대 900만 원까지 세액공제를 받을 수 있습니다. 또한 과세이연 혜택을 바탕으로 장기간에 걸친 복리 수익을 추구하기에 적합한 계좌입니다.

개인형 IRP는 DC형(확정기여형), DB형(확정급여형)과 함께 3층 연금 제도 중 2층에 해당하는 퇴직연금에 속하는 계좌입니다. 이 계좌는 평가 잔액의 최소 30퍼센트를 금융기관이 정한 안전자산으로 운용해야 한다는 규정이 있습니다. 다시 말해 S&P500이나 나스닥

100과 같은 인덱스 ETF로 전액을 운용하는 것은 불가능합니다.

하지만 개인형 IRP는 운용 가능한 상품의 종류가 다양하다는 특징이 있습니다. ETF뿐만 아니라 저축은행 정기예금, ELB, GIC와 같은 다양한 원리금 보장 상품으로도 운용할 수 있고, 증권사에서 개설한 개인형 IRP에서는 맥쿼리인프라 및 개별 리츠 주식들도 매수할 수 있습니다.

한편 연금저축펀드와 달리 개인형 IRP는 담보대출이 불가능하므로 자금을 인출하기 위해서는 ① 부득이한 사유에 해당되어 중도 인출을 하거나 ② 55세 이후 연금으로 수령하거나 ③ 계좌를 해지해 일시금으로 인출하는 방법이 있습니다. 연금으로 수령할 경우 연금저축펀드와 마찬가지로 연간 1,500만 원 이하로 수령 시 5.5~3.3퍼센트의 연금소득세가 원천징수되며, 초과 수령 시 16.5퍼센트의 세율로 분리과세 또는 종합과세 중 유리한 방법으로 선택할 수 있습니다. 또한 계좌를 해지해 일시금으로 수령 시 16.5퍼센트의 세율로 기타소득세가 원천징수됩니다. 그리고 개인형 IRP 역시 연금저축펀드와 마찬가지로 사적연금에 해당하기에, 연금으로 인출하거나 해지해도 건강보험료에 영향을 미치지 않습니다.

이 외에 계좌를 개설한 지 5년이 지나고 만 55세 이후에도 연금을 개시하지 않은 개인형 IRP는 개인연금인 연금저축펀드로 계좌 이전하여 잔액을 합칠 수 있습니다.

③ 중개형 ISA(절세계좌, 연간 2,000만 원씩 최대 1억까지 납입 가능)

ISA는 연금계좌가 아닌 절세계좌라는 점을 먼저 기억해야 합니다. 납입금에 대한 소득공제나 세액공제 혜택은 없지만, 운용 수익에 대해 과세이연 혜택을 받을 수 있습니다. 또한 의무 가입 기간인 3년을 충족한 뒤 계좌를 해지하면 수익과 손실을 통산한 순수익 200만 원(서민형·농어민형은 400만 원)까지는 비과세, 초과분에 대해서는 9.9퍼센트 분리과세가 적용되는 절세 혜택을 누릴 수 있습니다.

ISA는 만 19세 이상이면서 최근 3년간 금융소득 종합과세 대상이 아니었다면 누구나 개설할 수 있습니다. 매년 2,000만 원의 납입 한도가 부여되며, 5년 차까지 최대 1억 원의 원금을 납입할 수 있습니다. 당장 투자할 여유 자금이 없더라도 만기를 길게 설정해 미리 계좌를 개설해두는 것이 유리한데, 그래야 의무 가입 기간인 3년도 빠르게 충족할 수 있고, 매년 발생하는 2,000만 원의 납입 한도도 누적되어 이후 적립식 투자뿐 아니라 목돈 투자에도 활용할 수 있기 때문입니다.

최초로 ISA가 도입된 후 일부 개정을 거치며 현재는 계좌 개설 시 만기를 매우 길게 설정할 수 있습니다. 또한 계좌가 개설된 지 만 3년이 지나면 언제든지 절세 혜택을 받고 해지할 수 있는데, 이를 '만기 해지'라고 합니다. ISA의 또 다른 특징 중 하나는 만기 해지한 원리금을 연금계좌로 추가 납입할 수 있다는 점입니다. 즉, 연금계좌의 연간 최대 납입 한도인 1,800만 원과 별도로 ISA 만기 해지 원리금을 연금계좌에 추가로 넣을 수 있습니다. 이렇게 만기 해지 후 연금계좌로 이체한 금액의 10퍼센트는 최대 300만 원까지 연간 최대 900만 원의 세액공제와는 별도로 추가 세액공제를 받을 수 있습니다.

한편 ISA는 납입 원금 내에서 수시로 중도 인출이 가능합니다. 즉, ISA에 최대 납입 가능 금액인 1억 원을 채워 넣고 과세이연을 통한 복리 효과를 최대한 활용하며 계좌를 불려나가다가 돈이 필요한 시점에 원금 내 인출을 통해 계좌에 잔액은 계속 과세를 이연시키며 필요한 자금만 꺼내 쓸 수 있는 것입니다. 이때 ISA에서 원금 내 인출하는 돈은 수익을 꺼내는 게 아니라 마치 입출금 통장에서 돈을 꺼내는 것처럼 자기 돈을 자기가 인출하는 개념이기에 과세 대상도 아니고 건강보험료에도 영향을 미치지 않습니다.

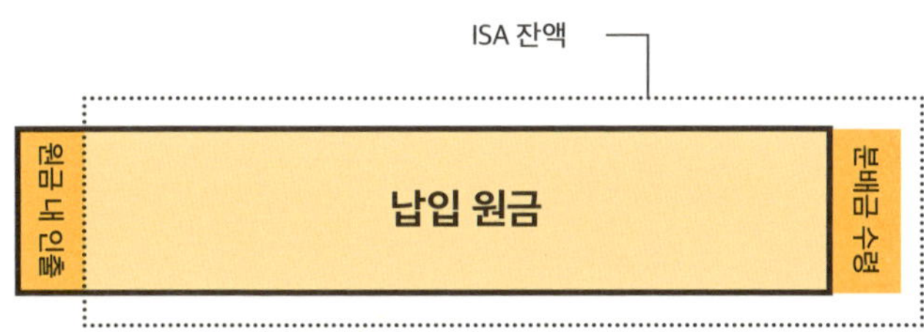

이런 ISA의 원금 인출 기능은 은퇴 후 국민연금과 같은 공적연금을 수령하기 전까지의 소득 공백 기간에 특히 유용하게 활용할 수 있습니다. 퇴직 전까지 ISA에 최대한 많은 자금을 납입해 운용한

뒤, 퇴직 후에는 매달 필요한 생활비만큼만 원금을 인출해 사용하는 방식입니다.

부부가 각각 ISA에 1억 원씩을 일찍 채워 넣고 꾸준한 운용을 통해 수익을 쌓아두었다면, 퇴직 시점이 가까워질수록 안정적인 월배당을 기대할 수 있는 ETF의 비중을 점진적으로 늘리는 전략도 고려할 수 있습니다. 이후 매달 ETF에서 발생한 분배금으로 쌓인 ISA의 예수금(현금)을 인출해 생활비로 활용하는 것입니다. 이때 ISA의 예수금은 보유하고 있는 ETF의 분배금에서 비롯되었지만, 실제 인출은 과거에 납입했던 원금 인출로 처리되기 때문에 세금이나 건강보험료에 영향을 미치지 않는다는 점도 중요한 장점입니다.

계좌 (납입 순위)	납입 시 세액공제	운용 시 과세이연	인출 시 저율과세	원금 내 중도 인출
연금저축펀드 (1순위)	16.5% 또는 13.2%	○	연금 수령 시 5.5~3.3%	○
개인형 IRP (2순위)		○		×
중개형 ISA (3순위)	×	○	비과세 & 9.9%	○

④ 퇴직 전 추가로 만드는 개인형 IRP(퇴직급여 수령용)

앞서 ②에서 연간 납입 한도를 300만 원으로 설정해 세액공제와

과세이연 혜택을 받기 위한 용도로 소개했던 개인형 IRP와는 달리, 여기서 말하는 개인형 IRP는 퇴직 시 퇴직금이나 DB·DC형 퇴직연금을 수령하기 위한 목적으로 추가로 개설해두는 계좌를 말합니다.

그렇다면 왜 기존에 세액공제와 과세이연 혜택을 받고 있던 개인형 IRP가 있음에도 불구하고, 퇴직급여 수령을 위한 개인형 IRP를 별도로 하나 더 만들어야 할까요? 그 이유는 개인형 IRP에 담긴 자금의 재원(출처)에 따라 인출 시 적용되는 세금이 서로 다르고, 재원별 인출 순서가 정해져 있기 때문입니다. 다시 말해 하나의 연금 계좌에 여러 종류의 연금 재원이 섞여 있으면, 인출 시 내가 원하는 재원의 자금부터 선택해 꺼낼 수 없습니다. 따라서 재원별로 계좌를 분리해두어야 인출 시점에 보다 유리한 과세 구조를 선택할 수 있습니다. 이런 이유로 개인형 IRP를 자기부담금 적립용과 퇴직급여 수령용 두 개의 계좌로 나누어 운용하는 것입니다.

좀 더 자세히 설명하자면, 개인형 IRP의 평가 잔액은 단순히 하나의 금액처럼 보이지만 실제로는 다음 4가지 재원의 합으로 이루어져 있습니다.

① 세액공제 받은 자기부담금(세제 적격)

② 세액공제 받지 않은 자기부담금(세제 비적격)

③ 퇴직금 또는 퇴직연금

④ 운용 수익

이렇게 4가지 재원이 나뉘어 있기에 개인형 IRP를 연금으로 개시할 경우 인출되는 순서도 정해져 있고, 재원에 따라 연금 수령 시 적용되는 세금도 달라집니다. 따라서 세액공제를 받으며 납입했던 자기부담금과 운용 수익이 담겨있는 개인형 IRP로 퇴직급여를 수령하기보다는, 퇴직소득세가 적용되는 퇴직급여는 별도의 개인형 IRP를 새로 만들어서 다른 재원들과 섞이지 않게 관리하는 것이 유리합니다.

퇴직금 또는 퇴직연금을 새로 만든 개인형 IRP로 수령하고 나서 만 55세가 넘었다면 바로 연금을 개시하는 게 좋습니다. 개인형 IRP의 연금 수령 방법은 2가지로 정해진 날, 정해진 금액을 월급처럼 받는 '정기 인출 방식'과 횟수나 금액과 상관없이 수시로 인출할 수 있는 '수시 인출 방식'으로 나눌 수 있습니다.

연금을 개시하면 연금 수령 기간에 따라 퇴직소득세 감면 혜택을 받을 수 있습니다. 연금 수령 10년 차까지는 원래 내야 할 퇴직소득세의 30퍼센트가 감면되고, 11년 차 이후부터는 40퍼센트, 21년 차 이후부터는 50퍼센트가 감면됩니다. 만약 개인형 IRP로 받아둔 퇴직급여를 당장 인출하여 사용할 계획이 없더라도, 일단 수시 인출 방식으로 연금을 개시한 뒤 매년 최소 금액이라도 1회 이상 수령하는 것이 좋습니다(정기 인출 방식으로 연금 지급 주기를 연 단위로 하고, 지급액은 최소로 해도 됩니다). 이렇게 하면 연금 수령 연차가 쌓여 이후 더 큰 감면 혜택을 받을 수 있습니다. 예를 들어 연금 수령 10년 차까지는

　　　　　　　　　　　　　　　　　　　　　　　[노후 대비]

매년 최소 금액의 연금만 수령하며 과세이연 받은 퇴직소득세까지 운용하는 것과 동시에 연금 수령 연차를 쌓고, 11년 차 이후부터는 언제든지 본격적으로 노후 자금을 꺼내 쓰기 시작한다면 그때는 원래 내야 할 퇴직소득세의 40퍼센트를 감면받아 세부담까지 최소화할 수 있습니다.

이때 개인형 IRP에서 연금으로 받는 수령액은 명목상 연금소득세로 표기되지만 실제 과세는 퇴직소득세 기준으로 이루어집니다. 따라서 수령 금액과 상관없이 건강보험료에 영향을 미치지 않습니다(퇴직소득과 양도소득은 분류과세 대상으로 건강보험료에 영향을 미치지 않음).

연금계좌 재원별 인출 순서	연금 수령 시 과세 내용
① 과세 제외분	과세되지 않음
② 이연퇴직소득	연금소득으로 과세(분리과세) • 1~10년: 퇴직소득세의 70%만 과세 • 11년 이후: 퇴직소득세의 60%만 과세 • 21년 이후: 퇴직소득세의 50%만 과세
③ 세액공제분 및 운용 수익	연령별 3.3~5.5% 분리과세 • 연 1,500만 원 초과 시 종합과세 또는 단일세율(16.5%) 중 선택

⑤ 연금저축펀드(절세용, 납입 한도 900만 원)

이번에 소개하는 연금저축펀드는 ①에서 연간 납입 한도를 600만 원으로 설정해 세액공제를 받기 위한 용도로 설명했던 연금저축펀드와 동일한 계좌 유형입니다. 다만 활용 목적이 다르기 때문에, 별도로 하나 더 개설해 운용하는 방법을 소개하고자 합니다.

추가로 개설한 연금저축펀드는 세액공제를 받지 않은 자기부담금을 납입해, 연금저축펀드 계좌가 제공하는 과세이연 효과를 활용하면서 세금이나 건강보험료에 영향을 주지 않고 금융자산을 운용하는 것이 주된 목적입니다. 연금계좌임에도 절세계좌처럼 활용할 수 있는 이유는, 세액공제를 받지 않은 자기부담금은 연금 개시 전이라도 수시로 인출할 수 있기 때문입니다. 따라서 자금이 필요할 경우 연금을 개시하지 않고도 별도의 제약 없이 중도 인출이 가능합니다.

예를 들어 절세 목적의 연금저축펀드 계좌에 매년 900만 원씩 10년간 납입했다면, 세액공제를 받지 않은 자기부담금은 9,000만 원이 됩니다. 여기에 운용 수익 6,000만 원이 더해져 평가 잔액이 1억 5,000만 원이 되었다고 가정해보겠습니다. 이 경우 언제든지 운용 상품을 매도해 예수금으로 만들어둔 뒤 납입 원금인 9,000만 원까지는 횟수나 금액 제한 없이 인출이 가능합니다. 즉, 연금계좌지만 자기부담금으로 납입한 원금에 한해서는 돈이 묶이지 않습니다. 해외 주식형 ETF의 매매 차익이나 배당금 등으로 쌓인 운용 수익은 과세이연 혜택을 받아 세금과 건강보험료에서 자유로운 것이죠.

이후 세액공제를 받지 않은 자기부담금을 모두 인출하면 계좌에는 과세가 이연된 운용 수익만 남게 됩니다. 이 자금은 만 55세 이후

　　　　　　　　　　　　　　　　　　　　[노후 대비]

5.5~3.3퍼센트의 연금소득세를 납부하며 연금으로 수령해도 되고, 16.5퍼센트의 기타소득세를 내며 계좌를 해지하여 일시금으로 수령해도 됩니다.

만약 계좌를 하나 더 관리하는 것이 부담스럽다면, 처음 개설한 연금저축펀드의 납입 한도를 연 1,500만 원으로 설정하는 방법도 있습니다. 매년 1,500만 원씩 납입하면 600만 원은 세액공제를 받은 자기부담금으로, 나머지 900만 원은 세액공제를 받지 않은 자기부담금으로 구분되어 관리됩니다. 이 경우에도 세액공제를 받지 않은 누적 자기부담금 범위 내에서는 연금 개시 전이라도 자유롭게 중도 인출이 가능합니다.

⑥ 일반 주식 계좌(미국 주식 투자용)

지금까지 살펴본 연금저축펀드, 개인형 IRP, ISA는 여러 측면에서 매우 매력적인 계좌들이라 가능한 한 많은 자금을 넣어 활용하면 좋겠지만, 제도상 한계가 있습니다. 연금계좌의 연간 납입 한도는 통합 1,800만 원이며, ISA 역시 최대 납입 한도가 1억 원으로 제한되어 있습니다. 따라서 연금계좌와 절세계좌를 충분히 활용하고도 여유 자금이 남는 경우라면, 그다음 단계로 미국 주식 투자를 위한 일반 주식 계좌를 활용하는 것이 좋습니다.

미국 주식은 해외 주식에 해당하며, 이익과 손실을 통산한 순매
매차익에 대해 22퍼센트의 단일 세율로 양도소득세를 신고·납부해
야 합니다. 이 양도소득세는 분류과세로 종합과세 대상 소득이 아
니며, 건강보험료에도 영향을 미치지 않습니다. 이런 특성 덕분에
해외 주식 직접투자는 연금계좌와 절세계좌를 충분히 활용한 이후,
세금과 건강보험료 부담을 비교적 효율적으로 관리할 수 있는 다음
단계의 투자 수단으로 적합합니다.

다만, 주식이나 ETF를 보유하는 기간 동안 수령하게 되는 배당
금이나 분배금의 경우 배당소득세로 과세가 되기에 이 부분은 일정
금액을 초과할 경우 금융소득 종합과세 대상자가 되거나 건강보험
료에 영향을 미칠 수 있다는 것을 기억해야 합니다.

잉여 현금흐름 규모에 따른 계좌별 연간 납입 순서와 금액

납입 순서	사례 1	사례 2	사례 3	사례 4
① 연금저축펀드(세액공제○)	600만 원	600만 원	600만 원	600만 원
② 개인형 IRP(세액공제○)	×	300만 원	300만 원	300만 원
③ 중개형 ISA	×	×	2,000만 원	2,000만 원
④ 연금저축펀드(세액공제×)	×	×	×	900만 원
합계액	600만 원	900만 원	2,900만 원	3,800만 원

　　　　　　　　　　　　　　　　　　　　　　　　[노후 대비]

내 상황에 맞는 노후 자산, 준비부터 완성까지

일반적인 생애주기를 고려하면, 각자의 조건에 맞는 장기간 거주하기에 충분한 '똘똘한 실거주 한 채'를 완성하는 시점은 대체로 40대 중반 전후가 되는 경우가 많습니다. 이 시기에는 위로는 부모님의 생활비나 의료비를 부담해야 하고, 아래로는 자녀 교육비 지출이 본격적으로 늘어나면서 가계의 재무 부담이 가장 커지는 구간이기도 합니다.

빠듯한 현금흐름 속에서 하루하루를 정신없이 보내다 보면, 어느새 은퇴라는 시점이 눈앞에 다가와 있음을 깨닫습니다. 준비되지 않은 상태로 맞이한 노후는 경제적으로나 심리적으로 안정되기 어렵고, 불안한 삶이 이어질 가능성도 높습니다. 그렇기 때문에 이런 상황일수록 보유 자산의 효율성을 높이고 현금흐름을 더욱 철저히 관리해, 부모와 자녀를 돌보는 동시에 나와 배우자의 노후 준비까지 차분히 해나가야 합니다.

우리 집 '재무상태표'와 '현금흐름표' 관리하기

자산과 부채를 한눈에 파악할 수 있는 재무상태표와 수입과 지출을 기록하는 현금흐름표는 기업 회계에만 필요한 도구가 아닙니다. 개인이나 가계의 자산 관리에도 유용하게 활용할 수 있습니다. 처음부터 형식을 갖춰 작성하려 하기보다는, 현재 보유한 자산과 부채가 항목별로 어떻게 구성되어 있는지 현황을 정확히 파악하는 것부터 시작하는 것이 좋습니다.

자산과 부채를 정리해 적어놓은 표를 '재무상태표'라고 합니다. 먼저 보유한 자산을 모두 적은 뒤 부동산과 금융자산으로 구분하고, 다시 하위 카테고리로 세분화해 정리하면 한눈에 들어옵니다. 부동산은 분류 기준이 비교적 명확하지만, 금융자산은 다소 모호하게 느껴질 수 있으므로 연금계좌, 절세계좌, 일반 주식 계좌처럼 계좌별로 분류하는 방식이 유용합니다. 이렇게 정리해두어야 훗날 금융자산을 인출해 사용할 때, 계좌별로 인출 시점을 달리하는 전략을 세우기 쉬워집니다. 자산뿐 아니라 부채 역시 대출 잔액과 금리만 적어두기보다는, 금리 변동 주기와 다음 변동 시점, 대출 만기, 상환 방식 등 세부 사항까지 꼼꼼히 기록해두는 것이 바람직합니다.

　　　　　　　　　　　　　　　　　　　　　　　　[노후 대비]

한편 현금이 들어오고 나가는 내용을 기록하는 '현금흐름표' 역시 어렵게 생각할 필요 없습니다. 가계부를 조금 더 체계적으로 만든 것이라고 보면 됩니다. 사회 초년생 혹은 신혼부부 시절에 비해 40대 이후의 현금흐름을 들여다보면, 수입은 여전히 급여가 중심인 반면 지출은 교육비, 경조사, 의료비처럼 생활비 외 항목이 늘어나고, 부모님과 자녀로부터 비롯되는 지출도 다양해졌음을 체감하게 됩니다. 아무래도 지출 항목도 늘어나고 지출액도 커지다 보니 생각지도 못하는 항목에서 돈이 새고 있는 걸 발견할 수도 있고, 낭비되고 있는 지출이 특별히 없다면 꾸준히 현금흐름표를 통한 지출 관리를 잘 해왔던 것이니 이를 계속 이어나갈 수 있도록 유지해야 합니다.

사회 초년생 시절부터 결혼을 거쳐 미취학 아동을 양육하는 시기까지는 씀씀이가 커지지 않도록 소비를 잘 통제해야 했다면, 학령기에 접어든 자녀를 키우는 나이대가 되었을 때는 어쩔 수 없이 늘어나는 여러 지출 항목을 수시로 확인해 낭비되는 돈이나 불필요한 지출이 있는지 꼼꼼히 관리합니다.

인출 시점을 고려해 계좌별 운용 상품 및 비중 관리하기

바쁜 일상 속에서도 알뜰하게 절약해 만들어낸 잉여 현금흐름으로 연금계좌와 절세계좌에 노후 자금을 꾸준히 모으는 일은 매우 중요합니다. 다만 40대 이후에는 그동안 적립해온 계좌의 규모가 상당히 커졌을 가능성이 높기 때문에, 단순히 모으는 데서 그치지 말고 어떤 상품을 어떤 비중으로 운용하고 있는지 점검할 필요가 있습니다. 앞으로의 노후 준비 로드맵에 맞춰 운용 상품과 자산 비중을 주기적으로 관리하는 것 또한 결코 놓쳐서는 안 될 중요한 과정입니다.

여기서 말하는 운용 상품은 보수가 저렴하고 실시간 거래가 가능하며 투자 종목이 공개되어 투명한 ETF를 의미합니다. 앞서 소개했듯이 ETF는 성격에 따라 3가지로 나누어 운용하는 방식이 효과적입니다.

첫째, '공격수 ETF'는 높은 변동성을 감내하는 대신 높은 수익을 기대할 수 있는 자산으로, S&P500이나 나스닥100과 같은 미국 인덱스 ETF가 대표적입니다. 둘째, '현금흐름 ETF'는 향후 인출 시점에 보유 자산을 매도하지 않고도 계좌 내에서 현금흐름을 만들어주는 배당 ETF입니다. 셋째, '수비수 ETF'는 계좌 전체의 변동성을 낮춰주는 역할을 하며, 주식과 상관관계가 낮은 채권 ETF나 금 ETF 등이 여기에 해당합니다. 이런 3가지 ETF를 계좌별로 적절히 조합해 공격수·현금흐름·수비수의 비중을 조절하는 방식으로 운용하면, 자산 성장과 안정성을 동시에 추구할 수 있습니다.

예를 들어 연금저축펀드, 중개형 ISA, 퇴직금을 수령할 예정인 개인형 IRP까지 총 3개의 노후 자금 계좌가 있다고 가정해보겠습니다. 각 계좌에서 자금을 인출할 때 적용되는 세금과 건강보험료 영향을 고려해 계좌별 인출 순서와 월평균 인출 금액을 먼저 정해야 합니다. 그러면 가장 먼저 인출하는 계좌에서 매달 필요한 자금을 인출한다고 했을 때 잔액이 전부 소진되기까지 소요되는 시간이 계산될 것이므로, 그 시간만큼은 나머지 계좌들에게 좀 더 공격적으로 운용할 시간적 여유를 부여하게 됩니다.

예를 들어, 첫 번째로 인출하기로 정한 계좌에서 보수적으로 정한 기대수익률을 추구하며 잔액을 운용한다고 가정하겠습니다. 이 계좌에서 매달 일정 금액을 노후 자금으로 인출할 때 잔액이 전부 소진되기까지 10년 정도가 소요된다고 하면, 두 번째로 인출할 계좌에서 돈을 꺼내 쓰기까지는 꽤 긴 시간이 남아있기에 해당 기간에는 금융시장에 큰 위기가 일어나도 주가가 회복할 때까지 기다릴 수 있는 시간적 여유를 확보할 수 있습니다. 그럼 두 번째 순서로 인출하거나 그보다 더 늦게 인출하기로 한 계좌는 인덱스 비중을 높여 공격적으로 운용하는 데 부담이 줄게 되고, 적극적인 운용을 통해 변동성은 커질지언정 높아진 기대수익률로 노후 자산의 운용 성과를 극대화하게 됩니다.

은퇴 시점까지 기간이 많이 남았다면 지금 당장 구체적으로 무언가를 결정하려고 하기보다는, 일단 소비를 줄여 잉여 현금흐름으로 인덱스 ETF의 비중을 높게 가져가야 합니다. 앞으로 소득이 발생할 수 있는 기간이 남아있기에 노후 준비를 위한 금융자산에 예상치 못한 위기로 손실이 나더라도 회복할 때까지 기다릴 수 있는 시간적, 금전적 여유가 있기 때문입니다. 시장의 분위기가 좋지 못해 평가 손실을 기록하고 있더라도 매달 발생하는 잉여 현금흐름으로 나의 평균 매입 단가보다 더 낮은 가격에 계속 인덱스 ETF를 사서 모으며 수량을 늘려나가면 됩니다.

반대로 5년 내 퇴직 가능성이 있다면 상황은 달라집니다. 이 시기에는 나의 계좌별 평균 잔액은 어느 정도인지, 은퇴 후 어떤 계좌부터 인출할 것인지, 매달 인출할 평균 금액은 어느 정도인지를 대략이라도 정해야 합니다. 그리고 가장 먼저 인출할 계좌에서는 인덱스 ETF와 배당 ETF, 채권과 금 ETF의 비중을 조절해 변동성을 낮춰야 합니다. 은퇴 시점이 가까워질수록 변동성이 큰 인덱스 ETF의 비중을 서서히 줄이고, 배당 ETF와 채권 및 금 ETF의 비중을 늘려주며 해당 계좌의 전체적인 변동성은 낮추고 계좌 내에서 현금흐름을 만들어 필요한 인출 자금을 안정적으로 꺼내 쓸 수 있도록 준비하는 것이 좋습니다.

인덱스 ETF가 현금흐름을 만들어주는 배당 ETF에 비해 기대수익률이 높을 수는 있지만, 끊임없이 상승과 하락을 반복하는 인덱스 ETF를 노후 생활비나 의료비를 위해 팔아서 인출 자금을 만들어낸다는 건 결코 쉬운 일이 아닙니다. 오를 때는 더 오를까 봐 보유하고 있는 인덱스 ETF의 매도에 주저하게 되고, 내리면 고점 대비 내린 게 아쉬워 기다렸다 조금 더 오르면 그때 팔고 싶어지기 때문에 원하는 시점에 필요한 자금을 인출하기가 어려워질 가능성이 높기 때문이죠.

이렇게 인출 시점에는 더 이상 노동을 통한 유의미한 소득을 벌어들이는 게 어렵고, 지금까지 모아놓은 노후 자산으로 여생을 보내야 한다는 생각에 심리적인 부담이 생길 수밖에 없습니다. 그래서 보유 ETF를 팔아서 인출 자금을 만들기보다는 ETF에서 발생하는 분배금을 인출해 생활비를 마련하는 구조가 보다 안정적입니다. 그렇게 함으로써 보유 ETF의 매도를 통한 현금화를 최소화하는 것입니다. 여기에 수비수 역할을 하는 채권이나 금 ETF의 비중을 늘려 인출 중인 계좌의 변동성을 낮춰준다면 노후 생활의 심리적인 안정감까지 확보할 수 있습니다.

한편 인덱스와 배당, 채권과 금 ETF의 적정 비중을 궁금해들 하시는데요. 명확하게 정해진 ETF 비중은 없다고 봐야 합니다. 시기를 특정하고 과거의 데이터를 바탕으로 백테스팅을 통해 최적의 비중은 찾을 수는 있지만, 저마다 위험 감내 성향이나 필요한 월별 인출 금액, 금융자산과 부동산 자산까지 포함한 총자산 등이 각자 다르기에 적정 비중은 스스로 정해야 합니다.

만약 이렇게 스스로 ETF 비중을 조절하는 게 번거롭고 어렵게 느껴진다면 주식과 채권 및 금 등을 비중을 달리하여 하나의 펀드나 ETF에 담은 자산 배분형 상품 중에서 나에게 맞는 상품을 선택하는 것도 방법이 될 수 있습니다.

소음과 유혹에 흔들리지 말고, 시간에 투자하라

"절세계좌에서 미국 인덱스 ETF만 적립식으로 사서 모은다."

이 문장은 짧고 단순해 보이지만, 금융자산 투자를 시작하려는 대부분의 사람에게 가장 간단하면서도 확실한 원칙을 제시합니다. 다만 문제는 이 원칙을 실행해야 하는 주체가 감정과 심리, 그리고 주변 환경의 영향을 피할 수 없는 '사람'이라는 점입니다.

지난 30년 이상을 기준으로 미국 인덱스의 연평균 수익률을 살펴보면 S&P500은 약 10퍼센트 내외, 나스닥100은 약 15퍼센트 내외의 성과를 보여왔습니다. 하지만 이는 어디까지나 장기 평균 수익률일 뿐입니다. 단기적으로 보면 미국 인덱스의 성과가 신흥국이나 이머징 마켓보다 뒤처질 수도 있고, 전 세계 주식시장이 상당 기간 동안 지지부진한 박스권에 머무를 수도 있습니다. 특히 미국 인덱스의 투자 성과가 부진한 시기에는, 다른 투자처에서 큰 수익을 냈다는 주변의 이야기들이 들려올 때 마음이 흔들리기 쉽습니다. 그러다 보면 지금이라도 미국 인덱스가 아닌 다른 투자처로 옮겨야 하는 것은 아닐지 고민이 들기도 합니다.

물론 미국 인덱스가 아닌 다른 국가나 특정 산업으로 자산을 바

S&P500 섹터별 성과

2011	2012	2013	2014	2015	2016	2017	2018	2019	2020	2021	2022	2023	2024	2025	Ann.
UTIL 19.9%	FINL 28.8%	COND 43.1%	REAL 30.2%	COND 10.1%	ENRS 27.4%	INFT 38.8%	HLTH 6.5%	INFT 50.3%	INFT 43.9%	ENRS 54.6%	ENRS 65.7%	INFT 57.8%	TELS 40.2%	TELS 33.6%	INFT 20.8%
CONS 14.0%	COND 23.9%	HLTH 41.5%	UTIL 29.0%	HLTH 6.9%	TELS 23.5%	MATR 23.8%	UTIL 4.1%	TELS 32.7%	COND 33.3%	REAL 46.2%	UTIL 1.6%	TELS 55.8%	INFT 36.6%	INFT 24.0%	COND 14.7%
HLTH 12.7%	REAL 19.7%	INDU 40.7%	HLTH 25.3%	CONS 6.6%	FINL 22.8%	COND 23.0%	COND 0.8%	FINL 32.1%	TELS 23.6%	FINL 35.0%	CONS -0.6%	COND 42.4%	FINL 30.6%	INDU 19.4%	S&P 14.1%
REAL 11.4%	TELS 18.3%	FINL 35.6%	INFT 20.1%	INFT 5.9%	INDU 18.9%	FINL 22.2%	INFT -0.3%	S&P 31.5%	MATR 20.7%	INFT 34.5%	HLTH -2.0%	S&P 26.3%	COND 30.1%	S&P 17.9%	HLTH 13.3%
TELS 6.3%	HLTH 17.9%	S&P 32.4%	CONS 16.0%	REAL 4.7%	MATR 16.7%	HLTH 22.1%	REAL -2.2%	INDU 29.4%	S&P 18.4%	S&P 28.7%	INDU -5.5%	INDU 18.1%	S&P 25.0%	UTIL 16.0%	INDU 12.5%
COND 6.1%	S&P 16.0%	INFT 28.4%	FINL 15.2%	TELS 3.4%	UTIL 16.3%	S&P 21.8%	S&P -4.4%	REAL 29.0%	HLTH 13.5%	MATR 27.3%	FINL -10.5%	MATR 12.6%	UTIL 23.4%	FINL 15.0%	FINL 12.3%
ENRS 4.7%	INDU 15.4%	CONS 26.1%	S&P 13.7%	S&P 1.4%	INFT 13.9%	INDU 21.0%	CONS -8.4%	COND 27.9%	INDU 11.1%	HLTH 26.1%	MATR -12.3%	REAL 12.4%	INDU 17.5%	HLTH 14.6%	TELS 12.1%
INFT 2.4%	MATR 15.0%	MATR 25.6%	INDU 9.8%	FINL -1.5%	S&P 12.0%	CONS 13.5%	TELS -12.5%	CONS 27.6%	CONS 10.8%	COND 24.4%	S&P -18.1%	FINL 12.2%	CONS 14.9%	MATR 10.5%	UTIL 10.8%
S&P 2.1%	INFT 14.8%	ENRS 25.1%	COND 9.7%	INDU -2.5%	COND 6.0%	UTIL 12.1%	FINL -13.0%	UTIL 26.4%	UTIL 0.5%	TELS 21.6%	REAL -26.1%	HLTH 2.1%	ENRS 5.7%	ENRS 8.7%	CONS 10.2%
INDU -0.6%	CONS 10.8%	UTIL 13.2%	MATR 6.9%	UTIL -4.8%	CONS 5.4%	REAL 10.9%	INDU -13.3%	MATR 24.6%	FINL -1.7%	INDU 21.1%	INFT -28.2%	CONS 0.5%	REAL 5.2%	COND 6.0%	REAL 8.6%
MATR -9.6%	ENRS 4.6%	TELS 11.5%	TELS 3.0%	MATR -8.4%	REAL 3.4%	ENRS -1.0%	MATR -14.7%	HLTH 20.8%	REAL -2.2%	CONS 18.6%	COND -37.0%	ENRS -1.3%	HLTH 2.6%	CONS 3.9%	MATR 8.3%
FINL -17.1%	UTIL 1.3%	REAL 1.6%	ENRS -7.8%	ENRS -21.1%	HLTH -2.7%	TELS -1.3%	ENRS -18.1%	ENRS 11.8%	ENRS -33.7%	UTIL 17.7%	TELS -39.9%	UTIL -7.1%	MATR 0.0%	REAL 3.2%	ENRS 5.5%

자료: Novel Investor

꿔 담아 유의미한 투자 성과를 거둘 수는 있지만 우리가 생각할 부분은 이렇게 매번 좋은 성과가 날 표적을 예측하여 높은 정확도로 꾸준히 맞히는 것이 과연 지속 가능한 투자 방법이냐 하는 것입니다.

앞의 자료는 S&P500을 구성하는 11개 섹터와 S&P500의 연도별 성과를 보여줍니다. 매크로 환경을 이루는 다양한 요소를 분석해 특정 연도에 성과가 좋을 가능성이 높은 섹터를 예측할 수는 있지만, 이런 예측이 항상 100퍼센트 맞아떨어지지는 않습니다. 예상치 못한 변수들이 끊임없이 발생한다는 점을 고려하면, 투자 기간이 길어질수록 예측이 연속적으로 맞을 확률은 자연히 낮아질 수밖에 없습니다.

반면 높은 난이도의 분석과 예측에 매달리지 않고 S&P500 인덱스만 꾸준히 모았다면, 매년 최상위 성과를 기록하지는 않더라도 최하위권에 머무르지도 않고 비교적 안정적인 중간 수준의 성과를 거둘 수 있습니다. 그리고 이를 15년이라는 기간 동안 평균 내어보면, 결과적으로 중상위권에 해당하는 높은 투자 성과를 거두었음을 확인할 수 있습니다.

정리하자면, 인덱스 투자는 들이는 시간과 노력에 비해 기복이 크지 않고 꾸준한 성과를 기대할 수 있으며 운용사가 굉장히 저렴한 보수로 정기적인 리밸런싱을 알아서 해주기에 투자자가 특별히 할 게 없다는 점에서 장기 지속성에 강점이 있는 투자 방법입니다.

다만 개별 종목이나 특정 섹터, 이머징 또는 신흥국 투자에 비해 미국 인덱스 투자는 상대적으로 변동성이 낮고, 운용 자금의 규모가 크지 않은 투자 초중반까지는 자산 규모가 작아 복리 효과가 눈에 잘 드러나지 않는다는 단점이 있습니다. 그래서 투자 초반에는 성과가 더딘 것처럼 느껴지거나, 다른 투자자들보다 뒤처지는 것 같은 불안감이 들기도 합니다. 그럼에도 불구하고 이 기간을 잘 참고 견뎌낸다면 적립식으로 쌓아온 투자 원금 위에 인덱스의 꾸준한 수익이 더해지면서 어느 순간 눈덩이처럼 불어난 자산이 복리의 힘으로 빠르게 커지는 것을 보게 될 겁니다.

매번 다른 투자처를 물색하며 그때마다 높은 투자 성과를 추구하는 건 성공 확률이 낮고 지속 가능성도 떨어진다는 걸 기억하세요. 기나긴 투자의 여정에서 마주할 수많은 소음과 유혹을 이겨내고, 시간이 주는 복리의 선물을 추구할수록 우리의 노후는 안정적이고 여유로울 것입니다.

계획적이고 적극적인 운용이 필요한 노후 자산

많은 사람이 노후를 위해 준비한 자금의 운용 기간을 은퇴 예상 시점까지로 한정해 생각합니다. 이는 국민연금·퇴직연금·개인연금으로 이어지는 3층 연금 제도를 통해 비교적 탄탄한 노후 준비를 마친 세대가 본격적으로 은퇴한 지 아직 얼마 되지 않았고, 은퇴 이후 경제활동기 동안 모아둔 자산을 어떻게 운용해야 하는지에 대한 우리나라 현실에 맞는 사례가 아직 충분히 알려지지 않았기 때문이기도 합니다.

노후 자산의 특성을 고려하면, 한 번에 목돈을 인출하기보다는 매달 필요한 생활비를 장기간에 걸쳐 나눠 인출하는 경우가 대부분입니다. 즉, 은퇴 이후에도 그동안 모아두고 불려온 노후 금융자산의 상당 부분은 그대로 유지한 채 계속 운용할 수 있습니다.

따라서 은퇴 시점이 가까워졌다고 해서 금융자산 대부분을 원리금 보장 상품이나 채권 비중이 높은 상품으로 일괄 전환하기보다는, 계좌별 인출 순서를 먼저 정하는 것이 중요합니다. 인출 시점이 임박한 계좌는 변동성이 낮은 자산 위주로 안정적으로 운용하고, 아직 인출까지 시간적 여유가 남은 계좌는 인덱스 ETF의 비중을 높여 변동성을 감내하되 장기적인 운용 수익을 추구하는 전략이 바람직합니다.

은퇴가 가까워질수록 많은 사람이 주식 비중을 어느 정도까지 유지해도 되는지 고민합니다. 다시 말해, 은퇴 직전까지 모은 자산으로 노후 생활을 이어가야 하는 상황에서 S&P500과 같은 인덱스 ETF의 비중이 지나치게 높을 경우, 큰 폭의 시장 하락이 발생하면 노후 자금에 심각한 타격을 입지 않을지 불안해하는 것입니다.

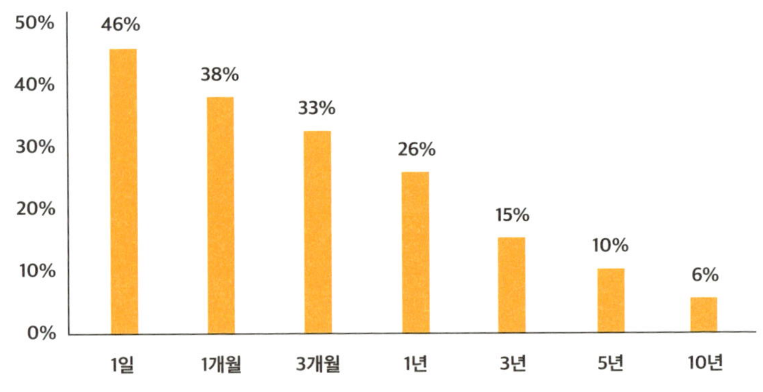

투자 기간에 따른 주식 손실 확률
1929년부터 2023년 2월 28일까지의 S&P500 총수익률 기준

자료: S&P, Bloomberg, BofA US Equity & Quant Strategy

[노후 대비]

그러나 미국의 대표 지수인 S&P500을 기준으로 투자 기간에 따른 손실 확률을 살펴보면, 1년 투자 시 약 26퍼센트, 3년은 약 15퍼센트, 5년으로 늘어나면 약 10퍼센트 수준으로 나타납니다. 즉, 투자 기간이 길어질수록 손실을 볼 확률은 점점 낮아진다는 것을 알 수 있습니다. 이런 장기간의 누적 데이터를 감안하면, 하락장 국면에서 계좌를 성급히 정리하거나 큰 금액을 불가피하게 인출하지만 않는다면, 설령 큰 폭의 조정을 겪더라도 일정 시간이 지나 다시 전고점을 회복할 가능성이 매우 높다고 볼 수 있습니다.

그러나 이렇게 전략적으로 노후 자산을 적극 운용하지 않고 지나치게 보수적으로 운용할 경우, 노후 자산은 빠르게 소진될 수밖에 없습니다. 자산이 줄어드는 속도를 보며 불안한 마음은 점점 더 커질 것입니다. 반면 은퇴 직전까지 최대한 모으고 불려놓은 금융자산을 은퇴 이후에도 변동성을 감내하고 인덱스 ETF를 핵심 자산으로 유지하며 운용한다면, 매달 일정 금액을 인출하더라도 꾸준히 불어나는 수익으로 자산이 줄어드는 속도를 크게 늦출 수 있습니다.

예를 들어 부부가 노후 자산으로 5억 원을 마련해두고, 매달 300만 원씩 인출할 계획을 세웠다고 가정하겠습니다. 이 중 70퍼센트인 3억 5,000만 원을 장기 평균 수익률 10퍼센트 수준의 S&P500 인덱스 ETF에 투자하고, 나머지 30퍼센트인 1억 5,000만 원을 기대수익률 5퍼센트 내외의 원리금 보장 상품과 채권·월배당 ETF 중심으로 운용한다면, 연간 기대 운용 수익은 약 4250만 원(=3.5억 원 × 10% +

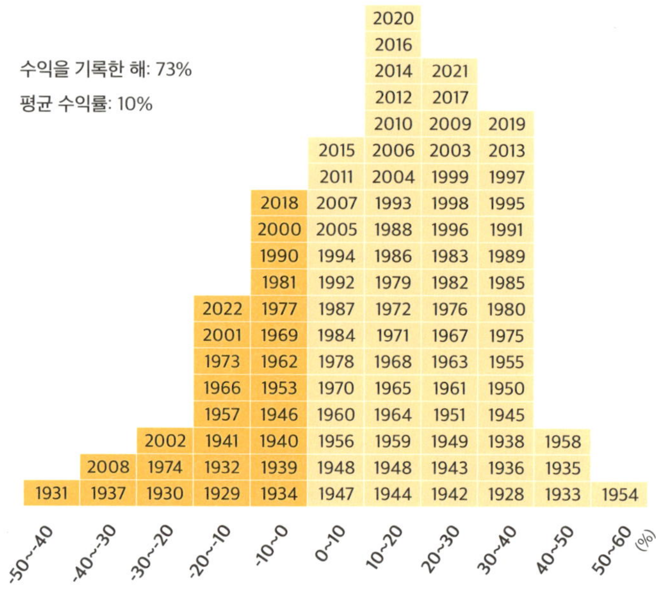

1.5억 원 × 5%)에 달합니다. 물론 이는 연평균 수익률을 기준으로 한 계산이므로 단기적으로는 연도별 편차가 클 수 있습니다. 그러나 장기간으로 바라보면 연간 인출 예정 금액인 3600만 원보다 기대 운용 수익이 더 크기 때문에, 노후 자산이 소진되는 속도는 매우 완만해질 가능성이 높습니다.

인덱스 ETF 투자를 이제 막 시작했거나 앞으로 시작하려는 분에게는, 인덱스 ETF의 비중을 일정 수준 이상으로 가져가는 것이 부담스러울 수도 있습니다. 지금은 소득이 있어 괜찮지만, 고정 수입이 끊기는 은퇴 이후에는 원리금이 보장되지 않는 자산에 대한 불안이 더 커지기 때문입니다. 그러나 지금부터 은퇴 시점까지 인덱스 ETF에 꾸준히 투자하며 시장의 변동성을 직접 경험하다 보면, 그동안 쌓인 경험이 자연스럽게 자신감과 확신으로 이어집니다. 그 결과 은퇴 후에도 인덱스 ETF 비중을 과도하게 줄일 필요는 없다는 판단에 이를 수 있고, 경우에 따라서는 인출해 사용하는 속도보다 자산이 불어나는 속도가 더 빠른, 보다 여유로운 노후를 기대할 수도 있습니다.

퇴직 전후
꼭 알아둬야 할
필수 지식

연금계좌의 4가지 재원

계좌별 인출 순서를 이해하기에 앞서, 연금계좌인 개인형 IRP와 연금저축펀드에 쌓인 평가 잔액은 재원에 따라 4가지 영역으로 구분된다는 점을 먼저 알아야 합니다. 즉, 각 연금계좌에 적립된 금액은 하나의 성격을 가진 자금이 아니라, 서로 다른 4가지 출처에서 들어온 자금이 합쳐진 총액입니다.

여기서 말하는 연금계좌 잔액의 출처, 즉 재원이란 세액공제를 받은 자기부담금(세제 적격), 세액공제를 받지 않은 자기부담금(세제 비적격), 퇴직금 또는 퇴직연금, 운용 수익을 의미합니다. 각 재원별로 적용되는 세금이 서로 다를 뿐 아니라, 연금을 수령할 때 인출되는 재원별 순서 또한 정해져 있다는 점을 반드시 이해해야 합니다.

연금계좌에서 자금을 인출할 때는 재원별로 정해진 순서가 적용됩니다. 먼저 ① 과세 대상이 아닌 세액공제를 받지 않은 자기부담금(세제 비적격)이 가장 먼저 인출됩니다. 그다음 ② 퇴직금 또는 퇴직연금이 인출되며, 이때는 연금 수령 연차에 따라 퇴직소득세가 30~50퍼센트 감면된 세율로 원천징수됩니다. 마지막으로 ③ 세액공제를 받은 자기부담금(세제 적격)과 그동안 과세이연으로 쌓인 운용 수익이 인출되는데, 연간 수령액이 1,500만 원 이하일 경우 연령에 따라 5.5~3.3퍼센트의 연금소득세가 원천징수됩니다.

퇴직금 또는 퇴직연금을 수령할 때 기존에 보유하고 있던 개인형 IRP가 있음에도 퇴직급여 수령용 IRP를 별도로 만드는 이유도 여기에 있습니다. 퇴직급여를 다른 재원과 섞지 않고 별도 계좌에 보관해야 퇴직소득을 전략적으로 인출할 수 있기 때문입니다. 참고로 연금계좌 잔액이 어떤 재원으로 구성되어 있는지는 '연금보험료 등

연금저축과 IRP의 적립금 인출 순서와 과세 방법

소득·세액공제 확인서'와 '퇴직소득 원천징수영수증'에서 확인할 수 있습니다.

계좌별 인출 순서가 중요한 이유

지금까지 살펴본 연금계좌와 절세계좌를 모두 활용해 노후 자금을 준비해왔다면, 현재 중개형 ISA, 연금저축펀드, 개인형 IRP와 같은 계좌들을 보유하고 있을 것입니다.

퇴직 후 본격적인 은퇴 생활을 위해 필요한 생활비는 아무 계좌에서나 필요한 만큼 인출하면 될 것 같지만, 실제로는 그렇지 않습

① 중개형 ISA	납입 원금을 한도로 중도 인출 가능
② 연금저축펀드(세제 적격)	세액공제 받은 자기부담금을 넣은 계좌
③ 개인형 IRP(세제 적격)	세액공제 받은 자기부담금을 넣은 계좌
④ 개인형 IRP(퇴직소득 수령)	과세이연된 퇴직소득을 수령한 계좌
⑤ 연금저축펀드(세제 비적격)	세액공제 받지 않은 자기부담금을 넣은 계좌

니다. 노후 자금을 계좌에서 인출할 때는 반드시 계좌별로 발생하는 세금과 건강보험료에 미치는 영향을 함께 고려해야 합니다.

과세이연 혜택이 적용되는 계좌를 활용해온 경우, 해당 계좌에서 자금을 인출할 때는 재원별로 정해진 세금이 부과됩니다. 이때 적용되는 세율은 수령 연령이나 인출 시기에 따라 달라지며, 그 결과로 발생한 과세 소득이 건강보험료 산정에 영향을 주어 경우에 따라 보험료를 더 부담하거나 덜 부담할 수도 있습니다.

또한 직장에 다닐 때는 직장가입자로 회사와 근로자인 내가 반반씩 건강보험료를 부담했다면, 이제 퇴직 후에는 지역가입자로서 재산과 소득에 따른 건강보험료를 온전히 납부해야 하기에 이 또한 부담이 만만치 않습니다. 그래서 이런 내용을 고려하여 최적의 인출 전략을 세워야 실제 부담하는 비용을 줄일 수 있습니다. 다음 장에서는 이처럼 세금과 건강보험료 부담을 최소화할 수 있는 계좌별 인출 순서와 전략을 구체적으로 살펴보겠습니다.

퇴직 후 가장 먼저 할 일,
퇴직소득 수령한 개인형 IRP 연금 개시

퇴직금이나 퇴직연금을 받을 수 있는 직장인의 경우, 퇴직 시 해당 퇴직소득은 개인형 IRP 계좌로 수령해야 합니다. 이처럼 퇴직소득 수령만을 목적으로 새로 개설한 개인형 IRP에 퇴직금이 입금되었다면, 만 55세 이상일 경우 지체 없이 연금 수령을 개시해야 합니다.

당장 생활비가 필요하지 않더라도 연금을 바로 개시해야 하는 이유는 연금 수령 연차를 쌓기 위해서입니다. 퇴직소득을 연금 형태로 수령하면 연금 수령 10년 차까지는 퇴직소득세의 30퍼센트가 감면되고, 11년 차 이후부터는 40퍼센트, 21년 차 이후부터는 50퍼센트까지 감면됩니다. 이때 연금을 어떤 방식으로 수령하는지는 중요하지 않으며, 연간 최소 1회 이상만 인출하면 연금 수령 연차는 계속 누적됩니다.

따라서 매년 최소 금액만 인출해 연금 수령 연차를 차곡차곡 쌓아두고, 11년 차 이후부터 40퍼센트 감면된 퇴직소득세를 적용받아 장기간 분할 수령하는 것이 퇴직소득세의 절세 혜택을 최대한

[노후 대비]

효율적으로 활용하는 전략입니다. 21년 차 이후부터는 퇴직소득세를 50퍼센트 감면해주지만 최대 절세 효과에 비해 인출 시점의 나이를 생각하면 11년 차 이후의 40퍼센트 감면이 현실적이고 효율적인 절세 구간이라 볼 수 있습니다.

한편 퇴직소득세는 퇴직 시점에 납부할 금액이 확정됩니다. 다만 퇴직급여를 연금으로 수령하면 세금을 즉시 납부하는 대신 연금을 수령하는 시점까지 과세가 이연됩니다. 그리고 연금을 받을 때마다 수령액에서 일정 금액의 세금이 원천징수되는 방식으로 납부하게 됩니다.

예를 들어, 퇴직 시점에 계산된 퇴직소득세가 3,000만 원이라 해 봅시다. 퇴직급여를 연금으로 수령하면 퇴직소득세 납부가 이연되므로 3,000만 원의 세금까지 포함된 세전 금액 전체를 연금계좌에서 계속 운용할 수 있습니다. 또한 이후 연금을 수령하는 시점에는 퇴직소득세의 30~50퍼센트 감면 혜택까지 적용받을 수 있습니다.

2025년에 퇴직하여 산출된 퇴직소득세가 3,000만 원이라면, 이를 연금계좌에서 퇴직소득세의 과세이연 혜택을 받으며 20년 동안 운용하다가 2045년 이후 연금으로 수령할 경우 감면된 세율이 적용된 퇴직소득세를 연금을 수령할 때마다 원천징수 방식으로 납부하게 됩니다. 이 기간 동안 화폐가치가 하락하더라도 납부해야 할 퇴직소득세 금액은 변하지 않기 때문에 실질적인 세 부담은 더욱 줄어드는 효과를 기대할 수 있습니다. 연금 수령에 따른 세금 감면은 고려하지 않고 2025년의 퇴직소득세 3,000만 원 가치와 2045년의 3,000만원의 가치를 생각해보면 화폐가치 하락의 효과로 실질적인 세 부담이 감소했다고 볼 수 있는 것입니다.

55세 이전에 퇴직하여 개인형 IRP에 퇴직급여를 수령했다면, 잊지 말고 만 55세가 되는 시점에 연금을 개시하고, 퇴직 시점에 이미 만 55세가 넘었다면 바로 개인형 IRP를 연금으로 개시해야 합니다.

내 노후 자산,
어떤 계좌부터 꺼내 쓸까
: 멀티 버킷 인출 전략

마지막으로 은퇴 직후, 그동안 꾸준히 모으고 불린 노후 자산을 어떻게 하면 최고의 효율로 전략적으로 인출할지에 대해 살펴보겠습니다. 세금과 건강보험료까지 고려한 최적의 인출 전략을 함께 짚어봅시다.

① 인출 1순위, 과세 대상이 아닌 재원
(중개형 ISA, 세제 비적격 연금저축펀드)

ISA와 연금저축펀드의 공통점 중 하나는 계좌 내 자금의 일부를 인출할 수 있다는 점입니다. ISA는 납입한 원금 범위 내에서 언제든지 중도 인출이 가능하며, 연금저축펀드 역시 세액공제를 받지 않은 자기부담금에 한해서는 수시로 중도 인출할 수 있습니다.

　이런 특징을 활용해 퇴직 후 자금 인출이 필요해지는 시점부터는 ISA와 연금저축펀드에서 중도 인출이 가능한 금액을 우선적으로 활용합니다. 이렇게 중도 인출한 자금은 입출금 계좌의 돈을 사용하는 것과 마찬가지로 과세 대상이 아니며, 건강보험료에도 영향을 미치지 않기 때문에 부담 없이 사용할 수 있습니다.

　과세 대상이 아닌 자금을 활용해 공적연금을 수령하기 전까지의 소득 공백기를 보내는 동안에도, 노후 자금이 담긴 계좌들은 계속해서 운용되며 자산을 불려갑니다. 특히 이 시기에 연금계좌와 ISA에서 발생한 운용 수익은 모두 과세이연 혜택이 적용되므로, 수익 규모와 관계없이 당장의 세금이나 건강보험료 부담에서 자유로울 수 있습니다.

　한편 중도 인출을 할 수 있는 자금을 모두 소진하여 더 이상 인출이 불가능해졌다면, ISA의 경우 계좌에 운용 수익만 남았을 것이고, 연금저축펀드는 세액공제를 받은 자기부담금과 운용 수익이 남아있을 것입니다. 이때 더 이상 중도 인출할 수 없는 ISA는 만기 해지 처리를 하고, 해지한 자금을 그대로 연금저축펀드에 납입해야 합니다. 그러면 연금저축펀드에는 세액공제를 받지 않은 자기부담금이 새롭게 추가되므로, 과세이연 혜택을 유지하면서 중도 인출을 통해 필요한 자금을 인출할 수 있는 기간을 더 늘릴 수 있습니다.

　　　　　　　　　　　　　　　　　　　　　　　　　　　[노후 대비]

② 개인형 IRP에서 본격적인 연금 수령하기

앞서 설명했듯이, 퇴직과 함께 개인형 IRP로 수령한 퇴직소득은 만 55세가 되는 시점에 맞춰 연금을 개시해야 합니다. 이후에는 연간 최소 인출 금액만 연금으로 수령하며 연금 수령 연차를 차곡차곡 쌓아가는 것이 좋습니다. 그렇게 연금 수령 연차를 유지한 상태에서 중개형 ISA와 연금저축펀드에서 중도 인출이 가능한 금액을 먼저 모두 활용한 뒤, 그다음 단계로 퇴직소득이 담긴 개인형 IRP에서 본격적으로 자금을 인출하는 전략이 유리합니다.

퇴직소득을 개인형 IRP에서 연금 형태로 수령하면, 매달 인출하는 금액 중 일부에 대해 퇴직소득세가 원천징수됩니다. 연금 수령 후 10년 차까지는 퇴직소득세의 30퍼센트가 감면되고, 11년 차 이후부터는 40퍼센트, 21년 차 이후부터는 50퍼센트까지 감면되므로 퇴직소득세를 효과적으로 절세할 수 있습니다. 또한 퇴직소득세는 연간 연금 인출 금액과 관계없이 분류과세 되기 때문에, 건강보험료 산정에는 영향을 미치지 않는다는 점도 중요한 장점입니다.

이렇게 퇴직소득을 연금으로 수령하다가 퇴직소득 재원을 모두 소진하면, 이후에는 그동안 계좌에 쌓인 운용 수익을 재원으로 연금이 지급됩니다. 이때부터는 퇴직소득세가 아닌 5.5~3.3퍼센트의 연금소득세가 부과됩니다. 매달 같은 금액의 연금을 받다가 어느 시점부터 수령 금액이 평소와 달라졌다면, 연금의 재원이 퇴직소득에서 운용 수익으로 바뀌었다고 이해하면 됩니다.

③ 인출 최후 순위, 연금저축펀드와 개인형 IRP

노후 자산 가운데 가장 마지막에 인출할 계좌는 세액공제를 받은 자기부담금과 운용 수익이 적립된 연금저축펀드와 개인형 IRP입니다. 이 계좌들은 인출 시점을 가장 뒤로 미룰 수 있는 만큼, 장기간 운용 기간을 확보할 수 있어 상대적으로 공격적인 자산 운용이 가능한 계좌입니다.

두 계좌 모두 연금계좌이기 때문에 만 55세 이후 언제든 연금을 개시할 수 있으며, 이때 부과되는 세금은 5.5~3.3퍼센트의 연금소득세입니다. 연금소득세율은 연금 수령 시점의 나이를 기준으로 55~69세는 5.5퍼센트, 70~79세는 4.4퍼센트, 80세 이후는 3.3퍼센트가 적용됩니다. 다만 이런 저율의 연금소득세가 적용되기 위해서는 연간 연금 수령액이 1,500만 원 이하여야 합니다. 다시 말해 연간 1,500만 원 이하로 연금을 수령할 경우에만 저율 과세가 가능하며, 이를 초과해 수령하는 금액에 대해서는 16.5퍼센트의 분리과세와 종합과세 중에서 유리한 방식을 선택해 세금을 납부합니다.

　　　　　　　　　　　　　　　　　　　　　　　　　　[노후 대비]

세법 개정 후 사적연금소득 세율

1,500만 원 이하	
55세 이상 ~ 70세 미만	5.5%
70세 이상 ~ 80세 미만	4.4%
80세 이상	3.3%

1,500만 원 초과
분리과세(16.5%) 또는 종합소득 합산과세(6.6~49.5%)

※ 지방소득세 포함
자료: 기획재정부

다른 계좌와 달리, 세액공제를 받은 자기부담금과 운용 수익이 쌓여있는 연금저축펀드와 개인형 IRP를 인출 순서상 가장 마지막에 두어야 하는 이유는 크게 2가지입니다.

첫 번째 이유는 다른 계좌의 자금을 먼저 소진하며 시간을 벌수록, 연금계좌에서 본격적으로 연금을 수령하는 시점의 나이가 자연스럽게 70대 이후로 넘어가게 되고, 그 결과 1퍼센트라도 더 낮은 세율을 적용받을 수 있기 때문입니다.

두 번째 이유는 현재 연간 1,500만 원 이하로 수령해야 적용받을 수 있는 사적연금 분리과세 한도가 앞으로 더 확대될 가능성이 있기 때문입니다. 실제로 해당 기준은 과거 1,200만 원에서 2024년부터 1,500만 원으로 상향되었습니다. 공적연금의 소득대체율이 점차 낮아지고 있는 현실을 감안하면 사적연금에 대한 세제 혜택이 강화될 여지도 충분합니다. 이런 점을 고려하면, 세액공제를 받은 자기부담금과 운용 수익이 적립된 연금저축펀드와 개인형 IRP는 전체 노후 자산 가운데 가장 마지막에 인출하는 계좌로 두는 것이 합리적인 전략입니다.

한편 현재까지 사적연금 수령액의 경우 건강보험료를 산정하는 소득으로 포함하지 않기에 노후 시기에 건강보험료에 대한 부담에서도 자유로울 수 있습니다.

추가로, 만 55세 이후에는 연금저축펀드와 개인형 IRP를 하나의 계좌로 통합할 수 있습니다. 연금저축펀드는 담보대출이 가능하고 운용 상품에 대해 안전자산 30퍼센트 규정이 적용되지 않기 때문에, 경제활동 기간 동안 세액공제를 최대한 받기 위해 활용했던 개인형 IRP의 잔액을 연금저축펀드로 이전해 운용하는 것도 좋은 방법입니다.

다음 페이지의 그림은 지금까지 설명한 노후 자산의 계좌별 인출전략을 도식화한 것입니다. 퇴직 이후 전 기간에 걸쳐 연금계좌와 절세계좌의 장점을 최대한 활용함으로써, 세금과 건강보험료 부담을 최소화할 수 있습니다. 이처럼 세후 수익률이 상대적으로 유리한 구조를 만들어두면 무리하게 높은 수익을 추구할 필요가 없고, 기대수익률을 낮춘, 보다 안정적인 운용만으로도 충분합니다. 그 결

노후 자산 계좌별 인출 전략

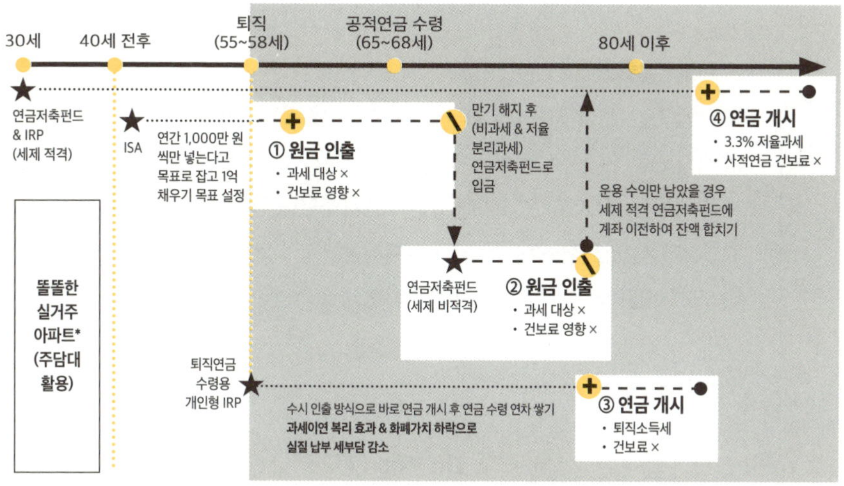

과 실패할 가능성이 낮은 자산 운용 궤도에 비교적 빠르게 올라서게 됩니다.

처음에는 다소 복잡하게 느껴질 수 있지만, 앞서 살펴본 세금 구조와 계좌별 특징, 인출 전략을 반복해서 익히다 보면 이보다 더 효율적인 방법은 없다는 데에 동의하게 될 것입니다.

연금계좌의 연금 수령 요건과 한도

· 연금 수령 요건

① 가입 기간: 연금계좌의 첫 입금일로부터 5년이 경과한 경우

② 수령 연령: 만 55세 이상

퇴직 여부와 관계없이 위 2가지 요건을 충족하면 연금 수령을 개시할 수 있습니다. 다만 퇴직소득이 입금된 경우에는 가입 기간 요건과 무관하게, 만 55세 이상이라는 연령 조건만 충족하면 바로 연금 개시가 가능합니다.

· 연금 수령 한도

$$연금\ 수령\ 한도 = \frac{연금계좌의\ 평가액}{11 - 연금\ 수령\ 연차} \times 120\%$$

연금 수령 연차는 실제로 연금을 수령했는지 여부와 관계없이, 계좌 가입 기간이 5년을 경과하고 만 55세가 된 해부터 자동으로 산정됩니다. 예를 들어 연금계좌 가입 기간이 이미 10년을 넘긴 가입자의 경우, 만 55세가 되는 해가 연금 수령 1년 차에 해당하며, 이후 매년 연차가 누적되어 58세에는 연금 수령 4년 차가 됩니다.

이때 연금 수령 한도는 연금계좌의 평가액을 7(=11-4년 차)로 나눈 뒤, 그 금액에 1.2배를 적용해 산정됩니다. 만약 이 연금 수령 한도를 초과해 인출할 경우, 초과 인출분은 '연금 외 수령'으로 분류되어 연금소득세가 아닌 기타소득세가 부과됩니다.

연금 수령 한도가 중요한 이유는, 매년 이 한도 이내로 연금을 수령해야 세

제 혜택을 온전히 적용받을 수 있기 때문입니다. 퇴직소득을 재원으로 인출할 경우에는 퇴직소득세의 30~50퍼센트 감면 혜택을 받을 수 있고, 세액공제를 받은 자기부담금과 운용 수익을 재원으로 연간 1,500만 원 이하로 수령할 경우에는 5.5~3.3퍼센트의 저율 연금소득세로 세금을 납부할 수 있습니다.

미성년 자녀 계좌 운용 방법

최근에는 미성년 자녀에게 증여세 없이 증여할 수 있는 한도인 2,000만 원을 활용해 미리 자금을 증여하고 자녀 명의 계좌에서 운용해주는 방식이 보편화되고 있습니다. 과거에는 용돈이나 소액을 자녀 계좌에 수시로 넣어 주식이나 펀드에 투자하는 방식이 일반적이었다면, 요즘은 증여세 신고를 통해 현금을 정식으로 증여한 뒤, 해당 자금으로 장기간 보유하기에 부담이 적은 미국 주식에 투자하는 방식이 하나의 트렌드로 자리 잡은 것이죠.

다만 여기서 반드시 짚어야 할 부분이 있습니다. 바로 훗날 자녀가 자금이 필요해 보유하던 주식을 매도할 경우 어떤 세금이 적용되는지에 대한 문제입니다. 예를 들어 철수와 영희가 각각 2,000만 원을 증여받고, 그 자금으로 나스닥100 지수에 투자했다고 가정하겠습니다.

철수는 일반 주식 계좌를 개설해 증여받은 원화를 달러로 환전한 뒤, 미국에 상장된 나스닥100 지수를 추종하는 ETF인 QQQ를 매수했습니다. 반면 영희는 증권사에서 일반 주식 계좌가 아닌 '연금저축펀드' 계좌를 개설했고, 첫해에는 연간 납입 한도인 1,800만 원을 넣어 국내 거래소에 상장된 나스닥100 ETF를 매수했으며, 이듬해 나머지 200만 원을 추가로 납입해 동일한 ETF를 매수했습니다.

세월이 흘러 10년이 지나 두 아이가 그동안 투자한 ETF를 전부 매도하려고 보니 운용 성과는 동일하게 원금의 2.5배가 되어 각각의 계좌에는 5,000만 원이 있었습니다. 이때 세후 남는 평가금은 얼마일까요?

먼저 일반 계좌에서 미국 상장 ETF에 투자했던 철수의 경우, 매매 차익 3,000만 원에서 기본공제 250만 원을 제외한 2,750만 원에 대해 22퍼센

트의 양도소득세가 부과됩니다. 이 경우 세금은 약 605만 원이며, 세후 금액
은 4,395만 원이 됩니다.

반면 연금저축펀드 계좌에서 국내 상장 ETF를 샀던 영희는 보유 중이던
ETF를 모두 팔더라도 과세이연 혜택을 적용받는 연금저축펀드이기에 당
장 세금을 내지 않습니다. 하지만 자금을 사용하기 위해 계좌를 해지할 경
우, 납입 원금인 2,000만 원은 세액공제를 받지 않고 넣은 자금이므로 과
세 대상이 아니며, 운용 수익으로 남아있는 국내 상장 ETF를 팔아서 생긴
3,000만 원에 대해서는 16.5퍼센트의 기타소득세가 원천징수됩니다. 즉,
ETF 매매 차익 3,000만 원에서 기타소득세로 495만 원의 세금을 내고,
나머지 2,505만 원에 원금 2,000만 원을 더한 4,505만 원이 남게 됩니다.

정리하자면 일반 주식 계좌에서 해외 상장 ETF로 직접 투자할 경우에는
매매 차익에 대해 250만 원 기본공제 후 22퍼센트의 양도소득세를 다음
해 5월에 신고·납부해야 합니다. 반면 연금저축펀드에서 국내 상장 ETF에
투자할 경우 계좌 해지 시 공제 없이 16.5퍼센트의 기타소득세가 부과됩
니다.

	일반 주식 계좌	연금저축펀드
운용 상품	미국 상장 ETF (QQQ, SPY, VOO 등)	국내 상장 ETF (KODEX미국나스닥100, TIGER미국S&P500 등)
세제 혜택	매년 기본공제 250만 원	과세이연 혜택
적용 세율	양도소득세 22%	(계좌 해지 시) 기타소득세 16.5%
세금 납부 시점	수익 실현한 해의 익년 5월 신고 및 납부	수익 실현 시점이 아닌 계좌 해지 시 원천징수

이렇듯 미성년자 자녀에게 증여한 자금을 미국 나스닥100이나 S&P500

과 같은 지수를 추종하는 ETF로 동일하게 운용한다고 했을 때 어떤 계좌를 활용하는지에 따라 세후 성과가 달라집니다. 증여하는 금액이나 운용성과 및 기간에 따라 다르겠지만 미성년자 자녀들이 성인이 될 때까지 자금을 꺼내 쓸 일이 특별히 없다고 가정했을 때는 운용할 수 있는 기간이 긴만큼 운용 성과가 커질 텐데요. 기본공제가 없더라도 22퍼센트의 양도소득세보다 세율 자체가 더 낮은 16.5퍼센트의 기타소득세를 내는 연금저축펀드 계좌에서 자녀들의 증여받은 자금을 운용하는 것이 세후 수익률 측면에서 더 유리함을 꼭 기억하고 첫 단추부터 잘 끼우시길 바랍니다.

부모님 노후 자산 운용 방법

부모님의 노후 자산 역시 효율성을 극대화하기 위해 ISA와 연금저축펀드를 적극적으로 활용할 필요가 있습니다. 이자·배당소득에 대해 15.4퍼센트의 세금을 납부하고, 지역가입자로서 매달 늘어나는 건강보험료 부담을 안고 있다면, 연간 2,000만 원까지 납입 가능한 ISA와 연간 1800만 원까지 납입 가능한 연금저축펀드를 서둘러 활용하는 것이 바람직합니다. 두 계좌 모두 은퇴 후 상당한 시간이 지난 고령의 부모님도 가입이 가능하므로, 운용 기간에는 과세이연 혜택을 통해 건강보험료 부담을 줄이고, 인출 시점에는 비과세 또는 저율의 기타소득세·연금소득세로 분리과세를 적용받아 세후 수익률을 최대한 높이는 전략이 필요합니다.

이처럼 ISA와 연금저축펀드를 활용해 부모님의 노후 자산을 효율적으로 운용한 뒤, 인출이 필요할 때는 원금 범위 내 중도 인출 기능을 통해 필요한 자금을 먼저 사용하면 됩니다. 이후 더 이상 중도 인출할 원금이 남지 않았다면, 운용 수익만 남은 ISA는 만기 해지해 비과세 혜택과 9.9퍼센트의 분리과세를 적용받고, 연금저축펀드는 연금을 개시해 매달 필요한 금액을 연금으로 수령하며 5.5~3.3퍼센트의 연금소득세만 부담하면 됩니다.

이처럼 ISA와 연금저축펀드를 활용하면 원금 내 인출은 과세 대상이 아니니 당연히 건강보험료에 영향을 미치지 않고, ISA 만기 해지와 연금저축펀드의 연금 수령 역시 분리과세 대상이기에 마찬가지로 건강보험료에 영향을 주지 않습니다. 이를 통해 부모님의 노후 자산을 보다 안정적이고 효율적으로 운용할 수 있습니다.

[스페셜]

노후 대비의 핵심은 현금흐름

미국주식부터 절세계좌까지

20대 중후반에는 사회생활을 시작하며 돈에 대한 개념을 정립하고, 소비를 통제하며 모으고 굴리는 경험을 쌓기 시작합니다. 30대 중반 전후에는 결혼과 함께 첫 집 마련이라는 중요한 결정을 하기도 합니다. 이후 40대에 접어들면 내 집 마련 이후 금융자산을 꾸준히 쌓아가다가, 필요에 따라 갈아타기를 하게 될 수도 있습니다.

이런 선택의 과정에서 '똘똘한 실거주 한 채'라는 인생의 큰 과제를 마무리하면, 비로소 노후를 위한 금융자산 형성에 본격적으로 집중하게 됩니다. 그렇게 20년 이상 쉼 없이 경제활동을 이어가다 보면, 어느새 50대가 되어 은퇴가 더 이상 남의 이야기가 아닌 현실로 다가옵니다.

은퇴를 하면 많은 것이 달라집니다. 그중 일상의 변화보다 먼저 다가오는 것은 고정적인 수입이 끊긴다는 사실과 그동안 모아둔 자산으로 남은 생을 살아가야 한다는 불안감입니다. 은퇴 이후에는 한 달에 얼마를 쓰는 것이 적절한지, 준비한 노후 자산이 과연 충분한지, 혹시 은퇴 전에 반드시 챙겨야 할 준비를 놓치고 있는 건 아닌지 등 크고 작은 고민이 꼬리를 물고 이어집니다.

먼저 은퇴한 지인이 있다면 은퇴 후의 삶에 대한 이야기를 들으며 궁금증을 일부 해소할 수는 있지만, 각자의 재무 상황과 노후 자금에 대해 솔직하게 공유하며 깊이 있는 이야기를 나누기에는 현실적으로 어려움이 따릅니다.

그래서 은퇴가 임박한 분에게 재무적으로 도움이 될 몇 가지 내용을 준비했습니다. 미리 알고 준비하면 은퇴 후에 노후 자산과 현금흐름을 더 효율적으로 관리하며 사용할 수 있고, 여러분의 은퇴 후의 삶이 더 안정적이고 여유로워질 것입니다.

노후의 현금흐름을
확보하는
5가지 전략

세금과 건강보험료 부담 낮추고,
달러 자산 확보하는 미국 주식 직접 투자

연금계좌와 ISA를 활용한 과세이연 혜택은 은퇴 후 세금과 건강보험료 부담을 크게 줄여주지만, 한 가지 아쉬운 점은 연간 납입 한도가 제한적이라는 것입니다. 연금계좌는 연금저축펀드와 개인형 IRP를 합해 연간 1,800만 원까지, ISA는 연간 2,000만 원씩 최대 5년간 1억 원까지만 납입할 수 있습니다. 그렇다면 연금계좌와 ISA를 최대한 활용하고도 여전히 운용할 금융자산이 남아있는 경우에는 어떤 대안을 고려할 수 있을까요?

그 대안이 바로 '미국 주식 직접 투자'입니다. 미국 주식을 직접 투자한다고 해서 거창하거나 복잡한 것은 아니며, 증권사 주식 계좌에서 해외 주식 투자를 위한 몇 가지 약정만 추가하면 미국 주식 시장에 상장된 개별 주식이나 ETF에 투자할 수 있습니다. 다만 우리나라와의 시차로 인해 거래 시간이 주로 저녁 시간대에 형성된다는 점과, 원화가 아닌 달러로 환전해 매매해야 한다는 점은 미리 알아두어야 할 특징입니다.

미국과의 시차 때문에 늦은 밤에만 거래해야 할 것처럼 느껴질 수 있지만, 최근에는 주요 증권사를 중심으로 프리마켓 거래 서비스가 제공되어 우리나라 기준 오후 6시 이후부터 거래가 가능합니다. 또한 달러 환전 역시 미리 해둘 필요 없이 주식 계좌에 원화 예수금만 있으면 미국 주식 매매 주문을 넣을 수 있고 체결 시 95~100퍼센트 수준의 환율 우대까지 적용하여 정산 처리를 해주니 이 부분 또한 크게 어려워할 필요는 없습니다.

한편 이런 미국 주식의 경우 매매 차익에 대해서 부과되는 세금은 '양도소득세'입니다. 연간 누적된 매매 차익의 순이익에 대해 250만 원의 기본공제를 하고 나서 22퍼센트의 세율을 곱해 산출된 세액을 다음 해의 5월에 신고 및 납부하게 되어 있는데요. 이해를 돕기 위한 예시를 들어보자면, 미국S&P500이라는 지수를 추종하는 ETF에 투자한다고 했을 때 일반 계좌에서 국내 주식시장에 상장된 ETF에 투자하여 수익을 실현하면 '배당소득세'가 부과되지만, 미국 주식시장에 상장된 ETF에 투자하여 수익을 실현하면 '양도소득세'가 부과되는 것입니다.

미국 주식 매매 차익은 종합과세 대상 소득(이자·배당·근로·사업·연금·기타)이 아니라 분류과세 대상인 양도소득에 해당합니다. 따라서 얼마의 차익이 발생해도 다른 소득과 합산되지 않으며, 건강보험료 산정에도 영향을 미치지 않습니다. 연금계좌와 ISA를 충분히 활용하고도 운용할 자금이 남아 있다면, 미국 주식 직접투자를 통해 매매 차익이 양도소득세로 부과되는 특징을 활용해 세금과 건강보험료에 대한 부담을 줄이는 것도 방법이 될 수 있습니다. 또한 미국 주식에 직접 투자하는 것은 자산의 일부를 자연스럽게 달러 자산으로 보유하게 된다는 점에서도 장점이 될 수 있습니다.

참고로 미국 주식 투자에 대해 보다 자세히 알고 싶다면 제가 쓴 《미국 주식 처음공부》라는 책을 참고하시면 도움이 될 것입니다.

금 현물 계좌 활용한
노후 현금흐름 파이프라인 만들기

금은 오랜 기간 전 세계적으로 화폐로 사용되거나 가치를 저장하는 수단으로 활용되었습니다. 현대에 이르러서는 한정된 채굴량에서 비롯된 희소성을 바탕으로 가치 저장 수단의 역할을 이어가는 동시에, 늘어나는 통화량에 따른 화폐가치 하락을 방어하는 수단으로도 꾸준한 수요를 보여왔습니다. 또한 전쟁이나 전염병 확산과

금 계산기

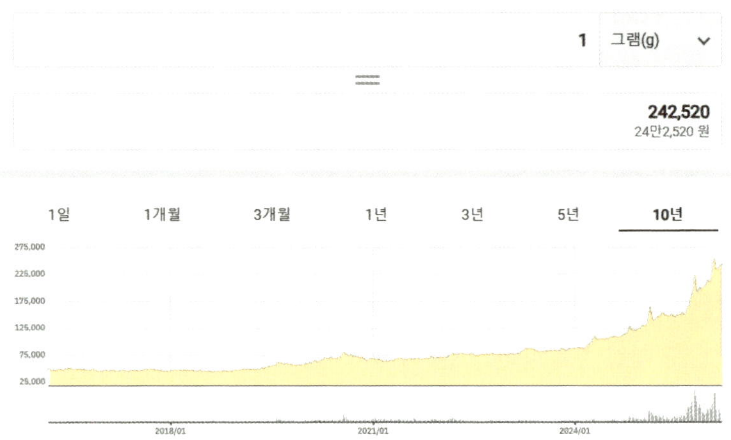

같은 예기치 못한 극단적인 상황에서는 대표적인 안전자산으로서 그 가치를 다시 한번 입증해왔습니다.

금에 투자하는 방법은 다양합니다. ETF나 펀드 같은 금융 상품을 통해 투자할 수도 있고, 실물 골드바나 덩어리 형태의 금을 직접 보유하는 방법도 있습니다. 이 가운데 증권사를 통해 개설할 수 있는 'KRX 금 현물 계좌'는 금 투자 전용 계좌로 활용도가 높습니다. KRX 금 현물 계좌에서는 1그램 단위로 주식을 거래하듯 금을 매매할 수 있으며, 매수 시 부가가치세 없이 국내 금 시세로 거래가 가능합니다. 또한 매도 시에도 매매 차익에 대한 세금이 부과되지 않는다는 장점이 있습니다. 이런 특성을 활용해 전체 금융자산의 일부를 KRX 금 현물 계좌로 분산해 금을 꾸준히 모아두었다가, 필요할 때 분할 매도해 자금을 인출하면 노후를 위한 현금흐름 파이프라인을 하나 더 구축할 수 있습니다.

KRX 금 현물 계좌는 부가가치세는 물론 취득세·보유세·매매차익에 대한 세금 부담이 없다는 장점이 있습니다. 따라서 금 가격이 장기적으로 우상향하고, 위기 국면에서 안전자산으로서 역할을 해왔다는 점에 공감한다면, 노후 자금을 준비하는 과정에서 활용해볼 만한 하나의 계좌가 될 수 있습니다.

퇴직 전 주택담보대출 갈아타기로 월 현금흐름 개선하기

퇴직 시점이 가까워질수록 많은 이들이 고정 수입이 끊긴 이후의 현금흐름을 걱정하며, 보유한 금융자산으로 대출을 상환하곤 합니다. 특히 퇴직급여를 연금이 아닌 일시금으로 수령해 주택담보대출의 잔액을 전부 또는 일부 갚는 경우가 대표적입니다. 하지만 은퇴 시점에 남아있는 대출 잔액이 과도하지 않고, 준비해둔 노후 자산으로 일정한 현금흐름을 만들어낼 수 있다면, 대출을 무조건 상환하기보다 대환대출을 통해 대출을 갈아타는 방법도 고려해볼 수 있습니다.

예를 들어, 아이들의 교육을 위해 학군지로 이사를 하며 받았던

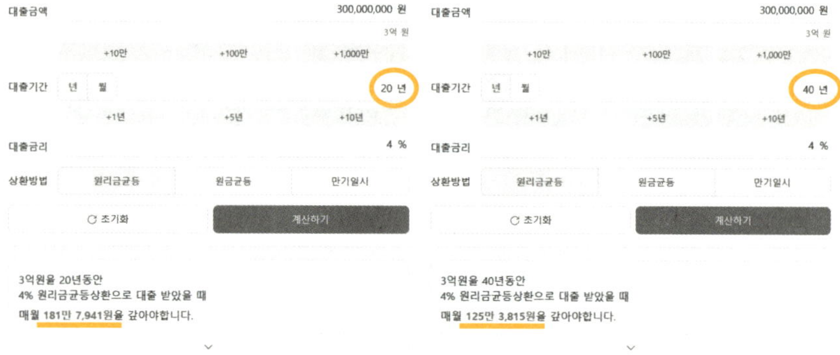

주택담보대출이 지난 10년 동안 원금과 이자를 갚아나가며 대출 잔액은 3억 정도가 남았고, 대출 만기까지는 20년이 남았다고 가정하겠습니다. 처음 받을 당시의 대출금 5억을 30년 동안 원리금 균등 상환 방식으로 부지런히 갚았고, 여유 자금이 생길 때마다 추가 상환까지 하며 지난 10년을 갚아왔더니 남은 대출 잔액이 3억 원 남짓인 것이죠. 현재는 4퍼센트 대출 이율이 적용되고 있고, 매달 원금과 이자를 합친 금액으로 182만 원 정도를 납부하고 있다면, 소득이 끊긴 퇴직 후에 대출 원리금으로 한 달에 182만 원을 갚는 것은 부담스러울 수밖에 없습니다.

그런데 이 경우, 퇴직금을 깨서 대출을 갚지 않을 수도 있습니다. 남아있는 대출 잔액만큼 그대로 다시 새로 대출을 받는 형태의 대환대출을 신청했다면 대출 상환 기간이 늘어나게 되어 월 상환 원리금이 줄어드는 효과를 볼 수 있기 때문입니다.

앞의 사례처럼 단순히 대환을 통해 대출 상환 기간을 늘리기만 해도, 월 현금흐름을 약 56만 원가량 개선할 수 있습니다. 이 경우 과세이연 효과를 충분히 누리고 있는 연금계좌나 ISA에서 대출 상환을 위해 목돈을 인출하기보다는, 기존 대출을 대환해 월 상환 부담을 낮추는 것이 더 효율적입니다. 이후 보유한 금융자산이나 기타 자산에서 현금흐름을 만들어, 개선된 조건의 대출 원리금을 매달 납부하는 방식은 노후 자산을 보다 효율적으로 관리하는 전략이 될 수 있습니다. 이런 방법을 활용하면 은퇴 이후에도 감당 가능한 수준의 대출을 유지하며 레버리지 효과를 누릴 수 있고, 언제든 다른 자산을 활용해 대출을 전부 또는 일부 상환할 수 있습니다. 즉, 은퇴 후에도 재무적 선택의 폭을 넓혀주는 하나의 옵션을 추가로 확보하는 셈입니다.

대출은 부담스럽게 느껴질 수 있지만, 장기적인 관점에서 보면 화폐가치 하락으로 인해 시간이 지날수록 대출 잔액의 실질적인 부담은 줄어드는 경향이 있습니다. 게다가 활용 가능한 대출 상품 중 주택이라는 담보물을 바탕으로 가장 긴 기간 동안 활용할 수 있는 주택담보대출은 장기적인 자금 운용에 좋은 대출 상품입니다.

다만 주택담보대출의 대환대출은 심사 과정에서 DSR이나 DTI와 같은 소득 요건을 충족해야 하므로, 소득 증빙이 가능한 재직 상태에서 신청해야 합니다. 따라서 퇴직 직전에 반드시 해야 할 일 중 하나는 주택담보대출 대환 가능 여부를 점검하는 일입니다.

주택으로 현금흐름 만드는 2가지 방법, 주택연금 vs. 월세

보유한 부동산 자산 중 주택을 활용해 현금흐름을 만드는 방법은 크게 2가지입니다. 하나는 주택연금을 개시해 연금을 수령하는 방법이고, 다른 하나는 월세를 받아 임대수익을 얻는 방법입니다.

주택연금은 주로 한국주택금융공사의 주택연금 상품을 가장 많이 활용하는데, 이 상품은 부부 중 한 명이 만 55세 이상이고, 부부 합산 공시가격 12억 원 이하의 주택을 보유한 경우 신청할 수 있습니다. 담보 설정 방식이나 상품 유형, 지급 기간 등에 따라 지급 구조는 달라지지만, 가장 대표적인 종신 지급 방식을 기준으로 보면 주택연금을 개시하는 시점의 주택 가격을 기준으로 평생 매달 얼마의 연금을 받을지가 결정됩니다.

주택연금의 월 지급액은 부부 중 연령이 더 어린 사람을 기준으로, 100세까지 생존한다고 가정해 주택 가격에 비례해 산출됩니다. 주택연금을 개시한 이후 집값이 하락하거나 100세를 넘겨 장수하

◆   2026년 4월 기준, 기존 보유 주택담보대출의 대환은 최대 1억 원까지로 제한됩니다.

　　　　　　　　　　　　　　　　　　　　　　　[스페셜]

주택연금 주택 가격별 수령액 예시

※ 부부 중 연소자 연령 기준으로 월 지급금 산정

일반주택 (종신 지급 방식, 정액형, 2026년 3월 기준) (단위: 천 원)

연령	주택 가격											
	1억원	2억원	3억원	4억원	5억원	6억원	7억원	8억원	9억원	10억원	11억원	12억원
55세	156	312	468	624	780	936	1,092	1,248	1,404	1,560	1,716	1,872
60세	210	421	632	842	1,053	1,264	1,475	1,685	1,896	2,107	2,318	2,528
65세	252	505	758	1,011	1,264	1,517	1,770	2,023	2,276	2,529	2,782	3,035
70세	307	615	923	1,231	1,539	1,847	2,155	2,462	2,770	3,078	3,386	3,414
75세	381	762	1,143	1,525	1,906	2,287	2,669	3,050	3,431	3,666	3,666	3,666
80세	483	966	1,449	1,932	2,416	2,899	3,382	3,865	4,060	4,060	4,060	4,060

* 예시: 70세(부부 중 연소자 기준), 3억 원 주택 기준으로 매월 약 92만 3,000원을 수령합니다.

더라도 연금 지급이 중단되지 않고 평생 종신으로 지급된다는 점, 그리고 내 집에 계속 거주하면서 안정적인 연금 소득을 확보할 수 있다는 점은 주택연금의 가장 큰 장점으로 꼽을 수 있습니다.

다만 주택연금은 한 번 정해진 연금 수령액이 평생 변하지 않기 때문에, 시간이 지날수록 화폐가치 하락에 대비하기 어렵다는 점은 단점으로 볼 수 있습니다.

한편 연금을 수령하던 사람이 예상보다 이르게 사망하거나, 연금 수령 기간 중 주택 가격이 크게 상승한 경우에는 지금까지 받은 연금액에 상응하는 금액을 상환함으로써 해당 주택을 다시 자유롭게 처분할 수도 있습니다.

　'월세'의 경우 내 소유의 집은 임차를 줘서 월세를 받고, 나는 내 소유의 다른 주택에서 거주하거나 누군가의 집에 임차로 들어가서 사는 경우를 얘기합니다. 예를 들어, 서울의 3대 중심업무지구까지 지하철 환승 없이 30분 내로 도달할 수 있는 입지의 신축 아파트를 월세로 놓고, 나는 상대적으로 주거비가 낮은 수도권 지역으로 옮겨 거주한다면 주거비 차이만큼 잉여 현금흐름이 만들어질 수 있습니다.

　현재 세법 제도상 1가구 1주택자가 공시가격 12억 원 이하인 주택(시세로는 약 20억 원 내외)에서 주택임대소득이 발생하더라도 과세 대상이 아니기에 세금이나 건강보험료에 대한 부담이 발생하지 않는다는 점은 장점으로 작용할 수 있습니다. 또한 입지나 상품성이 우수하여 수요가 끊임없는 집은 화폐가치 하락에 따른 월세 및 집값 상승 또한 기대할 수 있고, 향후 매도 시에 받아줄 수요가 탄탄하다는 것 또한 유동화 측면에서도 유리합니다.

　이런 조건과 상황을 고려해, 지방에 거주하는 일부 사람들 사이에서는 본인은 주거비가 상대적으로 저렴한 지방에서 전세나 월세로 거주하면서, 서울 역세권의 신축 아파트를 매입해 월세를 받는 방식으로 현금흐름을 만드는 선택을 하는 경우가 늘고 있습니다. 지방과 서울·수도권 간 주택 가격 격차가 확대되는 환경 속에서, 보유 자산을 활용해 서울의 신축 아파트를 확보하고 안정적인 월세 수익을 얻는 것이 여러 측면에서 유리하다고 판단한 것입니다.

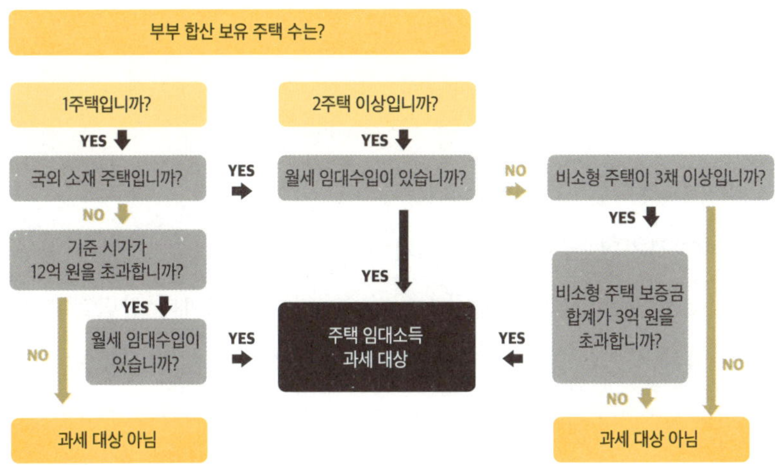

다만 보유한 주택이 장기간 월세를 받기에는 아쉬운 부분이 있어 월세로 기대할 수 있는 임대소득이 크지 않거나 공실 위험이 있을 수 있고, 임대를 준 이후에도 주택에서 발생하는 각종 이슈로 임차인과 지속적으로 소통해야 하는 부담이 따를 수 있다는 점도 고려해야 합니다. 또한 월세를 받으며 다른 곳에 거주하는 방식이 주거의 불안정성을 동반한다는 점에서, 배우자가 이를 원치 않을 수도 있습니다. 이런 경우에는 내 집에 계속 거주하면서 주택연금을 활용해 현금흐름을 확보하고, 다른 금융자산을 함께 운용하며 노후를 보내는 선택이 전반적으로 더 합리적일 수 있습니다.

반대로 자녀들이 장성하여 독립했고, 은퇴한 부부는 거주지에 크게 구애받지 않는 성향이라면, 서울 중심지의 비싼 월세를 받을 수 있는 집은 임대해 월세를 받고, 부부는 주거비를 아껴 여유로운 노후를 보낼 수도 있습니다. 향후 실버타운이나 요양원에 들어가야 할 상황이라면, 거주하던 집에 임차인을 들여 월세 소득으로 관련 비용을 충당할 수도 있습니다.

정리하자면, 주택이라는 매개체로 현금흐름을 발생시키는 방법은 크게 '주택연금'과 '월세'로 나눌 수 있는데, 저마다 장단점이 있고 다른 특징들을 갖고 있기에 나에게 유리한 방법이 무엇인지 종합적으로 따져봐야 합니다. 보유하고 있는 집의 집값 상승 여력이 얼마나 될지, 월세를 놓는다고 했을 때 수요가 충분한지, 월세를 줬을 때 나는 어디 지역에서 어느 정도의 주거비를 감당하며 살 것인지, 어떤 임차인과 만나게 될지 모르는 부분을 감내할 수 있는 성향인지, 다른 노후 자산은 무엇이 있으며 어떤 자산을 어떤 순서로 사용할 것인지, 세금과 건강보험료는 어떤 변화가 예상되는지 등을 종합적으로 고민하고 따져본 후에 주택연금을 받는 것과 월세를 받는 것 중 나에게 가장 유리한 선택지를 결정해야 합니다.

시간이 걸리더라도 해야 하는 연금 및 절세계좌 활용

그동안 가정과 일에 매달리느라 노후를 위한 재무적 준비를 거의 하지 못한 분도 있을 수 있습니다. 돈은 어느 정도 모아두었지만 제대로 운용해본 경험은 없고, 원리금이 보장되는 적금이나 예금으로만 차곡차곡 쌓아온 경우도 적지 않을 것입니다. 이제 내일모레면 환갑인데 지금 와서 연금계좌나 절세계좌를 활용하는 것이 무슨 의미가 있겠냐고 느끼는 분도 있을 수 있습니다.

하지만 이럴 때일수록 우리는 "늦었다고 생각할 때가 가장 빠른 때다"라는 말을 떠올려야 합니다. 지금부터라도 과세이연 혜택을 누릴 수 있는 연금저축펀드와 ISA를 적극적으로 활용해야 합니다.

은퇴를 이미 하고 소득이 없을 경우 그동안 모아둔 노후 자금으로 여생을 보내야 합니다. 그런데 이 노후 자금을 운용할 때 세금과 건강보험료에 대한 고민 없이 그냥 운용한다면 연금계좌와 ISA를 활용하여 과세이연 혜택을 누리는 사람에 비해 노후 자금을 소진하는 속도가 더 빠를 수밖에 없습니다. 다시 말해, 연금 및 절세계좌를 활용하여 노후 자금을 운용한 사람은 과세이연 혜택을 통해 세금과 건강보험료 부담을 최소화하고, 복리 효과와 비과세 및 저율과세, 분리과세 혜택까지 누리며 노후 자금을 더 효율적으로 운용한다는 것입니다.

예를 들어 환갑을 맞은 사람이 노후 자금 10억 원을 정기예금으로만 운용한다고 가정하겠습니다. 이 사람은 10억 예금의 이자에 대해 15.4퍼센트의 이자소득세를 원천징수로 납부하게 되고, 금융소득이 2,000만 원을 넘었기에 종합소득세 신고도 해야 합니다. 또한 금융소득이 2,000만 원을 넘으면 건강보험에서도 직장가입자인 자녀의 피부양자가 될 수 없고, 지역가입자로서 이자소득의 8.13퍼센트를 건강보험료로 납부해야 합니다.

이처럼 이미 은퇴했고 나이도 많다는 이유로 연금계좌와 절세계좌 활용을 미루게 되면, 매년 이자소득세와 종합소득세, 건강보험료를 납부하다가 노후 자산이 빠르게 줄어들 가능성이 있습니다.

그러나 100세 시대에 환갑은 여전히 긴 시간이 남아 있는 시점입니다. 지금부터라도 연금저축펀드에 매년 1,800만 원을 납입하고 ISA에 매년 2,000만 원씩 납입한다면, 과세이연 혜택을 통해 세금과 건강보험료 부담을 줄이면서 노후 자산의 소진 속도를 늦출 수 있습니다. 늦었다고 생각할 때 포기하지 않고 지금부터라도 연금계좌와 ISA를 활용한다면 과세이연, 비과세, 저율과세, 분리과세 등 여러 가지 세제적 혜택을 받아 더 안정적이고 여유로운 노후를 보내게 될 것입니다.

절대 사지 말아야 할 부동산

한창 경제가 빠르게 성장하고, 오프라인 매장에서의 결제가 소비의 주된 방식이던 과거에는 노후 준비 수단으로 수익형 부동산을 통한 월세 수입이 선호되었습니다. 도심 내 작은 구분 상가, 신도시의 분양 상가, 역세권 나홀로 오피스텔, 아파트형 공장, 분양형 호텔

등은 은퇴 후 끊길 소득을 대비하기 위한 대표적인 투자 대상이었습니다. 이에 부동산 개발업자들 역시 이런 수요를 겨냥해 다양한 형태의 수익형 부동산을 개발·분양하며 시장을 확대해왔습니다.

그도 그럴 것이 당시에는 노후 준비를 체계적으로 뒷받침해주는 3층 연금 제도가 충분히 자리 잡지 못했고, 퇴직금 역시 수시로 중간 정산이 가능해 퇴직 시점까지 퇴직급여가 온전히 남지 않은 경우가 많았습니다. 또한 금융자산에 간접적으로 투자할 상품도 지금처럼 다양하지 않았고, 원리금 보장 상품이 아닌 자산에 투자하는 것 자체가 심리적으로 문턱이 높던 시기이기도 했습니다. 이런 환경에서 수익형 부동산으로 월세를 받는 사례를 접하다 보니, 노후 준비 수단으로 자연스럽게 수익형 부동산에 관심을 가지게 된 것이죠.

하지만 지금은 상황이 크게 달라졌습니다. 오프라인에서만 이루어지던 소비 패턴은 인터넷과 스마트폰의 보급과 확산을 통해 빠르게 온라인으로 확산되었고, 이로 인해 활력을 잃고 공실이 늘어나는 상권이 점점 많아졌습니다. 적은 돈을 투자해 월세를 받을 수 있었던 오피스텔 역시 시간이 흘러 노후화되어 수리할 곳들이 늘어나고, 인근에 새로 지어진 신축 오피스텔에 수요를 뺏기다 보니 몇 년째 월세가 오르지 않거나 새로운 임차인을 구하는 게 쉽지 않기도 합니다.

더 큰 문제는 아파트와 달리 이런 수익형 부동산은 정형화되어 있지 않기에 시장에 매물을 내놓아도 팔리기까지 긴 시간이 걸릴 수 있다는 점입니다. 다시 말해, 수익형 부동산은 임대료가 잘 들어오고 수익률이 괜찮다면 굳이 팔 이유가 없지만, 공실이거나 임대료가 아쉬워 팔고자 할 경우에는 유동화가 쉽지 않다는 말입니다. 여기에 부동산 자산의 특성상 취득과 보유, 처분 시 발생할 세금까지 생각하면 수익형 부동산의 매력은 과거에 비해 많이 떨어졌다고 볼 수 있습니다.

수익형 부동산을 굳이 노후를 위한 대비 수단으로 택하지 않더라도 우리에게는 세금과 건강보험료의 부담을 낮추고, 안정적인 현금흐름을 만들 수 있는 연금 및 절세계좌와 ETF라는 선택지가 있습니다. 금융자산 투자 환경도 크게 개선되었고, 양질의 투자 정보도 유튜브나 블로그, 언론사의 콘텐츠를 통해서 쉽게 접할 수 있으며, 대부분의 금융 업무를 비대면으로 처리할 수 있는 시대가 되었습니다.

다른 나라에 비해 우리나라는 개인의 자산에서 부동산이 차지하는 비중이 유독 높아 '부동산 공화국'이라 불리지만, 이제는 부동산에서만 답을 찾으려 하기보다 금융자산의 장점들을 함께 취하며 두 자산을 적절한 비중으로 균형감 있게 보유할 시점입니다. 다시 말해, 상호 보완적으로 부동산과 금융자산을 함께 보유하며 각각의 자산이 가진 장점을 최대한 활용해야 한다는 이야기입니다.

　　　　　　　　　　　　　　　　　　　　　　　[스페셜]

안정된 노후를 위해 피해야 할 부동산 유형

- 상가 및 지식산업센터
- 브랜드 없는 나홀로 오피스텔
- 재개발 가능성이 낮은 신축 빌라
- 생활형 숙박시설

  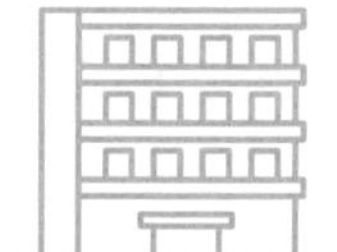

‘돈’에 대한 호기심은 저를 경영학으로, 그리고 금융업으로 이끌었고, 금융업에 종사한 지도 어느덧 만 11년이 지났습니다. 현장에서 수많은 고객과 상담하며 함께 고민하고, 미처 생각지 못했던 부분을 짚어드리며, 여러 선택지 가운데 후회 없는 최선의 결정을 할 수 있도록 돕는 것을 목표로 일해왔습니다. 내 집 마련과 대출, 금융 투자 상품, 연금, 세금 등 다양한 영역을 종합적으로 고려해 상담해왔고, 때로는 개인의 재무 고민을 넘어 부모와 자녀까지 아우르는 시각으로 세대를 관통하는 해결책을 제안해왔습니다.

지난 10여 년간 쌓아온 경험과 지식을 정리해 더 많은 사람들과 나누고 싶어 이 책을 쓰게 되었습니다. 특별한 사람들만을 위한 이야기가 아니라, 평범한 사람들이 긴 호흡으로 차근차근 자신만의 경제적 자유를 준비해가는 법을 전하고 싶었습니다.

처음 사회생활을 하며 돈을 벌기 시작할 때 중요한 것들을 배우고 경험하며 깨닫고, 생애주기에 따라 단계별로 하나씩 목표를 이루어나가며 이때의 성취감을 바탕으로 더 큰 목표에 도전하는 것.

부동산이나 주식 중 어느 한쪽에 치우치기보다 두 자산의 장점을 최대한 활용하며 단점을 보완하는 방식을 추구하는 것.

단기간에 큰돈을 벌기보다 시간에 투자해 나이가 들수록 자산이 내가 일하지 않아도 돈을 벌어오는 구조를 만드는 것.

누가 어디에 투자해 얼마를 벌었다는 이야기에 흔들리지 않고, 나의 성향과 상황에 맞는 나만의 자산 형성 방법을 찾아나가는 것.

남들이 얼마짜리 집에 살고 있고 어느 정도의 금융자산이 있는지에 신경 쓰는 것이 아니라, 나와 가족이 행복하고 안정적으로 살면서 여유로운 노후를 보낼 수 있도록 나만의 기준과 목표를 찾는 것.

감당 가능한 대출을 활용해 실거주할 집을 마련하고, 절약과 검소한 생활에서 만들어낸 잉여 현금흐름으로 연금 및 절세계좌에서 적립식으로 미국 인덱스 ETF를 꾸준히 사 모으는 것.

그리고 노후 자금을 한 곳에 집중하기보다는 다양한 현금흐름 파이프라인을 만들고, 세금과 건강보험료 부담을 최소화할 수 있는 인출 전략을 실행하는 것.

이 책을 통해 많은 분들이 불안과 조급함에서 벗어날 수 있도록, 나와 가족의 재무적 미래를 준비하고 실행하는 방법에 대한 로드맵을 제시하고 싶었습니다. 현실적인 목표를 세우고 충분한 시간을 확보할 수 있다면 여러분의 미래는 불확실성이 아닌 확실성으로 채워

질 것입니다. 각자 자신의 상황에 맞는 경제적 자유를 달성하는 데 이 책이 조금이나마 도움이 되었으면 좋겠습니다.

여러분이 건강하고 행복한 경제적 자유를 이루시길 진심으로 응원합니다.

※ 추신: 저 역시 이 책에서 소개한 방법대로 우리 가족의 안정적인 보금자리를 마련하고 노후를 위한 금융자산을 만들어 가고 있습니다. 저의 모든 자산 형성 과정은 초창기부터 전부 제 네이버 블로그인 '수미숨월드(sumisum.com)'에 기록하고 있으니 언제든 놀러 오셔서 참고하시면 도움이 될 거라 생각됩니다. 이 책에서 제시한 방법으로 여유롭고 행복한 노후를 만들 수 있음을 제가 반드시 증명해 보이겠습니다.

절세 삼총사 납입 순서

1 연금저축펀드

기본 납입: 600만 원

세액공제 16.5%
➡ 최대 99만 원 절세

ETF 장기 복리 운용

👉 절세의 출발점,
매년 600만 원은 '기본값'

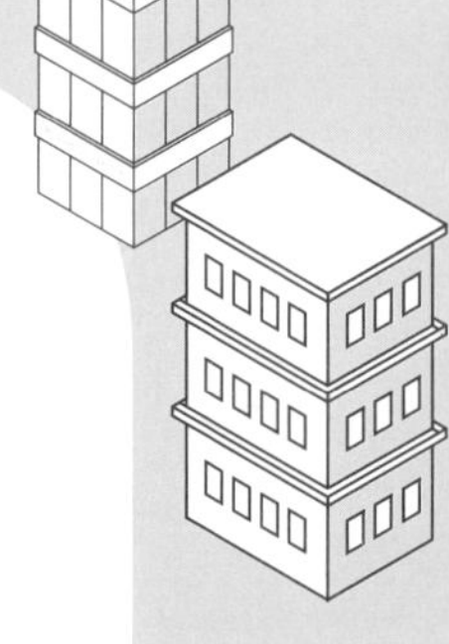

2 개인형 IRP

추가 납입: 300만 원

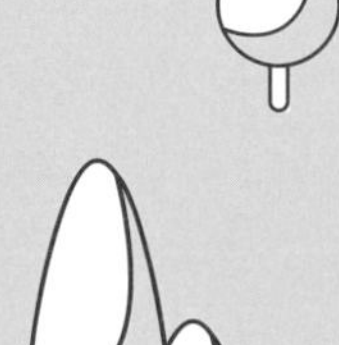

연금저축과 합산
900만 원까지 세액공제 가능
⬇
연금 수령 시 3.3~5.5%
저율과세

👉 600+300=세액공제 FULL활용
(최대 118~148만 원 환급 가능)

연금저축펀드

4

추가 납입: 최대 900만 원까지

세액 공제는 없지만
과세이연 + 복리효과 극대화

⬇

언제든 원금은 중도 인출 가능
건보료/종합소득세 부담 ZERO!

 절세 혜택은 끝났지만
'복리의 운동장'을 넓히는 단계

ISA 납입

3

납입: 연 2,000만 원 한도

200만 원
(서민형·농어민형 400만 원) 비과세

⬇

초과분 9.9% 저율과세

 단·중기 자산운용 절세계좌
+ 원금 내 중도 인출 가능

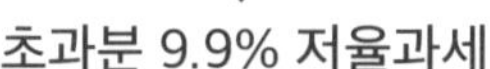
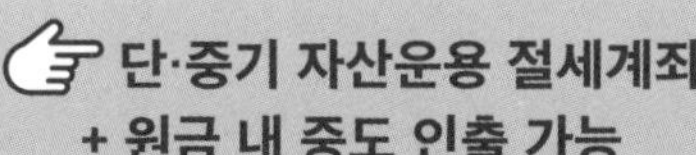

한 권의 재테크 수업

초판 1쇄 발행　2026년 4월 20일

지은이 수미숨(상의민)

책임편집 이정아
마케팅 이주형
기획편집 오민정, 이상화, 윤지윤

펴낸이 이정아
펴낸곳 (주)서삼독
출판신고 2023년 10월 25일 제 2023-000261호
이메일 info@seosamdok.kr

ⓒ 상의민(저작권자와 맺은 특약에 따라 검인을 생략합니다)
ISBN 979-11-93904-75-6 (03320)

서삼독은 작가분들의 소중한 원고를 기다립니다. 주제, 분야에 제한 없이 문을 두드려주세요.
info@seosamdok.kr로 보내주시면 성실히 검토한 후 연락드리겠습니다.